Andrew Binns
Charles O'Reilly
Michael Tushman
변남석 옮김

기업의 와해적 혁신을 주도하는

신사업 탐험가

Corporate **Explorer**

기존 기업이 혁신 게임에서

스타트업을 이기는 방법

도서출판 청람

Tristan, Gethin과 Clary에게,
여러분은 나만큼 이 책과 함께 살았다.
여러분의 사랑과 지지가 없었다면 가능하지 않았을 것이다.

— Andy

'신사업탐험가'가 마주하고 있는 도전을 이해하도록 도와준, 이 책에 있는
그리고 어딘가 있을, 모든 '신사업탐험가'를 위해

— Charles

Marjorie Rose와 그녀가 나와 세상에 비춰준 빛을 위해

— Michael

| 서문과 감사의 말 |

〈신사업탐험가*Corporate Explorer*〉는 20년간 만들어 온 책이다. 이 책은 내가Andrew Binns(Andy) 하버드경영대학원에서 마이클 투시먼Michael Tushman(Mike) 교수와 찰스 오라일리Charles O'Reilly 교수가 진행한 IBM의 전략리더십포럼에 참석하면서 시작되었다. 마이크와 찰스는 IBM의 EBOEmerging Business Opportunity 프로그램을 지원하는 데 관여하고 있었다. 나는 맥킨지McKinsey에서 IBM에 막 들어와서 이 신생사업들을 지원하는 내부 컨설턴트 업무를 맡았다.

우리가 같이 일한 리더들 중 한 명이 그 당시 IBM 라이프 사이언스Life Science 사업부장이었던 캐롤 코박Carol Kovac으로 전형적인 신사업탐험가였다. 캐롤, 제이미 코핀Jamie Coffin과 팀은 겨우 5년 만에 거대한 회사 안에 수십억 달러 새로운 사업을 만들었다. 이 이야기를 보며 나는 성공하려면 무엇이 필요한지 직접 배우는 행운의 기회를 얻었다. 이것은 기존 회사가 혁신게임에서 스타트업을 이기는 것이 간단하지는 않을지라도 가능하다는 나의 믿음을 영구히 형성시켜 주었다.

IBM의 경험은 마이크와 찰스의 유명한 책 〈리드 앤 디스럽트*Lead and Disrupt: How to Solve the Innovator's Dilemma*〉의 핵심이었다. 그들은 IBM과 다른 회사들이 어떻게 성공적으로 (그리고 성공적이지 못하게) 신사업 아이디어를 창출하고, 보육하고, 스케일링하는지 설명한다. 그 책은 다양한 단계의 사업을 관리하는 양손잡이형 조직에 대해 강력한 실례를 보여준다. 일부는 핵심사업에서 운영 효율성을 추구하고, 다른 일부는 IBM이 EBO에서 했던 방식으로 새로운 잠재적 기회를 탐험한다.

이와 더불어 점점 더 많은 회사들이 액셀러레이터와 실험조직에 투자를 하면서 기업혁신은 하나의 산업과 같은 것이 되었다. 글로벌 혁신산업은 대부분 혁신도구, 기법, 방법론에 초점을 맞춰 발전했다. 이들 중 많은 것들이 훌륭하다. 우리는 톰 켈리Tom Kelly와 데이비드 켈리David Kelly의 디자인씽킹, 스티브 블랭크Steve Blank와 에릭 리스Eric Ries의 린스타트업, 그리고 애자일 소프트웨어 개발 운동과 그것이 회사에 새롭게 일하는 방식을 가르치는 데 집중해 온 것에 대해 큰 존경심을 가지고 있다.

그럼에도 두 가지가 부족하다. 첫째는 대부분의 혁신방법론은 스타트업이 혁신하는 것과 회사 안에서 혁신하는 것 간에 구별을 거의 하지 않는다. 그 둘 사이에는 큰 차이가 있다. 기존 기업 테두리 내에서 일하는 상황에서 혁신을 관리하는 것이 혁신의 성공에 필수적이다. 둘째는 기업혁신 리더가 스타트업 창업자의 복제라고 가정하는 것이다. 그들은 많은 공통점이 있지만 완전히 다른 역할들이다. 신사업탐험가는 한 상황에 맞춰 설계된 방법론을 변환해서 그들에게 맞게 작동되도록 해야 한다.

이러한 통찰에서 개별 신사업탐험가에 초점을 맞춘 이 책의 개념이 나왔다. 신사업탐험가는 남들이 불가능하다고 말하는 것을 하는 사람들이다. 그들은 대기업 안에서 와해적 혁신을 주도한다.

때때로 그들은 이 역할이 맡겨지지 않아서 스스로 시작해 진행한다. 모든 경우에 신사업탐험가는 기회를 보고, 그것을 포착하는 활동에 지원을 얻어내고, 그것이 되게 만든다. 그들은 허가를 기다리지 않는다. 그들은 다른 사람들을 행동으로 이끈다. 그것이 리더십이다.

이 책 〈신사업탐험가〉는 우리가 다른 사람에게서 배운 것과 컨설턴트, 교육자, 연구자로서 우리 자신들의 경험을 합쳐 종합 작업한 책이다. IBM에서 시작한 이 작업은 우리가 2007년에 피터 핀켈스타인Peter Finkelstein과 공동창업한 체인지 로직Change Logic을 통해 계속되었다. 체인지 로직은 다른 회사들을 포함해 이 책에 설명된 몇몇 회사들과 일했다. 이 고객들은 우리에게 어떻게 성공적인 신사업탐험가 또는 그들이 성공하게 도와주는 고위 리더가 될 수 있는지에 대해 우리가 아는 모든 것을 가르쳐 주었다.

우리는 수년에 걸쳐 만난 많은 신사업탐험가에게 감사드린다. 특히, 이 책에 시간, 경험, 코멘트와 아이디어를 기여해 준 분들께 감사드린다. 이들은 Carol Kovac, Krisztian Kurtisz, Balaji Bondili, Kevin Carlin, Tony Montalvo, Claire Croke, Colin Lyden, Fiona Treacy, Mike Mayes, Jason Lynch, Yoky Matsuoka, Sebastian Jackisch, Sara Carvalho, Venu Gopinathan, Colin Ritchie, Erich Kruschitz, Lukas Mayrl, Patrick Magnee, Christopher Widauer, Chris Brenchley, Lorna Keane, Brian Donnelly, Bob Barthelmes, Sagi Ben Moshe, Osamu Fujikawa, Nakajima Teruyuki, Shige Ihara, Edica Lin, Uwe Kirschner, 그리고 Michael Nichols이다.

우리는 또한 기업혁신에 대해 아주 많은 것을 가르쳐 준 임원들에게 빚을 졌으며, 대단한 관대함으로 많은 통찰력 있는 코멘트를 공유해 준 Vince Roche와 Andreas Brandstetter에게 은혜를 입었다. 우리는 또한 아날로그디바이스Analog Devices에서 새로운 가능성에 문을 열어주고 훌륭한 사고 파트너가 되어 준 Martin Cotter 에게도 감사드린다. 우리는 고객들에게서 아주 많이 배웠으며, Yusuf Jamal, Olivier Dumon, Gaby Appleton, Ron Mobed, Jamie Coffin, Tomer Zvulun, Aicha Evans, Sergio Putterman, Alexander van Boetzelear, David Nanto, John Greco, 그리고 물론 이 여정을 시작할 기회를 준 Bruce Harreld에게 특별한 감사의 마음을 전한다.

우리 체인지 로직 팀은 변함없는 아이디어와 지원의 원천이었다. 이 책은 거의 팀 노력의 결과이다. 이 책에 있는 모든 좋은 것들은 우리 동료들의 공적이다. 2021년 오랫동안 자리를 비우도록 허락해 준 체인지 로직의 파트너 Christine Griffin과 Kristin von Donop에게 깊은 감사를 드린다. 과거와 현재의 모든 동료 Aaron Leopold, Eugene Ivanov, Jo-Ann Sabatini, Nishi Gupta, Alina Cowden, Vincent Ducret, Alexander Pett, Elspeth Chasser, Tamra Carhart, Andres Echeverry, Daryl Dunbar, Curtis Rising, Kevin Moruzin, Lucas Wall, Brendan Hodgson, George Glackin, Ulrike Schaede, Peter Ainley-Walker, Jason Rabinowitz, Wendy Smith, 그리고 Noel Sobelman에게도 감사드린다.

나는 시간을 내어 원고를 읽고 코멘트해 준 뛰어난 친구와 동료들에게서 지침과 피드백을 받는 행운을 누렸다. Lisa Wade, Peter Robertson, Brian Woolf, George Glackin, Michele Martin, Carol Kovac, Noel Sobelman, Vincent Ducret, Diana Shayon, 그리고 Narendra Laljani, 고마워. 나는 또한 우리 연구와 편집팀 Vanessa Ceia와 Elissa Chase에게도 매우 감사하다. 오직 나만이 그들이 이 프로젝트의 발전에 얼마나 결정적이었는지 안다. 여기 이름이 나온 모든 사람들은 가장 유용한 통찰력으로 이 책에 기여를 했지만, 책에 있는 어떤 잘못에도 책임이 없다.

COVID-19 기간 동안 이 책을 집필하는 것은 특별한 상황이었고 그것이 없었다면 가능하지 않았을지도 모른다. 나는 20년 만에 처음 출장 가지 않고 집에 있었고, 부인이자 동반자인 Tristan Boyer Binns의 지원과 친애하는 친구 Jim Ball, Anita Diamant의 격려에 힘입었다.

무엇보다도 공저자인 마이클 투시먼과 찰스 오라일리에게 감사드려야 한다. 나는 2000년부터 뛰어난 이 두 분과 일하는 엄청난 특권을 누렸다. 우리의 협력은 내가 자문가이자 컨설턴트로 배우고 성장하는 것을 도와주었다.

우리는 많은 신사업탐험가를 알게 되고 함께 일하는 특권을 누렸다. 그들이 새로운 역할을 시작하며 종종 "이제 무엇을 해야 하지?"라고 묻는다. 이 책은 우리의 대답이다. 우리는 이 책이 많은 새로운 신사업탐험가들이 리더와 혁신가로서 잠재력을 실현하는 데 정보를 주고 분발할 수 있게 만들어 주기를 희망한다.

앤디 빈스Andy Binns, 매사추세츠 글로스터

찰스와 나Mike는 항상 엄밀하면서도 의의가 있는 연구를 하고자 열망했다. 이 책의 핵심적인 부분은 우리가 전 세계 실무 리더들과 관여한 것들이다. 이 관여는 체인지 로직에 있는 우리 동료들에 의해 매우 충만해졌다. 우리 아이디어가 회사들에 직접적인 영향을 줄 수 있는 것은 체인지 로직에 있는 전문가들을 통해서였다. 그러나 앤디 빈스의 통찰력, 창의성, 리더십, 그리고 타고난 재능이 아니라면 체인지 로직도 있을 수 없었다. 앤디는 신사업탐험가이다. 그가 우리 파트너, 동료인 것은 우리의 영광이다.

마이클 투시먼Michael Tushman, 매사추세츠 케임브리지
찰스 오라일리Charles O'Reilly, 캘리포니아 팔로알토

| 역자 서문 |

세계적으로 코로나 바이러스 대유행에 따른 영향과 이전부터 진행되어 온 디지털 혁신이 결합되어 변화가 가속화되는 가운데 기업들에게 미래 준비가 어느 때보다 큰 이슈다. 기업들에게 가장 큰 미래 준비는 새로운 가치 창출과 지속성장을 위한 신사업개발일 것이다. 특히, 기존 기업에게 신사업개발은 기술혁신의 사업화뿐 아니라 고객가치의 혁신, 사업모델의 혁신까지 포함하는 것으로 장기적인 성장을 위한 핵심적인 경영활동이다.

국내외적으로 스타트업들이 와해적 혁신과 새로운 가치 창출에서 주목받으며 스타트업 방법론과 도구들이 확산되고 있다. 기존 기업이 스타트업을 따라 하는 것이 혁신의 성공방정식처럼 받아들여지기도 한다. 한 예로 최근 스타트업 방식을 기존 기업 내부에 도입한 사내벤처 분사창업이 부각되며 그것이 가장 효과적인 방법이거나 기존 기업의 혁신에 대한 해답인 것처럼 오해를 하기도 한다. 반면에 스타트업을 따라 하는 것이 기존 기업의 혁신과 신사업 창출에 적절하느냐 하는 의문도 있다. 왜냐하면 신사업개발과정은 비슷할지라도 기존 기업의 환경, 특히 전략, 자원과 역량, 시스템, 인재, 리더십 등은 매우 다르기 때문이다.

그렇다면 기존 기업의 환경을 고려한 효과적인 접근방법은 무엇일까? 스타트업과 경쟁하는 환경에서 기존 기업은 어떻게 주도적으로 새로운 가치 창출과 신사업개발을 추진할 수 있을까? 이 책은 이러한 질문에 대한 대답이다.

이 책은 철저하게 기존 기업의 관점에서 쓰여졌다. 기존 기업이 신사업과 사내벤처를 개발하는 과정에서, 외부 스타트업 창업자와는 다른 특성을 가진 신사업탐험가를 중심으로 어떻게 기회를 인식하고, 기존 기업의 이점인 자원과 역량을 활용하는 한편, 기존 기업에 고유한 장애요인을 어떻게 극복할 것인가에 초점을 두고 있다.

이 책은 신사업 방향설정, 신사업개발과정, 신사업조직/시스템, 리더십 측면에서 핵심 성공/장애요인을 중심으로 논의한다. 특히, 기존 사업의 효율성과 점진적 혁신을 추진하면서 동시에 새로운 기회를 효과적으로 탐험하는 양손잡이형 조직에 대한 저자들의 수십년간의 연구와 실제 적용사례를 바탕으로 쓰여졌다. 풍부한 사례를 들어 기존 기업에서 신사업탐험가가 부딪히는 도전과제와 실제 상황을 생생하게 설명하며 해결방안을 제시하고 있다. 국내에서도 스타트업의 성공, 실패사례는 많이 연구되고 알려져 있으나 기존 기업의 신사업 및 사내벤처 개발사례는 매우 부족하므로 독자들에게 많은 참고가 될 것으로 믿는다.

이 책은 변화에 진취적으로 대응해 신사업기회를 찾는 기업, 이미 신사업을 개발하고 있거나 사내벤처 프로그램을 운영하고 있는 기업에 유용할 것이다. 또한 기존 기업에서 혁신과 신사업에 관여하고 있는 임직원들에게 많은 도움이 될 것으로 믿는다. 누구보다 기업에서 신사업을 개발하고 있는 신사업탐험가, 특히 고객, R&D 일선 현장에서 새로운 가치 창출 아이디어를 실현하고자 하는 예비 신사업탐험가들에게 추천한다. 그리고 항상 신사업에 목말라하며 신사업탐험가를 격려하고 지원해 주는 경영진, 사업책임자, 조직책임자 등 리더들에게 권한다. 신사업을 성공시키려면 어떤 리더십을 발휘해야 하는지, 왜 그동안 신사업개발이 어려웠는지 인사이트를 얻을 수 있기를 바란다. 마지막으로 본사 재무, 인사, 전략 등 부서에서 신사업을 지원해 주거나 감독하는 임원, 리더들도 꼭 함께 읽어보길 추천한다. 신사업개발이 기존 사업 운영과 무엇이 왜 다른지, 그리고 어떻게 본사가 균형을 잡으며 새로운 가치 창출에 기여할 것인지 도움이 되기를 바란다.

이 책을 출간하는 데 귀중한 조언을 해준 오랜 동료이자 친구인 울산과학기술원 이도준 교수, 박민호 씨와 충남대학교 강신형 교수에게 감사드린다. 흔쾌히 출판을 결정해 준 도서출판 청람 이수영 대표님과 난삽한 번역을 읽기 쉽게 해준 편집진에게 감사드린다. 번역에 오류나 미흡한 점이 있는 것은 전적으로 역자 책임이다.

2022년 7월

역자 변남석

| 번역용어 설명 |

기업가정신 및 스타트업에 대한 관심으로 다양한 책과 자료가 소개되며, 원용어가 적확한 번역용어를 찾기 어려운 경우가 있다. 예를 들어 '기업가정신Entrepreneurship'은 '정신'이라는 표현이 단지 태도나 사고방식만을 뜻하는 것으로 오해를 불러일으키기도 해서 일부에서는 아예 '창업'으로 부르기도 한다. 기업가정신은 새로운 가치를 창출하기 위해 기회를 추구하는 태도, 사고방식과 행동의 '총체적 활동'이다. 이의 가장 대표적인 발현형태가 스타트업 창업이지만, 기업가정신을 창업의 의미로만 사용하는 것은 너무 좁은 정의이다. 기존 기업 또는 기업 외의 어떠한 조직, 개인일지라도 가치를 창출하기 위해 혁신에 기반해서 위험을 감수하고 진취적으로 기회를 추구하는 활동은 모두 기업가정신이라고 부를 수 있다.

특히, 이 책에서는 스타트업이 아니라 기존 기업(조직)에서 이러한 기업가정신을 발휘하는 것을 다루고 있으므로 원저자가 사용한 핵심용어를 소개해서 책을 읽는 데 도움이 되었으면 한다.

● 신사업탐험가Corporate Explorer

이 책의 제목이자 저자가 제시한 용어로 기존 기업에서 기회를 탐험하고 혁신활동을 통해 신사업을 만드는 사람을 가리킨다.

기존에 많이 소개된 Corporate Entrepreneur 또는 Intrapreneur

는 보통 '사내기업가', '사내창업자' 또는 '내부 창업자'로 번역되며, 스타트업 '창업자Entrepreneur'에 대비되어 기존 기업 내에서 창업을 하는 사람이라는 의미로 사용된다. 그런데 기업에서 신사업을 개발하는 것은 스타트업과 비슷하지만, 기존 기업이라는 상황 아래서 '창업', '창업자'라고 부르기는 적절하지 않다.

저자는 스타트업 창업자와 구별되는 특성을 강조하기 위해 별도로 '신사업탐험가'로 이 책에서는 부른다. 기존 기업의 이점을 활용하면서 스타트업에는 없지만 기존 기업에 고유한 장애요인을 극복해야 하고, 혁신을 추진하면서도 동시에 기업의 변화를 주도해야 하는 것이 스타트업 창업자와는 다른 점이다(1장 창업자가 아니라 탐험가 참조). 특히, 양손잡이형 조직에서 기존 핵심역량의 활용에 대비해서 새로운 것을 '탐험'하는 혁신, 신사업의 특성을 강조해 '탐험가'라 부른다.

● 신사업Venture, New Venture, 사내벤처Corporate Venture

이 책에서 '벤처venture'는 모험적인 새로운 사업을 추구하는 프로젝트, 즉 '신사업' 그 자체나 '신사업조직'을 뜻한다. 대부분 '신사업'으로 번역했으며 맥락에 따라 '신사업조직'으로 사용했다.

벤처의 원뜻은 모험적 사업활동, 프로젝트라는 의미가 주로 쓰이며, 또한 그러한 활동을 하는 조직, 기업을 의미하기도 한다. 우리나라에서 '벤처기업'이라는 용어로 주로 사용되어 기존 기업이라는 상황을 고려하지 않을 경우 혼동을 일으킬 수 있다.

'사내벤처corporate venture'는 독립된 벤처기업에 대비되어 벤처, 즉 신사업을 회사 내에서 하는 것, 즉 '기업 내 신사업조직'이다.

이 책에서는 '사내벤처' 또는 '신사업조직'으로 번역했으나 '신사업'으로 혼용해도 큰 문제는 없다고 본다. '사내벤처'도 우리나라에서 한쪽으로만 사용되는 용어로 대부분 분사를 가정한 독립된 내부 벤처조직을 가리킬 때 주로 사용된다. 특히, 최근 정부 지원정책이 부각되면서 이러한 경향이 더욱 심해졌다. 그렇지만 실제로는 기업 내부에서는 사내벤처라고 부르지 않지만 다양한 형태의 신사업 프로젝트와 조직이 존재한다.

● 스케일링Scale, Scaling

'스케일링'은 보육incubation단계에서 검증된 사업아이디어를 본격 사업화하기 위해 기업이 의미 있는 규모의 투자를 하는 것을 말하며 스케일업이라고도 한다.
최근 창업생태계에서 '스케일업scale-up'은 창업 초기 기업인 '스타트업start-up'이 매출과 고용이 증가하면서 규모가 커지는 고성장 '기업'이라는 주체에 초점을 둔 용어로 주로 사용된다.

● 양손잡이형 조직Ambidextrous Organization

기업이 장기적으로 생존하고 성공하기 위해서는 기존 사업, 핵심역량의 활용과 새로운 것의 탐험 사이에 균형을 가져야 한다. 이러한 조직을 '양손잡이형' 조직 또는 '양손잡이' 조직으로 부른다. 이 책에서는 조직구조 형식, 경영방식이라는 관점에서 '양손잡이형'이라는 표현을 사용하였다.

와해적 혁신Disruptive Innovation, 와해Disruption

일반적으로는 혁신에 의해 한 산업이 재편되고 성공적이었던 기존 기업이 고전하는 현상을 말하는 의미로 쓰인다. 주로 스타트업이나 새로운 진입자가 고객가치, 기술, 사업모델 혁신을 통해 기존 기업이 중요하게 여기지 않는 시장(예, 로엔드low end)이나 새로운 고객의 요구를 충족시키며 기존 시장을 재편한다.
클레이튼 크리스텐슨Clayton Christensen이 처음 주창한 개념으로 '파괴적 혁신'이라고도 불리며, 이 책에서는 '와해적 혁신'으로 표현했다.

| 차례 |

Part 01
탐험 열망

Chapter 01 | 혁신우위

Chapter 02 | 실제 신사업탐험가들

Chapter 03 | 전략적 야망

Part 02
혁신규칙

Chapter 04 | 아이디어 창출: 신사업 아이디어 생성

Chapter 05 | 보육: 신사업탐험가가 실험을 통해 학습하는 방법

Chapter 11 | 이중나선: 신사업탐험가는 어떻게 혁신과 변화를 주도하는가

Chapter 12 | 행동 준비: 리더십과 신사업의 스케일링

1부

Corporate Explorer

탐험 열망

신사업탐험가: 기존 기업이 혁신 게임에서 스타트업을 이기는 방법

이 책은 기존 회사 안에서 혁신적인 사업을 만드는 신사업탐험가에 대한 것이다. 이것은 어떤 사람들에게는 별로 있을 법하지 않은 화제일 수도 있다. '기업 내 혁신'은 '귀를 멀게 하는 침묵', '일하는 휴가'처럼 종종 모순어법으로 받아들여진다. 우리는 그렇지 않다고 본다. 우리는 신사업탐험가가 그들이 하고 있는 일을 가속화하기 위해 회사 자산을 활용해서 어떻게 기존 기업 입장에서 와해적인 사업을 성공적으로 만드는지 보여줄 것이다. 그것은 어려운 일이고 일부는 실패하지만, 지금 전 세계 기업에서 일어나고 있다.

이 책은 4부로 나누어 이러한 성공과 실패에 대해 다룰 것이다. 1부에서는 기업이 왜, 그리고 어떻게 기존 기업의 이점을 활용해 '와해적 혁신'을 선도하는 방법을 배우게 되었는지 설명한다. 우리는 UNIQA보험*의 크리스티안 커티즈Krisztian Kurtisz가 회사 내에서 어떻게 혁신을 추진했는지 따라가 보며 첫 신사업탐험가를 만나본다. 우리는 그리고 기회가 신사업탐험가를 흥분시키는 것처럼 '전략적 야망'을 크게 가지는 것이 어떻게 기업을 자극하는 것인지 설명한다.

* 오스트리아, 중 · 동부 유럽 보험그룹

[그림 I] 신사업탐험가

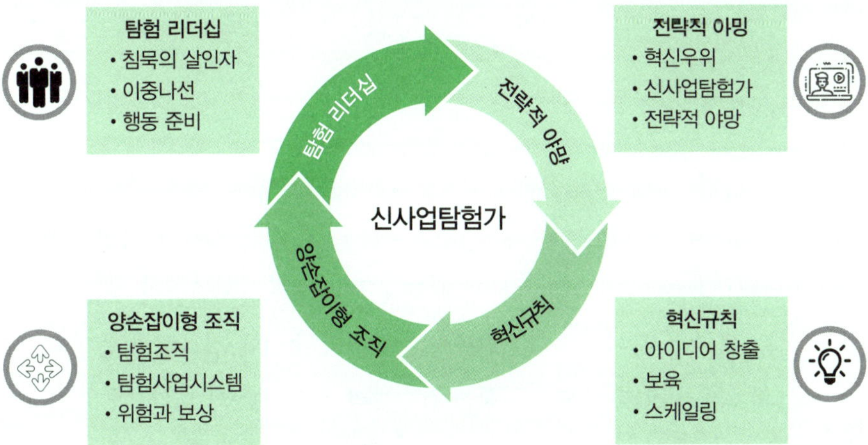

탐험 리더십
• 침묵의 살인자
• 이중나선
• 행동 준비
전략적 아밍
• 혁신우위
• 신사업탐험가
• 전략적 야망
탐험 리더십
전략적 야망
신사업탐험가
양손잡이형 조직
혁신규칙
양손잡이형 조직
• 탐험조직
• 탐험사업시스템
• 위험과 보상
혁신규칙
• 아이디어 창출
• 보육
• 스케일링

1장_ 혁신우위

기업 세계에서 격언은 기존 기업은 '와해적 혁신disruptive innovation'을 시도조차 해서는 안 된다는 것이다. 성숙한 사업모델에서 좋은 수익을 내며 둔해진 회사들은 새롭고 획기적인 것을 할 수 없다는 것이다. 기존 회사들은 현재의 수익에 집착해서 증명되지 않은 아이디어에는 위험을 감수하려 하지 않는다. 일부 좋은 아이디어에 관심을 가지기도 하지만 웬만해서는 성공할 정도로 충분히 투자하지 않는다. 그것이 우리 동료 클레이 크리스텐슨Clay Christensen이 '와해'라고 부른 조건을 무르익게 한다. '와해'는 짧은 시간에 특정 산업의 모든 규칙이 뒤집히는 현상이다. 택시산업과 '우버Uber'를 생각해 보라. 100여 년 동안 안정적이었던 산업에서 우버가 승차공유서비스로 전 세계 택시사업자를 휩쓸었다. 10여 년 사이에 산업 전체의 규칙이 뒤집혔다. 이 현상은 디지털 혁명과 뒤이은 COVID-19 대유행이 기름을 부으며 시장변화가 가속화되었다.

크리스텐슨은 유명한 책 〈혁신기업의 딜레마*The Innovator's Dilemma, 1997*〉에서 기존 기업이 '와해'를 선도하는 것은 거의 불가능하다고 결론 내렸다. 그의 데이터에 의하면 승자는 항상 거의 반역자, 즉 스타트업들이고 지배적인 기업을 성공적으로 공격하는 것을 보여주었다. 그의 주장에 의하면 제품의 한 세대를 선도한 기업은 대체품을 발명하거나 상용화해야 할 인센티브가 없다. 반면에 기업들은 기존 사업이 잠식당하는 것을 방어할 인센티브는 있었다. 21세기에 구글, 아마존, 알리바바 같은 거대 디지털 기업이 기존 기술, 미디어 기업과 20세기의 거대 유통기업을 희생 삼아 급속도로 성장한 것을 보면 이 가설은 맞는 것으로 보인다. 지금 와해의 속도는 크리스텐슨이 초기 연구를 했던 시기보다 더 빨라지고 있다. 디지털 사업 때문에 기존 기업은 더 힘들어지고 있다. 디지털은 대기업이나 중소기업 모두 기술을 활용해 혁명적인 사업모델을 만들고 누구나 와해를 시도할 수 있게 했다. 어느 때보다도 지금 와해는 스타트업들의 게임이다. 우버, 리프트Lyft, 캐스퍼Casper, 에어비앤비Airbnb, 소파이SoFi, 와비파커Warby Parker, 블룸에너지Bloom Energy 같은 회사들이 세상을 뒤집고 있다. 오래된 성숙한 기업의 게임이 아니다.

크리스텐슨처럼 전통적인 지혜에 따르면 오래되고 느린 기존 기업이 디지털 스타트업의 속도 및 창의성과 경쟁할 수 있는 희망이 없다는 결론이 나온다. 기존 기업은 스타트업보다 더 많은 재무, 기술 자산을 가지고 있음에도 불구하고 새로운 사업을 성장시킬 기업가적 정신이 없다. 혁신은 벤처캐피털이 밀어주는 창업자의 게임이다. 기존 기업의 관리자는 좋은 아이디어가 있으면 승인을 받기 위해 대기업의 관료주의에 의해 질질 끌려다니기보다 창업하라고 권유받는다. 기존 기업은 급진적인 혁신을 할 수 없다는 격언이 확실해진다.

대기업이 산업의 규칙을 파괴하는 새로운 회사들로부터 오는 위협에 힘들게 대응하고 있다는 것에는 의문의 여지가 없다. 더 이상 존재하지 않거나 그저 껍데기만 남은 기업들을 쭉 나열할 수 있다. 한 연구에 따르면 스탠다드앤푸어스Standard and Poor's 지수에 있는 기업 중 50%는 10년 후에 교체될 것으로 보인다.[01] 휴대폰회사인 노키아Nokia는 2007년 디지털 휴대폰의 선도자에서 2013년 마이크로소프트Microsoft에 70억 달러에 매각되었으며 수년 뒤에는 손실처리되었다. 음반회사인 EMI는 스타들의 장식이 붙은 분당 78회전 음반, 분당 33회전으로 녹음된 비틀즈 음반, 테이프, 콤팩트디스크 등 다양한 형식의 음악을 발매한 역사를 가지고 있었다. 그러다 디지털 음악과 사업모델이 수익을 파괴하여 EMI는 2012년에 문을 닫았다. 우리는 수많은 다른 예, 즉 사진과 이미징산업의 코닥Kodak과 폴라로이드Polaroid, 소매유통의 블록버스터Blockbuster와 데번햄스Debenhams 등등의 예를 들 수 있다. 와해는 기업의 나이, 지리적 위치 또는 산업을 가리지 않고 어디서든지 일어난다.

불리함 극복

그래서 왜 신사업탐험가에 대한 책인가?

대답은 크리스텐슨의 책이 출판된 지 거의 25년이 지나서 또 다른 현실이 나타났다는 것이다. 대기업들이 보유하고 있는 자산을 활용해서 와해의 불리함을 극복하는 법을 배우게 된 것이다. 전 세계에 몇 안 되는 조 달러 규모의 기업인 아마존Amazon은 신사업을 창출하는 것이 사업운영의 핵심이다. 아마존은 '모든 것을 파는 상점'과 온라인 시장일 뿐 아니라 아마존웹서비스Amazon Web Services를 제공하는 세계에서 가장 중요한 기술서비스업체이며, 넷플릭스Netflix의 경쟁자로 아마존프라임Amazon Prime을 통해 영화와 동영상을 제작, 스트리밍한다. 기술기업인 엔비디아Nvidia는 급격하게 범용화하는 PC 시장에 집착하는 것의 위협을 감지했다. 회사의 시장점유율이 무너지지 시작하면서도, 엔비디아는 회사를 인공지능AI 기업으로 재설정하는 데 투자했다. 한편, 넷플릭스는 DVD 우편배송을 통해 블록버스터를 무너뜨릴 수 있었으며, 온라인 스트리밍 서비스로 피봇Pivot한 후, 최근에는 매우 성공적인 콘텐트 제작회사가 되었다. 이 회사들은 지난 20여 년에 회사를 여러 번 재창조하고 스타트업만이 와해를 할 수 있다는 관념을 가볍게 반박한 대기업들이다. 그들은 '**혁신우위**'를 창출하기 위해 보유자산을 활용하는 법을 배웠다.

공평하게 말하자면, 이들 중 많은 회사들은 창업자가 대주주인 상대적으로 젊은 기업들이다. 그 회사들은 보통 '디지털 네이티브digital native' 기업이며, 아직 기업가정신을 가지고 있다. 마이크로소프트는 조금 덜 그렇다. 소프트웨어 거인인 마이크로소프트는 한 세대 동안 사용자의 서버와 PC에 설치되는 소프트웨어로 돈을 벌었다. 클라우드Cloud가 등장하며 고객관계관리 소프트웨어 세일즈포스Salesforce부터 인적자원관리 워크데이Workday까지 새로운 서비스와 솔루션이 폭발적으로 증가했다. 와해이론에 의하면 마이크로소프트는 이런 서비스형 소프트웨어software-as-a-service: SaaS

에 의해 기울어질 것으로 예측되었다.

오히려 마이크로소프트는 오피스365Office 365 온라인서비스를 활용해 기업용 이메일을 재발명하며, 의도적으로 자체 익스체인지 서버 설치기반을 와해하고 새로운 생산성 제품군을 창출하였다. 온라인정보제공회사인 렉시스넥시스LexisNexis와 같이 덜 알려진 회사의 경우에도 마찬가지이다. 20년 전 렉시스넥시스는 법률회사와 기업에게 법률정보와 뉴스정보를 제공했다. 이 회사는 한 자릿수 매출성장과 높은 수익률을 꾸준히 기록하는 회사였다. 그러던 중 2001년부터는 렉시스넥시스는 수십억 달러 규모의 자매회사인 렉시스넥시스 위험관리 솔루션LexisNexis Risk Solutions을 만들었다. 한 관리자가 고위경영진으로부터 승인을 얻고 보험회사, 정부기관, 헬스케어 업체 외 많은 고객에게 분석 및 정보 솔루션을 제공하는 빅데이터회사를 만들었다. 지금은 이 신사업이 기존 사업보다 더 큰 매출을 창출하고 있다.

각 사례에서 보듯이 이 기존 기업들은 스타트업 창업자에 비해 앞서 나갈 수 있다는 것을 인식했다. 그들은 유리하게 활용할 수 있는 자원과 역량을 갖고 있었다. 그들은 튼튼한 재무능력, 스킬이 있는 사람들, 생산능력, 고객, 그리고 펀딩을 잘 받은 초기 기업조차 쫓아오지 못하는 다양한 자산을 가지고 있었다. 마이크로소프트는 익스체인지 이메일 서버가 설치된 수많은 기업 고객기반이 있었다. 오피스365는 이런 이메일 고객을 클라우드로 흡수하고, 기업고객의 비용을 절감시켜 주었으며, 마이크로소프트에게 혁신 플랫폼을 만들어 주었다. 렉시스넥시스는 필요한 자산을 일부—공공정보를 입수하고 목록화하는 방법, 브랜드, 재무자원—가지고 있었으며, 데이터 연결 소프트웨어 같이 없었던 것은 인수하였다.

이러한 자산은 많은 회사들에게 부채로 작용하고, 관리자들이 가지고 있는 것을 방어하게 한다. 반면에 다른 회사들은 이러한 자산을 와해에서 앞서 나갈 수 있는 이점을 주는 것으로 이해한다. 무엇이 차이인가? 우리는 기존 기업이 와해를 선도하게 해주는 네 가지 주요 요인이 있다고 믿는다. 첫째, 고위경영진이 기회 또는 와해의 위협과 동등한 규모의 **전략적 야망**strategic ambition을 설정하고 다르게 행동해야 한다. 둘째, 글로벌 혁신분야에서 확립된 **혁신규칙**innovation principle을 기존 기업들이 활용해 엄격함을 높일 수 있게 되었다. 셋째, 더 많은 기업들이 핵심사업에서 와해적 신사업을 분리하여 성장할 수 있는 자율성을 주면서 동시에 핵심사업의 자산에 접근할 수 있게 해주는 **양손잡이형 조직**ambidextrous organization이 되고 있다. 마지막으로 신사업탐험가와 신사업을 지원하기 위해 자원을 투입할 준비가 된 리더에게서 볼 수 있는 기업의 차별화 역량으로서 **탐험 리더십**explore leadership이 등장하고 있다.

우리는 이 책을 이 네 가지 요인을 중심으로 구성했다. 우리는 와해적 신사업을 구축하는 데 성공한 기업과 어려움을 겪고 있는 기업 간에는 이 네 가지 요인에 얼마나 충실한가에 차이가 있다고 설명한다.

전략적 야망Strategic Ambition

구글과 아마존과 같이 디지털 네이티브 회사들이 2000년대에 득세를 하면서 많은 오래된 기업들이 "우리도 구글, 아마존, 애플처럼 혁신해야 한다"라고 각성했다. 많은 리더들은 구글과 같은 자유와 속도로 새로운 아이디어를 실행하고, 아마존과 같이 혁신을 전략에 통합하고, 애플과 같이 새로운 시장을 창출하기를 원했다. 그들은 태동하는 기술을 어떻게 활용해야 하는지 이해하고자 했으며, 또한 새로운 사업방식을 접합하기를 원했다. CEO들은 작고 민첩한 회사들이 엄청난 시장가치로 평가받는 것을 보았으며 그러한 역동성을 자신의 회사에도 가져올 수 있기를 바랐다.

이러한 인식에 따라 엔비디아의 젠슨 황Jensen Huang 같은 CEO는 위협을 어렴풋이 보았을 때, 와해를 앞서 나가기 위해 대담한 행동을 취했다. 젠슨 황은 2007년에 일찌감치 무언가 행동하지 않으면 그의 회사의 재산이 곧 사라질 것을 깨달았다. 엔비디아는 컴퓨터에 이미지를 보여주는 기술을 만들어 Dell이나 HP 같은 PC업체에 공급했다. 인텔은 이 기술을 컴퓨터 소프트웨어를 구동하는 기술과 통합하기 시작했다. 이런 식으로 '코어'와 '그래픽' 처리를 통합하는 것은 엔비디아의 시장을 없애는 것이었다. 젠슨 황의 20년 된 회사는 100억 달러 매출로 성장했는데 갑자기 생존의 위협에 맞닥친 것이었다. 엔비디아는 인텔 '블랙홀'에 끌려 갇히게 되었다.

젠슨 황의 대응은 기존 핵심사업을 넘어서는 영역을 선점하는 새로운 비전을 중심으로 회사를 바꾸는 것이었다. 그는 인공지능과 자율주행분야에 신사업을 구축하고, 2015년부터 엔비디아는 이 신사업들의 매출을 기존 PC사업과 함께 공표하였다. 증권분석가들은 2017년 회사의 실적이 갑자기 뛰며 엔비디아가 육성하고 있던 것이 제자리를 잡아가는 모습을 보여줄 때까지는 회의적이었다. 지금 엔비디아 주가는 5년 사이에 3,500% 상승했다. 엔비디아는 위기에 앞서 회사를 스스로 재구축할 수 있었으며 디지털 혁명의 중심에 자리잡고 있다.

다른 회사들도 와해를 앞서가려는 비슷한 수준의 행동을 보여주고 있다. 마스터카드Mastercard의 아제이 방가Ajay Banga는 다양한 디지털-현금 처리 대안을 제공하며 '현금과의 전쟁'을 수행하기로 했다. 아날로그디바이스Analog Devices의 빈스 로슈Vince Roche는 핵심사업을 넘어서 성장하고자 하며, 아날로그개러지Analog Garage라는 혁신실험조직과 디지털 헬스 같은 성장분야를 전담하는 사업조직을 둘 다 만들었다. 허버트 졸리Hubert Joly는 판매점인 베스트바이Best Buy를 재구축하며 가전에서의 전문성을 활용해 새로운 노인돌봄서비스를 만들었다. 독일 자동차회사인 아우디Audi는 핵심조직에서 분리된 혁신조직을 만들어 미래 사업모델을 탐색하고 있다.

기술기업인 보쉬Bosch는 한 발 더 나가 핵심사업을 넘어선 다양한 와해적 사업모델을 엄밀하게 시험하는 액셀러레이터 프로그램을 만들었다. 일본 기업들도 와해를 앞서가는 데 강하게 집중하고 있다. 거대 기술기업인 NEC는 태동분야에서 새로운 성장원천을 찾는 사업혁신조직을 만들었다. 다른 일본 회사인 AGC는 마케팅-육성-이전 접근방식을 활용해 신사업을 창출하며 다각화하고 있다. 우리는 이 회사들과 글로벌 컨설팅업체인 딜로이트Deloitte, 정보회사인 렉시스넥시스, 유럽 보험회사인 UNIQA 같은 여러 회사들로부터 배운 교훈을 설명한다.

이러한 성공사례와 더불어 주목할 만한 실패사례들도 있다. 제프 이멜트Jeff Immelt는 산업분야 복합회사인 GE를 소프트웨어회사로 변신시키는 데 실패했다. 메르세데스Mercedes는 기존 회사에 신사업모델을 통합하는 문제를 해결하지 못해 1886 혁신실험실1886 Innovation Lab을 분사했다. 심지어 한때 기업혁신의 전형적인 모델인 구글조차도 핵심시장 외 신사업을 창출하는 암호를 완전히 풀지 못했다고 자인하고 있다. 2021년에 스타디아Stadia 게임 플랫폼을 유지만 하고 있는 것은 최근의 사례이다.

이러한 실패에도 불구하고 이 여세는 멈추지 않는다. 많은 회사들이 이제 와해를 기회로 보며, 신생 경쟁자에게 질 두려움에 경계하는 것으로 보지 않는다. 많은 기업들이 회사의 핵심목적, 정체성에 도전하는 사업모델을 실험하려고 하며, 그렇게 하지 않으면 승리자가 아니라 와해의 희생자가 될 것을 알고 있다.

2장에서는 신사업탐험가, 즉 이러한 접근방법으로 기업혁신을 향해 선봉에 서있는 관리자들을 소개할 것이다. 우리는 헝가리 UNIQA사의 크리스티안 커티즈가 보험산업에서 와해적인 신사업을 창출하고 있는 성공적인 노력을 설명할 것이다. 3장에서는 혁신에 대한 명확하고 설득력 있는 **전략적 야망**이 어떻게 신사업탐험가가 점진적인 혁신을 넘어서게 할 수 있는지 설명할 것이다. 우리의 핵심메시지 중 하나는 신사업탐험가는 혁신적인 신사업을 추진하는 데 있어서 승인을 기다리지 말아야 한다는 것이지만, 전략적 야망이 관리자들에게 잠재적인 탐험을 하는 새로운 분야를 보여준다는 데 의심의 여지는 없다. 그것은 비전선언문 이상이다. 그것은 회사가 와해적 혁신을 하는 데 방해가 되는 몇몇 가정에 대해 도전하도록 해주는 새로운 신념체계이다.

혁신규칙Innovation Disciplines

이 와해적 혁신에 대한 야망은 회사의 혁신부서를 재조직한다. 혁신부서는 통상적으로 전문가와 프로세스 관리자의 영역이었다. 1990년대 무렵까지는 전문가—과학자, 엔지니어, 계리사 등—가 스스로 정의한 고객요구를 만족시키는 솔루션을 설계했다. 아이디어는 '단계-관문stage-gate' 프로세스를 통해 관리되었으며, 단계-관문 프로세스는 핵심제품개발의 효과성을 향상시키는 데 도움이 되었지만, 프로젝트 리스크를 제거한다는 논리로 엄격한 승인 또는 거부기준을 설정했다. 그 결과는 점진적인 개선에 집중하게 되었으며, 와해적인 아이디어가 나오는 것을 위축시켰다. 최근 20여 년 동안 학계, 벤처캐피털, 창업자, 그리고 컨설턴트들이 와해적 혁신을 만들어 내는 방법에 대한 이해를 크게 진전시켰다. 이 **글로벌 혁신산업**global innovation industry은 디자인씽킹design thinking, 린 스타트업lean startup, 사업모델캔버스business model canvas와 같은 다양한 방법과 도구를 만들어 내서 신사업탐험가가 실행하는 것을 안내하고 있다. 신사업탐험가는 그것들을 모두 다 알 필요는 없다, 그저 신사업의 **아이디어 창출**ideation, **보육**incubation, 그리고 **스케일**

링scaling을 잘하는 방법을 알면 된다. 이 세 가지 규칙을 뛰어나게 하는 것은 성공의 토대다.

'아이디어 창출'은 회사의 전략적 야망을 실현할 와해적 사업을 구축할 수 있는 새롭고 획기적인 아이디어를 창출하는 것이다. 이것은 일부분 많은 양의 아이디어를 만드는 것이다. 더 많은 아이디어를 가질수록 좋은 아이디어를 찾을 가능성이 높아진다. 보다 중요하게 아이디어 창출은 내부 관점inside-out의 전문가 주도 솔루션만이 아니라 외부 관점outside-in 방식을 배워서 고객이 중요하게 여기는 문제를 해결하는 데 집중하는 것이다. 아마존은 보도자료/자주 묻는 질문PR/FAQ이라는 방법이 있다. 직원 누구나 한 페이지 분량의 신제품 출시 보도자료 형식으로 고객이 왜 그 제품이 가치가 있다고 생각하는지 언급한 내용을 포함하여 새로운 아이디어를 제안할 수 있다. 디자인씽킹 같은 방법론은 관리자들이 창의성을 촉진하기 위해 고객과 깊게 공감하는 방법을 가르쳐 준다.[02] 기업들은 또한 실리콘밸리, 베를린, 하이파Haifa 같은 스타트업 허브에 조직을 두고 창업자와 직접적으로 협력하면서 외부 관점을 가져오기도 한다. 아이디어만으로는 충분하지 않다. 아이디어는 회사의 전략적 야망과 맞아야 한다. 아이디어는 또한 검증되어야 한다.

'보육'은 좋은 컨셉을 검증된 사업제안으로 변환하는 규칙이다. 또는 근거에 따라 프로젝트를 취소하거나 피봇하는 것이다. 과거에는 아이디어가 CEO에게 좋아 보일수록 신사업탐험가는 아이디어를 가속화해야 하는 부담을 느꼈을 것이다. 예를 들면, 1990년대에 인텔의 전설적인 CEO인 앤디 그로브Andy Grove는 인텔의 화상회의기술 프로쉐어ProShare가 크게 시장을 확보할 것이라고 확신했다. 5년간의 노력과 7억5,000만 달러의 투자에도 그 프로젝트는 실패했다. 그로브는 "우리는 그저 기술적으로 가능했기 때문에 수요가 클 것으로 생각했다. … 우리는 정말로 틀렸다." 보육은 직관을 대체하거나, 아이디어가 지속 투자할 가치가 있다는 근거를 제공하여 직관을 보완한다.[03]

보육은 고객, 시장, 그리고 솔루션이 만족시켜야 하는 니즈에 대해 여러 가설 세트를 가지고 시작한다. 혁신가들은 이 가정들을 저비용으로 시험하며 학습한 것에 기반해서 새로운 제안을 반복한다. IBM의 성공적인 EBOEmerging Business Opportunity 프로그램은 6개 질문으로 구성된 '사업설계'를 활용했다(예를 들어, 우리가 해결하려고 하는 고객의 문제는 무엇인가?). 아마존에서는 PR/FAQ단계에서 아이디어 승인을 받은 직원은 '피자 두 판 팀'(즉, 피자 두 판으로 모두 먹을 수 있을 만큼 소규모 팀)을 구성해 아이디어를 검증한다. 두 경우 모두 아이디어는 판매하려는 제품이나 기술에서 출발해서 작업하는 것이 아니라, 만들려고 하는 사업으로부터 출발해 역으로 작업한다.

이러한 것은 신사업탐험가가 고객(고객이 그것을 원하는가)과 상용화 가치제안(고객이 지불할 의향이 있는가)을 지향하게 한다. 그러나 그것은 사업실험을 수행해서 심층 검증을 할 경우에만 유용하다. 실험을 하면 정밀도가 낮지만low-fidelity 최소기능버전의 솔루션에 대한 고객반응을 분석하고, 학습한 것에 기반에서 새로 만들 수 있다. 이 린스타트업 방법론은 원래 창업자를 돕기 위해 만들어졌다.[04] 그렇지만 전 세계적으로 대기업들이 열광적으로 그것을 받아들였다. GE, P&GProcter & Gamble, 인튜이트Intuit, 그리고 국가안보국National Security Agency 등이 모두 이 접근방식을 채택했다. 엄격한 사업실험 후에 얻어지는 것은 실제 고객 데이터와 통찰에 근거해 검증한 사업제안이다. 그것이 사업의 성공을 보장하지는 않지만, 성공가능성을 높이고 인텔의 프로쉐어 같은 큰 비용의 실패 위험을 줄인다.

'스케일링'은 세 번째 규칙으로 검증된 사업모델을 지속가능하고 매출을 창출하는 사업으로 만드는 것이다. 이것은 보유한 컨셉을 중심으로 사업을 구축하는 데 필요한 자산들을 모으는 것을 의미한다. 신사업은 고객(브랜드, 고객관계, 판매원, 유통경로, 유통업체 등), 역량(기술, 제품, 서비스, 운영 등), 능력(생산, 글로벌 입지 등)에 접근할 수 있어야 한다. 신사업은 준독립조직으로서 핵심사업으로부터 자율성이 필요하다. 이것은 신사업이 성숙한 사업에 맞춰진 회사관행에 따르기보다 기회를 스케일링하는 데 집중하도록 도움을 준다. 그렇지만 신사업은 대기업 소속의 장점을 활용하기 위해서는 또한 핵심사업의 자산에 접근할 수 있어야 한다.

스케일링은 와해적 혁신의 세 가지 규칙 중 가장 중요하다. 보유한 아이디어를 스케일링하지 못하면 시장에 영향도 매출도 없다. 그렇다 하더라도 물론 혁신에서 얻는 가치는 있다. 회사는 새로운 기술과 역량을 배우고, 스타트업이나 경쟁사로 가버렸을 인재를 확보하며, 고객들에게 좋은 인상을 심어줄 수 있다. 그렇지만 이 책은 와해적 사업을 선도하는 것에 대한 것이며, 그것은 와해적 사업을 스케일링하는 것을 의미한다. 역설적으로 가장 중요한 규칙임에도 불구하고, 스케일링은 가장 적은 관심을 받는다. 이 주제에 대해서는 몇몇 책만이 있으며, 아주 소수의 컨설팅회사만이 집중하고 있다. 디자인씽킹, 린스타트업 등 다른 것에 비해 대중적인 훈련프로그램도 없다. 예를 들어, GE는 직원 60,000명 이상을 대상으로 린스타트업 방법을 교육했다고 말한다. 그런데 그것은 비용을 들였지만 아이디어 창출과 보육에 집중했다. 그것은 수많은 아이디어를 촉진했지만, 아주 소수만이 스케일링으로 가는 펀딩을 받았다.

글로벌 혁신산업의 규칙은 기업의 아이디어 창출과 보육 관행을 바꾸었다. 그러나 창업자의 실행방법을 따라 하거나 스타트업 생태계에 참여하는 것만으로는 성공의 비법이 되지 못한다. 너무 많은 사내벤처가 시작되었지만 모기업의 단기적인 요구가 사내벤처 활동을 압도하면서 약화시켰다.

4~6장에 걸쳐서 우리는 어떻게 3단계 혁신규칙을 활용해 신사업을 구축하는지 설명한다. 아이디어 창출에 대한 4장에서는 고객문제를 해결하기 위해 아이디어를 창출하는 세부적인 점들을 살펴본다. 신사업탐험가는 종종 하나의 아이디어로 시작한다. 성공의 관건은 이 아이디어가 의도한 고객과 구매자에게 중요한 것이어야 한다는 점이다. 5장은 보육에 집중하며 어떻게 아이디어를 검증된 상업적 가치제안으로 만드는지 보여준다. 회사는 과학적인 방법을 적용해서 이를 수행한다. 우리의 가정을 시험하기 위해 실험을 해서 고객이 가치 있다고 여기고, 지불할 의사가 있고, 우리가 만들 수 있는 방식으로 고객문제를 해결할 수 있는지 알아낸다. 이런 증거기반 접근방식은 많은 회사의 문화와 정반대일 수 있지만, 회사의 위험회피 성향을 극복하는 데 핵심적이다. 6장은 핵심도전과제인 신사업을 스케일링하는 것에 대해 소개한다. 신사업탐험가는

스케일링하는 데 필요한 회사의 고객, 역량, 능력에 접근할 수 있어야 한다. 우리는 신사업탐험가들이 어떻게 핵심사업의 자산과 그들이 신사업에 구축하고 있는 자산을 통합하고, 인수나 전략적 협력을 통해 자산을 추가해서 스케일링을 하는지 설명한다. 우리는 신사업탐험가가 목표를 달성하는 잠재적 시나리오를 그리는 데 도움이 되도록 '스케일링 경로'를 소개한다.

양손잡이형 조직Ambidextrous Organization

경영계에 큰 잘못된 신화 중 하나는 기업이 혁신이 오는 것을 몰라서 와해의 피해자가 된다는 것이다. 현실은 와해된 회사인 노키아나 폴라로이드 모두 와해가 오는 것을 보았으며 경쟁할 수 있는 기술자산을 가지고 있었다. 폴라로이드는 1990년대에 세계 최초로 메가픽셀급 디지털 카메라를 상용화했으며 노키아는 스마트폰 시대에 승리하기 위한 모든 자산을 가지고 있었다. 그들은 모두 와해가 오는 것을 보았지만, 핵심사업이 단기적인 실적을 내는 데 지나치게 집중해 있어 신사업을 만들지 못했다. 그것은 핵심사업이 성과를 최적화하고, 경쟁자를 물리치기 위해 점진적으로 개선을 하고, 수익성을 최대화하는 데 적합한 운영리듬을 가지고 있기 때문이다.

이에 비해 탐험사업조직은 다른 리듬을 가지고 있다. 탐험사업은 높은 불확실성하에 있으며, 성공적인 사업모델을 위해 계속 시험, 학습하고 있다. 이것들은 유효하지만 다른 두 가지 논리이다.

하나는 복잡할 수 있지만 알려진 환경 속에서 운영되고, 다른 하나는 매우 복합적인 불확실성하에서 운영된다. 이 두 논리를 섞으면 불꽃이 튄다. 대개는 하나의 논리가 다른 논리를 거부한다. 핵심사업은 기대를 맞추기 위해 단기 성과를 추구한다. 같은 논리를 탐험사업에 적용하면, 신사업이 학습을 멈추게 하고 바로 실행하게 한다. 회사의 리더들은 상용화에 가장 안전한 방법을 찾게 되고, 종종 와해기회를 놓치게 된다. 신사업은 성과가 저조해지고, 핵심사업조직은 신사업의 위험성에 대한 가정을 더욱 강화시킨다.

성숙도가 다른 사업들을 경영하는 과제에 대한 한 가지 해결책은 '**양손잡이형 조직**ambidextrous organization'이다. 이 접근방법은 한 회사가 어떤 사업은 실험적이고, 다른 것들은 성숙한 수익원인 여러 성숙단계로 구성된 사업포트폴리오를 경영할 수 있게 해준다. 핵심은 탐험신사업을 핵심사업에서 분리해서 두 사업이 각자의 성숙도에 맞는 전략을 실행하도록 해주는 것이다. 두 사업들은 공통의 전략적 열망을 공유하지만 각각의 리듬에 맞춰 운영한다. 탐험신사업은 CEO나 고위경영진에게 직접 보고를 하며 운영자율성을 가지고 핵심사업시스템 밖에서 운영한다. 2000년에 IBM은 이 접근방식에 따라 EBO 프로그램을 만들었다. 2006년 IBM 전략팀은 이사회에 이 프로그램이 매출의 24%에 해당하는 150억 달러 이상의 매출에 기여했다고 보고했다. 투자수익률은 같은 기간 인수합병의 2배에 달했다. 성공의 비결은 EBO 조직을 회사의 기존 경영시스템 밖에 둔 것이었다. 이것은 EBO 조직이 IBM의 자산에 접근하는 것을 방해하지 않으면서도 신사업을 성장시키는 데 필요한 자율성을 가지도록 해주었다.[05]

이와 같이 탐험사업조직을 분리해서 활동의 자율성을 주면서도 핵심사업의 자산에 접근할 수 있도록 하는 방식은 다른 많은 회사에서 반복적으로 본 것이다. 아날로그디바이스, 아마존, 마이크로소프트, NEC, AGC 등뿐 아니라 렉시스넥시스 사례는 다음 장들에서 알아볼 것이다. 7장에서 우리는 단일 신사업이나 여러 신사업 포트폴리오를 지원하기 위한 탐험조직의 다양한 대안에 대해서 설명한다. 8장에서는 성과측정과 관리시스템을 포함한 조직구조 외적인 다양한 탐험사업시스템에 대해 검토한다. 그리고 9장에서 회사가 신사업팀의 위험감수와 보상에 대해 어떻게 균형을 잡을 것인지 알아본다. 창업자와 다르게 회사는 매각이나 상장을 통한 부를 얻을 수 있는 기회나 또는 큰 개인적인 재무위험이 없다. 우리는 이 질문에 회사들이 어떻게 대답을 했는지, 그리고 신사업탐험가를 동기부여하는 방법에 대해서 배운 것을 요약 설명할 것이다.

탐험 리더십Explore Leadership

우리는 IBM이 새로운 성장사업을 발굴, 펀딩하고 가이드할 경영 프로그램인 EBO를 시작할 때인 2000년에 신사업탐험가를 처음으로 만났다. IBM은 이 프로그램에서 초기에 7개, 나중에 20여 개 이상 신사업을 육성했는데 그 결과는 놀라웠다. 신사업기회들은 같은 기간 인수 포트폴리오를 넘어서는 매출을 창출했다.[06] 캐롤 코박Carol Kovac은 가장 성공적인 신사업기회인 IBM 라이프 사이언스Life Science를 이끌었다. 이 팀의 혁신은 빠른 속도로 태동하고 있는 시장에 관련된 솔루션을 만드는 것이었다. 코박은 1990년대 유전자 해석으로 촉발된 생명과학 혁명에 IBM이 중추적인 역할을 하도록 만드는 데 목표를 두고 있었다. 그것은 매우 고도의 과학적인 배경을 가진 수많은 스타트업과 사업을 하는 것을 포함했는데, 이것은 선진시장에서 큰 대기업에 집중해 온 IBM의 전통에는 이단적인 것이었다. 코박과 그녀의 팀은 3년 이내에 10억 달러 규모의 사업을 만드는 것을 목표로 세웠다. 5년 후에 신사업의 매출은 30억 달러를 넘어섰다. 그녀는 다른 사람의 적의에 맞설지라도 규칙을 깨고 자신의 비전을 헌신적으로 유지하면서 그것을 성취했다.

신사업탐험가는 탐험이 깨뜨리려고 하는 방식에 매달리는 동료들에 영합하면서 합의를 구하는 사람이 될 수는 없다. 코박과 팀은 회사에 새로운 업무방식의 롤모델이 될 필요가 있었다. 그녀의 경우에 그것은 회사의 전통적인 핵심을 넘어서는 분야의 박사들과 전문가를 채용하는 것을 의미했다. 그녀는 선산화학자, 유진자과학자, 그리고 제약사업전문가를 채용했다. 그들은 IBM 임원들 모습으로 유명한 근엄한 것과는 다르게 입고 말했다. 가장 훌륭한 신사업탐험가는 그들이 사업하는 시장을 와해시킬 뿐 아니라 새로운 일하는 방식을 보여줌으로써 조직의 규범도 깨뜨린다. 그들은 사업을 재발명할 기회에 열광하며, 설득력 있는 사실로 임원들의 주목을 끌어내는 법을 안다. 또한 성공을 위해 신사업을 설계하고자 하며, 비전을 실현하기 위해 규칙을 따르지 않고 깨뜨리는 것을 주저하지 않는다.

신사업탐험가는 크고 성숙한 조직의 '특성에 반하여' 일한다. 10장에서 우리는 이 큰 성숙한 회사의 특성에서 나오는 와해적 혁신을 죽이는 '침묵의 살인자'에 대해 설명한다.[07] GE 디지털GE Digital의 CEO였던 빌 러Bill Ruh는 100년이 된 산업분야 복합기업의 새로운 미래를 만들라는 책임을 맡았다. 그의 상사인 제프 이멜트의 전폭적인 지원에도 불구하고 핵심사업시스템이 빌 러의 노력을 약화시켰다. 이것들은 성공적인 회사의 주춧돌이 되는 운영 관행, 루틴, 그리고 프로세스의 집합이다. 전형적으로 그것은 현 사업모델을 극대화하는 데 잘 맞춰져 있지만, 신사업을 구축하는 회사의 능력을 방해하며 이런 침묵의 살인자를 만들어 낸다. 이런 현실은 신사업탐험가는 혁신을 하면서 동시에 변화관리에 능숙해야 한다는 것을 의미한다. 11장에서는 변화와 혁신의 이중나선상에서 신사업탐험가가 어떻게 하면 그들과 신사업의 평판을 지속가능하게 하며, 조직 내부의 지원을 구축할 수 있는지 설명한다.

이 세 가지 종류의 개발—와해적 야망을 설정하는 리더, 아이디어 창출, 보육, 스케일링의 규칙, 그리고 신사업탐험가의 부상—은 회사가 와해의 불리함을 극복하도록 해준다. 그렇지만 회사는 기꺼이 신사업을 추진하고 스케일링하려는 투자자가 여전히 필요하다. 일부 리더들은 보육한 아이디어를 새로운 매출원으로 전환하는 기회와 맞닥뜨릴 때 행동하지 못한다. 그들은 벼랑 끝에 서서 자원을 투입해야 할 준비가 되어 있지만, 머뭇거린다. 12장에서 이 현상을 '행동할 준비'라고 부르고 이 현상을 극복할 수 있는 방법을 제안한다. 신사업탐험가는 종종 질문한다. 언제 스케일링해야 하는지 어떻게 알 수 있는가? 경험에 따르면 여러분은 그 질문과 대답을 일찍부터 시작해서 고위경영진이 신사업에 자원을 투입하는 결정을 하기 위해서는 무엇이 필요한지 알게 된다.

‘창업자Entrepreneur’가 아니라 ‘탐험가Explorer’

이 책은 신사업탐험가Corporate Explorer뿐 아니라 그런 역할을 맡기를 열망하는 사람, 그리고 그들을 지원하고 관리하거나 조언하는 사람들에 대한 것이고 그 모두를 위한 책이다. 신사업탐험가들은 때로는, 그리고 잘못된 것인데, 창업자entrepreneur가 되고 싶어하는 사람으로 여겨진다. 그들은 창업자와 많은 부분 똑같은 규칙을 실행하지만, 전혀 다른 자산과 조건 아래에서 행한다. 그것이 우리가 그들에게 내부 창업가intrapreneur, 사내 창업가corporate entrepreneur들과 특별히 구별되는 정체성을 부여하는 것이 중요하다고 느끼는 이유이다. 우리는 이 책을 읽는 실제 열망을 가진 신사업탐험가가 있기를 바란다. 우리의 목표는 여러분이 성공하도록 격려하고 힘을 주는 것이다. 우리는 보다 많은 기업들이 잠재적인 신사업을 창출하는 간부 집단을 스스로 양성하는 데 집중하는 것을 보고 싶다. 우리의 목표는 더 많은 관리자들이 신사업탐험가가 되는 경로를 따르고 더 많은 최고경영진팀이 그들이 성공하는데 필요한 전략적, 재무적, 그리고 조직적 지원을 해주도록 격려하는 것이다. 이 책을 가능하게 한 질문은 다음과 같다. 어떻게 하면 신사업탐험가가 성공하도록 만들 수 있을까?

이 책은 우리가 컨설팅회사인 체인지 로직Change Logic에서 고객으로 만나거나 하버드경영대학원, 스탠퍼드경영대학원 고위과정에서 만난, 그리고 IBM에서 동료로 만난 많은 신사업탐험가들로부터 배운 것에 기반하고 있다. 우리는 이 신사업탐험가들이 어떻게 팀이 혁신하는 데 영감을 불어넣고, 변화를 선도하고, 그리고 기존 기업에서 신사업을 성공적으로 성장시키기 위해 장애물을 넘어서는지 보여주기 위해 개인적인 이야기를 일부 공유한다. 이 이야기들은 전 세계, 다양한 규모와 유형의 조직으로부터 나온 것이다. 어떤 것들은 엔비디아의 젠슨 황처럼 눈을 사로잡는 성공적인 것도 있다. 다른 것들은 덜 알려졌으며, 아직 진행중인 것도 있다. 우리는 글로벌 컨설팅회사인 딜로이트가 어떻게 실험적인 접근법을 활용해 개방형 혁신플랫폼인 픽셀Pixel을 진전시켰는지 공유한다. 그것은 신사업에 대한 의사결정이 오래된 대기업에서 어떻게 작동하는지 보여준다. 우리는 렉시스넥시스가 어떻게 20여 년에 걸쳐 회사의 기존 매출보다 큰 빅데이터 신사업조직을 만들었는지 보여줄 것이다.

이러한 이야기들을 통해 우리는 신사업 성장에 대한 방법들과 프레임워크를 소개하고 실제 신사업탐험가가 그것들을 활용해서 직면하는 장애물을 어떻게 극복하는지 보여준다. 우리는 여러분들이 모든 것을 해결하는 단 하나의 방법은 없다는 것을 알기를 바란다. 각 특정 회사의 상황, 혁신, 그리고 신사업탐험가를 생각하면 와해적 혁신을 경영하는 하나의 접근방법은 비현실적이라는 것을 알 것이다. 비록 우리가 서술할 많은 접근방법들이 매우 효과적이지만, 불리함을 극복하는 비법은 우리가 사용하는 혁신방법에 있지 않다. 신사업탐험가로서 성공하는 것은 사업혁신을 조직과 인적시스템 안에서 어떻게 관리하느냐에 달려있다. 신사업탐험가는 훌륭한 혁신가인 동시에 능숙한 변화 리더이다.

요약

전통적인 격언은 크고 성숙한 기업은 와해의 불리함을 극복하지 못하고 성숙사업과 신사업에서 동시에 경쟁하지 못한다는 것이다. 기업들이 이전에 어려움을 겪은 것은 사실이다. 그렇지만 일부 기업들은 기존 조직 내에서 신사업을 성공적으로 창출하면서 이러한 관점을 뒤집고 있다. 네 가지 요인으로 이러한 전환을 설명할 수 있다. 첫째, 기업들은 명시적인 전략적 야망 또는 전략적 의도를 설정함으로써 현재 사업의 효율성/수익 그리고 새로운 시장영역으로의 탐험이라는 경쟁하는 두 목표를 동시에 추구하는 것을 정당화한다.

둘째, 기업들은 다음 세 가지 명확한 혁신규칙을 적용했다. ① 가치 있는 고객문제를 식별하고 해결하기 위한 아이디어 창출, ② 어떤 아이디어가 수익성 있는 신사업으로 성장할지 학습하는 보육, ③ 검증된 아이디어를 본격적인 운영사업으로 전환시키기 위한 고객, 역량, 능력을 동원하는 스케일링이다.

셋째, 기업들은 탐험신사업을 일상적인 운영사업으로부터 분리하는 양손잡이형 조직 접근방법을 배웠다.

넷째, 회사의 전략적 야망을 실현하기 위해 이러한 혁신규칙을 활용하는 데 관심을 가진 새로운 관리자층이 나타났다. 이러한 신사업탐험가들은 이식된 창업자가 아니다. 그들은 다른 스킬과 동기를 가지고 있다. 그들은 변화관리에 능숙한데, 이는 대기업이 가지고 있는 부정적 효과로부터 벗어나는 것을 도와준다. 그들은 새로운 와해적 신사업을 구축하기 위해 필요한 새로운 탐험 리더십의 역량을 그들을 지원해 주는 고위경영자와 함께 몸소 보여준다.

2장_ 실제 신사업탐험가들

이 책은 비법책이 아니다. 와해에 면역을 주는 공식은 없다. 무적불패는 환상이다. 그렇지만 왜 일부 회사들이 신사업을 구축하는 데 성공적인가를 설명하는 요인 한 가지는 명확하다. 중견기업, 오래된 대기업과 일한 우리 경험에 의하면 혁신은 방법, 전략, 조직, 문화와 관련이 있는 것만큼 리더십에 관한 것이라는 점이다. 탐험정신을 불붙이고 지속가능하게 하는 리더들은 과거의 강점이나 성공공식에 의존하는 리더보다 더 성공할 것이다. 모든 기업혁신 스토리의 중심에는 아무도 가보지 않은 길을 가보려는 강한 호기심을 가진 신사업탐험가들이 있다. 이들은 신사업을 성장시키기 위해 무엇을 해야 하는지 아는 것과 실행하는 것 사이의 갭을 메우는 능력이 있는 리더들이다.

UNIQA 보험의 크리스티안 커티즈Krisztian Kurtisz 이야기는 신사업탐험가가 실제로 일하는 방식을 보여준다. 커티즈는 그의 회사 그리고 업계 전반을 변화시킬 무언가에 대한 통찰력이 있었다. 그는 그의 통찰력에 따라 목적지향적인 접근방식을 취했는데 이는 아이디어 추진에 대한 고위임원들의 투자지원을 성공적으로 확보하는 데 도움이 되었다. 그럼에도 불구하고 그는 스타트업에나 가능한 아이디어를 추구하는 무모한 탐험가로 여겨졌다. 그는 불확실성을 관리하고 UNIQA가 증거에 기반해서 신사업의 미래에 대해 결정하도록 해야 했다.

신사업탐험가의 통찰력

보험산업에서 20여 년 일한 크리스티안 커티즈는 충분히 겪을 만큼 겪었다. 그는 보험사업에서 성장했으며, 경력이 쌓이면서 환상을 버리게 되었다. 그가 느끼기에 보험산업은 본래 사명을 잃어버렸다. 보험은 공동체가 어려운 시기에 구성원의 손해를 보호하기 위한 노력에서 기원했다. 최초의 근대적인 보험회사는 1666년 런던 대화재에서 생겨났으며, 집주인들이 모여 새로 건축한 집을 보호하기 위해서였다. 시간이 지나며 보험산업은 공동체를 지원하기보다 보험증서를 판매·관리하고 손해를 줄이는 데 더 집중하게 되었다. 고객의 보험료는 고객의 니즈를 만족시키기보다 보험사의 위험을 줄이는 데 더 열심인 관리자들의 급여를 지급하는 데 사용되었다. 고객들은 봉사해야 할 공동체가 아니라 관리해야 하는 비용으로 여겨졌다. 커티즈는 보험업계가 원뿌리와 다시 연결되기를 원했다. 그는 위험부담을 공동으로 지는 공동체의 가치를 보험사업에 내재시킬 수 있는 방법을 찾고자 했다. 그는 보험산업을 와해시키고자 했다.

커티즈는 열정이 있었다. 그는 전통적인 보험산업의 규칙, 즉 상세한 보험약정서, 연간 보험료, 보험갱신과 보험료청구를 관리하는 대규모 고객서비스팀, 그리고 보험사의 위험을 제한하도록 설계된 프로세스를 잘 알았다. 그는 디지털 네이티브digital native 회사들, 특히 음악 스트리밍서비스인 스포티파이Spotify로부터 영감을 얻었다. 그가 조사한 결과 고객들은 보험상품이 복잡하고 비싸다고 인식했다. 보험금을 청구하는 일은 시간이 많이 걸리고 짜증나게 하는 경험이었다. 많은 고객들은 여행이나 가재도구에 대해서는 보험을 들지 않았다. 커티즈는 이것은 해결할 만한 가치가 있는 고객문제라고 판단했다. 그는 부정적인 인상을 뒤집을 수 있는 상품을 만들 수 있다면, 보험시장을 확장하고 보험상품을 구매하지 않는 사람들을 구매하도록 해서 잠재적으로 수익이 큰 기회로 만들 수 있다고 보았다.

그는 스스로에게 물었다. 스포티파이가 보험사업을 한다면 어떻게 할 것인가? 이러한 질문에서 새로운 서비스인 체리스크Cherrisk에 대한 아이디어가 탄생했다. 체리스크는 스포티파이처럼 월구독료에 기반한 사용자 친화적인 저원가의 보험상품이었다. 전통 보험사는 보험사기를 관리하기 위해 대규모의 인프라를 가지고 있다. 반면에 체리스크는 고객들은 선의로 행동할 것이라고 가정했다. 그것은 체리스크가 절도에 눈을 감겠다는 것이 아니다. 단순히 업계의 규범과 정반대로 고객은 정직하며, 고도의 디지털 기술을 활용해 사후에 허위 청구를 찾아내겠다고 가정한다. 그렇지만 이것만으로는 커티즈가 보험을 다시 만들겠다는 야망을 실현시켜 주지 못할 것이었다. 커티즈는 체리스크가 1666년에 최초의 위험공유공동체가 의도했던 것처럼 수익을 공동체에 재투자하기 원했다. 이를 위해 그는 체리Cherries라는 디지털 포인트를 만들어 고객이 새로운 운동방법을 채택하거나 운전할 때 휴대폰을 사용하지 않는 행동들을 할 때 획득하게 했다. 고객들은 나중에 체리를 보험료를 할인받는 데 사용하거나 공동체나 고객이 선택하는 자선단체에 기부할 수 있다.

목적지향

크리스티안 커티즈는 중 · 동부 유럽의 대형 보험회사인 UNIQA의 헝가리 CEO였다. 커티즈가 체리스크를 시작하려는 영감은 부분적으로는 상업적인 기회—UNIQA가 사업을 할 수도 있는 새로운 인구계층을 봄—와 어느 정도는 개인적인 사명이었다. 그는 보험회사와 사회 사이의 핵심적인 연결을 새롭게 만들고자 하는 사명을 가지고 있었다. 이것은 우리가 본 신사업탐험가에게는 유별난 것은 아니다. 4장에서 우리는 보쉬Bosch의 사라 카발류Sara Carvalho가 어떻게 페루 하이킹 여행에서 얻은 통찰력으로 영감을 얻어 개발도상국에서 온수를 공급하는 신사업을 시작했는지 설명한다. 이것은 신사업탐험가와 벤처를 하는 창업자에 공통적인 특성이다. 에이미 윌킨슨Amy Wilkinson은 그녀의 책 〈크리에이터 코드*The Creator's Code*〉에서 테슬라Tesla와 스페이스엑스Space X의 일론 머스크Elon Musk나 스타벅스Starbucks의 하워드 슐츠Howard Schultz 같은 위대한 창업자가 어떻게 '갭gap을 찾는' 능력을 가지는지 설명한다.[01] 그들은 세상에서 제대로 작동하지 않고 있는 무언가를 보며, 그것이 그들이 해결책을 구성하도록 영감을 불어넣는다. 머스크의 경우, 스페이스엑스는 화성에서 식물을 재배할 수 있는지 보고자 개발했으며, 나사NASA가 화성에 우주선을 보낼 계획이 없는 것을 보고 놀랐다! 사라 카발류의 경우에 그것은 페루에서 그녀의 개인적인 경험이었다.

이렇게 개인적으로 목적의식을 가지는 것은 신사업탐험가가 지속하는 데 결정적이다. 5장에서 우리는 발라지 본딜리Balaji Bondili가 컨설팅회사이자 회계법인인 딜로이트 내에서 어떻게 신사업을 창출하는지 살펴볼 것이다. 본딜리는 개인적인 사명감을 가지고 있었다. 그가 맡은 새로운 조직인 딜로이트 픽셀Deloitte Pixel은 복잡한 경영문제를 해결하는 데 '다중의 지혜'를 활용한다. 본딜리의 크라우드crowd에 대한 첫 경험은 2004년 인도양 지진해일 피해자들에 구호를 제공하는 자발적인 조직의 일원이었을 때였다. 이것은 본딜리에게 일반 대중들이 자발적으로 조직화할 수 있으며 전통적 조직구조가 수행하기 어려운 일을 할 수 있다는 것을 가르쳐주었다. 그는 그때 비슷한 크라우드의 원칙을 어떻게 경영컨설팅에 적용할 수 있을지 알아보기 시작했다. 컨설턴트의 생활은 악명 높을 정도로 반사회적이며, 긴 시간을 도로와 호텔에서 보낸다. 결혼한 지 얼마 안 된 가정을 가진 그는 새로운 컨설팅 방식을 찾는 데 열심이었다. 이런 상황으로 딜로이트 픽셀은 그에게는 업무 이상이었다. 그것은 개인적인 목적이었으며, 그 신사업은 그 자신의 표현이었다. 그것은 또 다른 회사 업무 훨씬 이상이었다.

신사업탐험가들은 비록 창업자만큼 개인적인 재무부담을 가지지 않지만 창업자 못지 않은 설립자이다. 신사업의 미래가 의심되는 순간들도 있을 것이다. 많은 성공적인 사내벤처들도 프로젝트가 취소되고, 나중에서야 다시 취소가 유예되었다. 설립자의 목적의식으로부터 오는 에너지와 헌신은 마치 일론 머스크 스타일의 창업자가 그렇듯이 신사업탐험가가 이러한 위기들을 견디게 한다.

어떤 신사업탐험가들은 신사업의 설립자가 아니다. 그들은 다른 사람, 아마 혁신실험실이나 본사 전략팀에서 구상한 신사업을 맡아달라고 요청을 받았을 것이다. 이 리더들은 보다 객관적이고 해당 신사업에서 떨어져서 볼 수 있는 유리한 점이 있으며, 아마 신사업의 전망을 평가할 때 증거기반으로 접근할 수 있는 능력을 더 가진다. IBM에서 캐롤 코박Carol Kovac은 1장에서 설명한 라이프사이언스Life Science 신사업조직의 두 번째 리더였다. 코박은 비록 배경이 그녀가 채용한 다른 리더들처럼 과학자였지만, 신사업조직을 시작한 것은 그녀의 비전이 아니었다. 그녀는 신사업벤처의 미션과 비전에 주의 깊게 집중했으며, IBM의 내부 소직 컨설턴트들을 개입시켜 그녀의 팀과 워크샵을 여러 차례 실시했다. 그녀는 의료를 변혁시키는 컴퓨팅 환경을 만드는 것을 신사업벤처의 비전으로 재설정하고 그것을 개인적인 탐구로 삼았다. 그리고 많은 사람들이 미쳤다고 여기는 3년 안에 10억 달러 사업으로 만든다는 목표를 설정했다. 그녀가 이 목표를 성취한 것은 많은 부분 그녀가 팀 내에 조성한 치열한 헌신과 정체성 의식 때문이었다. 목적은 신사업탐험가가 성공하는 데 필요한 연료이다. 그것은 개인적인 깊은 경험에서 자연스럽게 우러나든지 또는 진지하게 의도한 노력에서 나오든지 성공에 결정적이다.

목적은 또한 신사업탐험가가 직면하는 질문에 답을 주어야 한다. 왜 스타트업에 내버려 두지 않고 이것을 하는가? 회사가 독립적인 창업자보다 더 성공적으로 스케일링을 할 수 있는 명확한 근거가 있어야 한다. 이것은 지렛대로 활용할 수 있는 자산—고객 접근 또는 브랜드 명성—이 있거나 또는 신사업조직을 재빨리 설립하지 않으면 마주치게 될 위협 때문일 수 있다. 커티즈의 대답은 UNIQA가 사업자산을 가지고 있으므로 할 수 있으며, 디지털 시대로 도약하려면 반드시 해야 한다는 것이었다.

커티즈는 보험사업을 새롭게 만든다는 목적에 열정적이었다. 그것은 그가 잠재적으로 변혁적인 신사업인 체리스크 컨셉을 만드는 데 영감을 주었다. 커티즈의 과제는 내부 시스템을 어떻게 변화시키느냐였다. UNIQA는 오스트리아, 헝가리, 폴란드, 체코, 슬로바키아, 그리고 많은 작은 나라들에서 전통적인 보험사업모델로 1,000만 고객을 가지고 있다. UNIQA는 현재 시장을 운영하는 데 기존에 정해진 많은 이해가 걸려 있었다. 비엔나 본사에 있는 그의 상급자들은 당장 행동해야 할 이유가 없었다. UNIQA는 주주들이 만족하는 수익을 내는 성공적인 회사로서, 다음 질문을 하는 것이 합당했다. 우리에게 유리한 시장을 왜 뒤집어야 하는가? 많은 사람들이 커티즈에게 벤처캐피털이 펀딩하는 스타트업 대표가 되는 것이 쉽지 않냐고 물었다. 기업은 잘 알다시피 기회를 제대로 활용하지 못한다. 커티즈는 많은 기업혁신 리더들과 신사업 리더들이 영향을 주지 못하고 힘들어 하는 것을 알았다. 친구들은 커티즈에게 회사 내에서 혁신을 주도하는 불가능한 일을 하지 말라고 했다. 그들은 레모네이드Lemonade.com 같은 보험 스타트업이 이미 시작하고 있으며 이러한 새로운 업체들과 정면으로 부딪히지 말라고 논쟁했다. 왜 UNIQA가 보험의 핵심가치로 돌아가는 그의 비전에 따라 새로운 독립신사업을 론칭해야 하는가?

이 분석은 매우 설득력이 있고, 스타트업들이 혁신의 핵심엔진이라는 데는 의심의 여지가 없다. 그렇지만 벤처투자자가 후원하는 스타트업도 높은 실패율을 보인다. 정확한 숫자를 구하기는 어렵지만 실리콘밸리에서 벤처투자 시 대략적인 경험에 의하면 10% 정도의 신규 스타트업은 성공하고, 추가로 10~20%는 어느 정도 성공해서 투자회수가 되고, 70%는 실패한다고 한다.[02] 많은 스타트업들은 고객들이 아이디어를 받아들이지 않기 때문에 실패한다. 좋은 아이디어를 가진 스타트업들도 모든 것을 맨바닥부터 구축하느라 고생한다. 그들은 종종 고객기반, 기술전문성, 그리고 생산능력 같은 자산이 없다. 세일즈포스Salesforce.com 앱익스체인지App Exchange 또는 애플 앱스토어Apple Appstore 같은 플랫폼은 앱기반의 스타트업이 기존에는 구축하기 힘들었던 고객, 역량, 그리고 처리능력에 접근하도록 해준다. 그럼에도 그것은 스타트업의 실패율을 크게 변화시키지 못했다.[03] 사내벤처는 이 문제들을 해결하며 앞서 나갈 수 있다. 그들은 스케일링하는 데 필요한 자산을 이미 많이 가지고 있으며 어떻게 활용할 수 있을지 알기만 하면 된다.

UNIQA는 수십억 달러 회사로 대규모 고객기반과 보험상품 설계전문성을 가지고 있다. 커티즈는 이 자산들이 그의 성공에 관건이 될 것이라고 보았다. 그는 신사업탐험가로서 회사 내에서 신사업을 창출하는 것이 혼자 하는 것보다 훨씬 빨리 움직일 수 있을 것이라고 생각했다. 그는 UNIQA의 부다페스트 사무실을 활용해 체리스크에 별도 공간을 줄 수 있었다. 보다 중요한 것은 시장니즈를 이해하기 위해 분석할 수 있는 기존 고객 데이터가 거기에 있었다. 개발단계에서 신속한 반응을 얻기 위해 이 고객들에게 새 상품을 시험해 보라고 요청할 수도 있었다. UNIQA에는 자체 보험상품을 설계하는 계리사들도 있었다. 비록 체리스크가 보험사업모델을 새로 만들었지만, 보험상품을 설계하고 가격을 정하는 전문성을 복제할 필요는 없었다. 아마 가장 중요하게 그는 법무, 규제팀에 대한 부담을 가질 필요가 없었다. 보험은 매우 규제가 강한 산업이다. UNIQA의 기존 등록사항을 활용함으로써 별도로 허가를 취득하는 과정에 필요한 긴 시간과 비용을 없앨 수 있었다. UNIQA 안에서 체리스크를 론칭함으로써 그는 강하고 빠르게 시작할 수 있었다. 그는 그의 비전을 달성하고 성공가능성을 높일 수 있었다. 그가 필요한 것은 투자자였다.

투자자의 지원

비엔나에 있는 UNIQA의 경영진은 체리스크에 대해 당연히 여러 상반되는 생각을 하고 있었다. 오스트리아 UNIQA의 핵심시장은 다른 나라와 다르게 아직 디지털 금융서비스를 전혀 받아들이고 있지 않았다. 디지털 채널이 거의 50% 정도인 영국과 대조적으로 오스트리아 시장은 3% 정도만이 디지털 채널이었다. UNIQA는 소위 보험테크Insurtech 스타트업들이 새로운 디지털 보험사업모델을 만들려고 하는 것을 보았으며, 비록 빠르게 성장하는 동유럽 시장에서 시장수요가 더 크지만 직접적인 위협에 직면하지는 않았다. 커티즈는 UNIQA의 헝가리 사업 리더로 잘 인정받고 있었다. 그는 최근 사업실적개선을 이끌며 성장으로 전환시켰다. 그렇지만 헝가리 사업은 아직 상대적으로 작은 조직이며 회사 위계상 몇 단계 아래였다. 부다페스트는 비엔나 본사에 있는 대부분의 관리자가 혁신적인 아이디어를 기대하는 곳은 아니었다. 대개의 경우처럼 본사의 상층부까지 가는 길은 간단하지 않았다. 커티즈는 단순히 UNIQA의 CEO인 안드레아스 브랜드스테터Andreas Brandstetter에게 전화를 걸어 자신의 열정을 추구하기 위해 필요한 수백만 유로를 달라고 하지는 않았다. 그는 CEO를 개입시키기 전에 실례business case를 만들어서 다른 고위경영진의 후원을 얻어내야 했다. 경영진은 소규모 시장에서 획기적인 시도를 밀어줄까? 또한 신사업탐험가가 보험테크 스타트업을 이길 수 있다고 확신할까?

커티즈는 고위임원들을 한 명 한 명 설득하는 대신 창업사로서 벤처캐피털회사에 피칭pitching을 하고, 이 아이디어의 유망함과 그것을 실행할 수 있는 그의 능력을 설득하러 다닐 수도 있었다. 어떤 점에서는 그편이 더 쉽다. 벤처캐피털회사들은 새로운 아이디어를 평가하는 데 익숙하다. 그들은 위험을 평가하고 어떤 투자가 가치가 있을지, 심지어 기존 사업의 정설을 깨는 아이디어인지 평가하는 정교한 접근방법을 개발했다. 그렇지만 그들은 또한 경영팀의 실행역량을 살펴본다. 새로운 아이디어들은 유망한 투자자들이 사업제안을 믿지 않거나 그에 못지 않게 팀에 자신감이 없는 경우 실패한다. 그것은 기존 실적이 없으면 펀딩을 구하는 일을 보람없는 일로 만들어 버린다. 투자자들은 체리스크 같은 아이디어에 매력을 느낄 수 있지만, 여러분이 신사업을 론칭한 실적이 없다면 회의적인 시각에 부딪힐 것이다.

신사업탐험가는 종종 정반대의 도전에 부딪힌다. 커티즈 같은 관리자는 잘 알려져 있다. 그는 신망을 받고 있다. 그렇지만 성숙한 사업의 고위임원들은 불확실성이 높은 초기단계의 사업을 평가해 본 경험이 거의 없다. 신사업탐험가가 성공하기 위해서는 고위임원들이 아이디어가 투자할 만한 가치가 있다고 결정을 하는 것만큼 어떻게 불확실성을 관리해야 하는가에 대해 가르쳐야 한다. 그들은 불확실성을 관리할 방법 없이는 아이디어만 보고 행동하지 않는다. 어떤 조직은 기업혁신프로그램이나 혁신실험실을 설립해 전문가 스킬을 제공한다. 그러나 커티즈는 스스로 해야 했다. 이것은 커티즈와 그의 팀이 창출한 아이디어였다. 지원을 얻고자 한다면, 그는 스스로 실례를 만들어야 했다.

이러한 상황에서 후원자를 얻는 것은 신사업의 장기적인 생존의 관건이다. 많은 신사업탐험가들이 신사업의 유망한 장래에 대해 과하게 옹호하는 함정에 빠진다. 그들은 기회의 미래나 고위경영진이 행동하지 않으면 생길 즉각적인 위협에 대해 절대적인 확신을 가지고 말하며, 이런 방식의 행동이 기대되기도 한다. 관리자들은 직급이 올라갈수록 자신감과 확신을 가지는 것이 모르는 것을 배울 자세가 되어 있다고 말하는 것보다 좋게 인정받는다. 불행하게도 신사업이 불확실한 시장에서 어떻게 전개될지 확신하는 것은 잠재적으로 약점을 노출할 가능성이 있다. 여러분은 알려지지 않은 불확실한 것을 상대하고 있으며, 무엇을 모르는지 모르며, 많은 초기 사업모델 가설은 틀릴 것이다. 대안은 불완전한 아이디어를 임원들과 시험하고 그들을 조언자로 기꺼이 맞아들이는 것이다. 이렇게 고위 이해관계자를 확보하는 것은 잠재적으로 위협적인 아이디어에 대응해 세워질 수 있는 장애물을 깨는 것에 도움이 된다. 여러분이 답을 가지고 있다고 주장하기보다 그들을 끌어들여 같이 학습하는 것이다.

커티즈가 마침내 그의 비전을 브랜드스테터에게 설명했을 때, 그는 이미 비공식적으로 그의 직속상사 볼프강 킨들Wolfgang Kindl 같은 주요한 이해관계자로부터 아이디어에 대한 지원을 구축해 놓았다. 이렇게 함으로써 그는 자신의 사업사례에 대해 극적인 표현을 하며 자유롭게 설명할 수 있었다. 그는 대형사무실 빌딩들이 밀집한 이미지와 체리스크 콜센터에 고용할 두 명의 이미지를 대조적으로 보여주었다. 이 이미지는 전통적인 보험회사의 관리비용과 디지털 시대에 동일한 업무를 하는 비용을 비교하며, 단순한 다음의 메시지를 전달했다. "우리 사업모델은 망가졌으므로 우리는 남들이 하기 전에 먼저 보험을 새롭게 만들어야 한다." CEO는 그의 제안을 '핵폭탄'이라고 불렀으며, 그것으로 커티즈는 초기 시제품을 만들 펀딩을 받았다.

불확실성 관리

인간은 회사 또는 다른 경우에서도 모든 유형의 탐험과 복잡한 관계를 가지고 있다. 우리는 창업자와 새로운 세상과 자연을 탐구하고자 하는 탐험가를 칭송한다. 그들은 개인적인 안전은 거의 걱정하지 않고 불확실한 보상을 위해 큰 장애물을 극복한다. 우리는 그들의 공적을 낭만적으로 묘사하고 대원정에서 발견하는 것에 흥분한다. 그렇지만 우리는 그런 영웅담의 가치에 대해서는 확신하지 못한다. 우리는 심지어 그런 위험을 감수하는 사람들이 제정신인지 의심한다. 위대한 남극 탐험가인 어니스트 섀클턴Ernest Shackleton 같은 인물은 새로운 도전에 대해 끝없는 욕구에 따라 움직였지만 개인적인 안전은 거의 신경 쓰지 않은 것으로 보인다. 그는 세상에서 가장 열악한 대륙으로 여러 번 돌아갔으며, 영웅적인 위업을 달성했지만, 여전히 그의 목표에 못 미치는 남조지아 섬에서 무일푼으로 죽었다.

1983년에 26살이었던 영국 여성 트레이시 에드워드Tracy Edwards는 휫브레드Whitbread 세계요트경주대회에서 무모하게 전원 여성으로 이루어진 팀의 선장을 맡았다. 그녀는 조롱을 당했다. 어떻게 33,000마일 경주의 유일한 경험이 요리사였던 여자가 모두 초보인 여자로만 구성된 팀의 선장을 맡을 수 있단 말인가? 그녀는 안전에 대한 우리의 경계만이 아니라 그 당시 여성에 대한 사회의 기대에도 도전했다. 에드워드는 그녀의 클래스에서 2등으로 승리했다. 지금은 인류사에 위대한 순간으로 칭송되는 아폴로 달착륙조차도 처음에는 반대가 있었다. 미국 여론조사에서는 1960년대 내내 비용문제로 인해 우주프로그램에 대해 지속적으로 반대의견이 많았다. 과학자들조차도 달에 사람을 보낸다는 계획에 비판적이었다. 〈사이언스*Science*〉 잡지의 과학자 113명에 대한 의견조사에서 3명만이 NASA의 접근방법에 대해 전폭적인 지지를 보였다.[04]

신사업탐험가의 모험은 섀클턴, 에드워드, 아폴로 우주비행사의 모험보다는 극적이지 않다. 그들은 단지 기존 회사 내에서 신사업을 만드는 것뿐이다. 죽음을 불사하는 용감한 위업이 있는 것이 아니다. 액면 그대로 그것은 상대적으로 위험이 없는 시도이다. 그렇지만 '신사업탐험'의 성과는 남극으로의 항해만큼 불확실할 수 있다. 시장기회는 종종 불명확하며 대개는 검증되지 않은 것이다. 커티즈의 보험상품처럼 여러분이 판매하려고 하는 것은 심지어 존재조차 하지 않을 수 있다. 이것은 그저 관리자, CEO, 더 나쁘게는 경영컨설턴트가 스케치한 아이디어이다. 그것들은 케이프 혼 Cape Horn(역자주: 남미 최남단의 곶)을 가로지르는 폭풍의 위협을 만나지 않을지도 모르지만, 기존 사업 또는 핵심사업의 관리자로부터 확고한 반대를 받아 비슷하게 파괴적인 결과를 가져올 수 있다. 커티즈는 체리스크에 투자하는 실례를 만들려고 준비하면서, 자신이 무모한 아이디어를 가진 이상주의자로 거부될 수 있는 위험을 무릅쓰고 있다는 것을 알았다. 그는 흠잡을 수 없는 것 이상을 해야 했으며, 그의 전략에 대한 지원을 얻어내야 했다.

다행스럽게 커티즈는 열린 문을 밀고 있었다. 브랜드스테터와 킨들은 변화하는 보험시장과 디지털 사업모델의 영향에 대해 적극적으로 생각하고 있었다. 체리스크 컨셉은 회사의 잠재적인 미래 비전을 명확하게 해주었다. 브랜드스테터와 킨들은 UNIQA의 보다 큰 전략적 야망을 가지고 있었으며, 이 신사업은 그것을 현실로 만드는 방법을 배울 수 있는 수단이었다. 이것은 그들에게 불확실성을 관리하는 시스템의 첫 핵심요소를 제공했다. 브랜드스테터와 킨들은 체리스크가 성공하려면 무엇이 필요할 것인가에 대해 적극적으로 배우고자 했다. 그들은 부분적으로는 체리스크라는 기회가 가지는 강점 때문에 커티즈를 지원했지만 대부분은 그것이 새로운 보험세계로의 진입지점을 제공했기 때문이었다. 브랜드스테터는 전통적인 핵심사업전략과 새로운 탐험사업전략이라는 양손잡이전략을 추구하기를 바랐다. 성공적인 신사업탐험가는 그들이 추진하는 신사업 컨셉과 경영진의 전략적 야망 사이에 이러한 연결을 만들어 낸다. 커티즈는 체리스크를 무모한 탐험 아이디어가 아니라 UNIQA의 미래에 대해 학습하는 경로로 가는 한 단계로 만들 필요가 있었다.

체리스크에 대한 투자자의 지원은 커티즈가 새로운 서비스를 구축하고 고객들이 구매를 원한다는 것을 실제로 보여준다는 조건하에 진행되었다. 그는 6개월 이내에 프로젝트를 다음 단계로 진행할 수 있는 지원을 받기 위해 증거를 가지고 다시 와야 했다. 브랜드스테터와 경영진은 체리스크 예산을 연간 전략, 사업계획에 포함시키는 대신에 특별한 다른 방식으로 처리하기를 원했다. 이것은 미시관리로 볼 수도 있었다. 그러나 커티즈는 그것을 브랜드스테터와 경영진이 자신을 성공시키기 위해 도우려고 적극적으로 개입하려는 근거로 보았다. UNIQA는 100년 이상 보험상품을 설계, 판매하고 있었다. 회사는 오랫동안 형성된 강한 고객충성도를 가지고 있었다. 그들은 임원으로서 이 영역 내에서 투자하는 것이 매우 편안했다. 증명되지 않은 신사업에 투자하는 것 자체가 경영진이 학습해야 하는 새로운 스킬이었다.

커티즈의 첫 과제는 사전에 자신이 정한 성공컨셉이 아니라 고객들이 가장 가치 있게 여기는 것을 파악해서 그것을 중심으로 체리스크를 설계하는 것이었다. 그것은 보험에 대해 연륜이 있는 기술전문가이며 경험 많은 관리자로서는 상당히 중요한 단계였다. 커티즈는 보험산업을 새로 만들려는 열정을 가지고 움직였지만, 자신이 모든 답을 알고 있다고 생각하지 않았다. 종종 과학자, 기술자, 보험계리사 같은 고도의 기술전문가들은 고객이 원하거나 가치 있게 여기는 것보다 기술적 한계를 넓히는 것에 더 만족을 느낀다. 제록스 팔로알토연구소Xerox Parc: Palo Alto Research Center 같은 훌륭한 기술연구소에서 신기술의 상용화가 실패로 끝난 이유는 바로 이 기술주도에 대한 강박 때문이다. 커티즈는 대신에 체리스크를 설계하는 데 스스로 일련의 반복적인 실험에 전념했다. 그와 그의 팀은 주어진 위험을 평가하기 위해 어떤 데이터가 필요한지와 고객의 관심을 판매로 전환하려면 무엇이 필요한지 이해하기를 원했다. 이 초기 고객발견과정에서 얻은 인사이트는 체리스크 베타버전에 정보를 제공했다. 그들은 그 뒤 9개월 동안 4,000여 건 이상의 변경을 해가며 상품을 개선했고, 고객을 기쁘게 하겠다는 하나의 목표로 어느 시점에서는 완전히 재설계했다.

2018년에 체리스크를 론칭하며 헝가리에서 강한 수요가 있다는 것이 금방 명확해졌다. 그들은 그들의 생태계에 6개월 만에 15,000, 2년 만에 100,000 활성사용자를 확보했다. 이제 컨셉이 증명되고 다음 단계는 더 큰 시장으로 확대하는 것이었다. 2020년 초 체리스크는 독일에서 론칭했다. 커티즈가 자랑으로 여기는 순간은 2019년 부다페스트에서 UNIQA의 고위 리더 100명을 대상으로 시연회를 가진 것이다. 그들은 체리스크의 전략, 구축방법, 누구를 채용했는지, 그리고 그들이 채택한 업무방식을 학습하기 위해 모였다.

체리스크 사례의 인상적인 점 중 하나는 크리스티안 커티즈가 회사의 고위임원진이 아닌 위치에서 스스로 시작했다는 것이다. 그는 와해적 사업모델을 개발할 책임이 주어지거나 혁신담당 임원을 맡으라는 요구를 받지 않았다. 고위경영진으로부터 혁신하라거나 '샤크 탱크shark tank(역자주: 미국 텔레비전 방송 창업 오디션 프로그램)' 경쟁에서 아이디어를 발표하라는 요구는 없었다. 크리스티안 커티즈는 기회가 무엇일지 분석했다. 그는 비전에 대한 열망과 강력한 소셜네트워크를 활용해서 이해관계자들로부터 지원을 구축했다. 그는 과도하게 낙관적인 매출계획을 제시하거나 체리스크를 보육하기 위해 비밀 프로젝트를 만들지도 않았다. 그는 제안을 했고 경영진은 경청했으며 성공할 수 있을지 함께 학습하고자 했다. 그것은 탑다운으로 추진된 변화가 아니었으며, 고위경영진이 가능하게 해준 중견관리자의 비전이었다. 이 교훈은 성공적인 신사업탐험가가 되기 위해서 필요한 것이 무엇인지 미리 보여준다. 다음 장들에서 우리는 성공하거나 실패한 많은 예시와 함께 신사업탐험가가 성공하는 방법과 신사업을 죽일 수도 있는 문제들을 어떻게 피할 수 있는지에 대한 프레임워크를 제공할 것이다.

기존 기업은 급진적인 혁신을 선도할 수 없다는 전통 격언을 신봉하는 많은 사람들은 대놓고 CEO를 비난한다. "그들이 위험을 감수할 용기만 있었다면!" 크리스티안 커티즈는 혁신을 하는 책임이 주어지기를 기다리기보다 어떻게 하면 성공적으로 CEO를 끌어들이는지 보여준다. 그는 프로젝트를 시작했고, 해결하고자 하는 고객문제에 대한 초기 인사이트를 개발했고, 그리고 제안한 컨셉을 탐험하기 위한 지원을 끌어냈다. 커티즈의 행동은 우리가 보여줄 다른 신사업탐험가처럼 기업혁신에 대한 기존 지혜를 반박하는 것들이다. 그는 활기가 없는 오래된 회사를 행동하게 만들었다.

그런데 속담처럼 탱고를 추려면 두 명이 필요하다. 커티즈는 참여할 준비가 된 고위경영진이 없었다면 아무것도 못했을 것이다. 신사업에 대한 펀딩 결정은 조직 내에서 종종 논쟁이 된다. 신사업에 펀딩하는 것은 단기적으로 성공가능성이 더 높은 우선순위가 있는 다른 것을 펀딩하지 않는다는 의미이다. 이로 인해 야기되는 긴장은 항상 고위임원들에게 온다. 이들은 큰 자원배분을 결정하고 장기적인 성장 대안에 매출의 일정 비율을 할당하는 의사결정을 하는 그룹이다. 이 의사결정은 그들이 왜 혁신에 자원을 할당하고자 하는가 이해하면 쉬워진다. 그들은 고위경영진과 신사업탐험가 사이를 연결하는 전략적 야망이 필요하다.

요약

이 장에서 우리는 UNIQA 헝가리의 크리스티안 커티즈의 스토리를 활용해 신사업탐험가가 성공하는 방법을 설명했다.

커티즈는 신사업기회를 만드는 것을 넘어서서 목적지향적이었다. 그는 보험산업에 무엇이 잘못되었는지 개인적인 통찰력을 활용해 상상력을 자극하고 체리스크라고 부르는 사업을 통해 21세기에 맞는 사업모델을 다시 만들려고 했다.

커티즈는 자신의 아이디어에 벤처펀딩을 받아 창업자가 되는 것을 추구할 수도 있었다. 그는 대신에 회사의 자산을 활용해 훨씬 빨리 할 수 있다고 믿었기 때문에 UNIQA 헝가리 내에서 체리스크를 만드는 것을 선택했다. 그는 체리스크와 아이디어를 지원하는 연합을 만들었고, UNIQA는 신사업을 만들 수 있는 자원이 있었다.

UNIQA 경영진은 전략과 상품을 보다 고객중심적으로 만들겠다는 회사의 전략적 야망과 커티즈의 비전 사이의 연결성을 보았다. 이것은 커티즈가 투자자의 지원을 얻도록 해주었다. 그럼에도 커티즈는 회사가 어떻게 불확실성을 관리하는지 가르쳐야 했다. 이것은 그가 체리스크를 만들기 위해 아이디어 창출, 보육, 스케일링의 규칙을 적용하면서 실험에서 나온 데이터를 평가하는 방법을 포함했다.

3장_ 전략적 야망

신사업탐험가는 기존 조직 내에서 신사업을 창출하는 어려운 일을 맡고 있으며 우리의 존경을 받고 있다. 그들은 의욕이 있고, 목적지향적인 관리자로서 안정적이고 성공적인 조직 내에서 와해적인 신사업을 위해 기꺼이 조직을 뒤흔들려 한다. 크리스티안 커티즈Krisztian Kurtisz는 전통적인 보험산업모델에 도전해서 고객경험을 개선하고 비용을 대폭 줄이는 디지털 채널을 제공했다. 딜로이트의 발라지 본딜리Balaji Bondili는 정규직 컨설턴트가 고객사무소 내에서 일하는 100여 년 된 경영컨설팅모델을 뒤집으려 했다. 렉시스넥시스LexisNexis의 짐 펙Jim Peck은 사업 인사이트를 얻는 기술주도형 모델을 최초로 출시했다. 이들은 자신들이 속한 사업의 기본 규칙에 도전하는 리더들이다. 이들 대부분은 이런 일들을 약한 지위에서 했다. 그들은 어떤 매출도 고객기반도 없었으며, 회사에는 비용이었다. 그들은 사실이 아니라 무언가 새로운 것을 창출할 수 있다는 믿음을 이용했다. 이것은 주의를 끌기에는 외로운 입장이다. 많은 신사업탐험가들은 회사 내에 동료가 없고, 최소한 시작할 때는 대부분 팀도 없다.

그들을 이런 위치에 오게 한 것은, 개인적으로는 아닐 수도 있지만, 최소한 성장전략이나 혁신 열망을 시도함으로써 그들을 시작하게 한 CEO이다. 그들에게 이러한 역할을 맡겨 놓고, 고위 리더가 신사업탐험가를 성공적으로 만들기 위해 도와줄 수 있는 것은 무엇인가? 이 장에서 우리는 CEO와 다른 고위경영진이 신사업을 지원하기 위해 할 수 있는 것은 무엇인가에 집중할 것이다. 특히, 어떻게 기업의 목적을 만들어 탐험을 승인하고 신사업탐험가가 시작하도록 격려할 수 있는지 집중할 것이다. 우리의 롤모델은 시장가치가 900억 달러에 달하는 기술기업인 아날로그디바이스Analog Devices의 빈스 로슈Vince Roche이다. 2013년에 CEO가 된 후 로슈는 기존 사업의 점진적인 개선을 넘어서 혁신으로 뻗어나간 대담한 전략적 야망에 팀들을 참여시키며 괄목할 만한 성장스토리를 이끌었다.

엔비디아Nvidia의 젠슨 황Jensen Huang, UNIQA의 안드레아스 브랜드스테터Andreas Brandstetter, NEC의 타카유키 모리타Takayuki Morita, 마스터카드Mastercard의 아제이 방가Ajay Banga와 같은 CEO들과 아날로그디바이스 CEO인 로슈의 공통적인 성공방정식은 **감정적이고, 논리적이며, 열망이 큰** 전략적 야망에 기초를 두고 있다. 전략적 야망은 관리자들이 기존 관행에 도전하도록 격려하며, 그에 따라 탐험 허가를 내주는 새로운 규칙을 설정한다. 이것은 조직 내에 쇠락해진 혁신을 가속화하고, 회사의 미래에 판도를 바꿀 수 있는 신사업이 싹을 틔우는 것을 도와준다. CEO 혼자서 새로운 규칙을 다 책임질 수는 없으며, 처음부터는 아닐지라도 궁극적으로는 고위팀이 이끌고 조직 안에 새로운 접근방식을 확산시킬 수 있는 사회적 집단을 만들 필요가 있다. 탐험 허가는 회사가 신사업을 성장시키기 원하는 영역을 명확히 하는 **일련의 사냥구역**으로 경계를 정해 놓는다. 고위경영진의 성장계획을 전략적 야망으로 요약해 간단명료한 선언문으로 정리하면 조직 내에서 추가적인 추진동력을 얻는다.

감정, 논리, 열망

아날로그디바이스의 CEO로서 빈스 로슈는 사업을 운영하는 전략적인 규칙을 바꾸었다. 아날로그디바이스의 기술은 물리적 세계와 디지털 세계를 이어주었다. 그것은 실제 아날로그 세계로부터 접촉, 움직임, 소리 같은 정보를 받아서 컴퓨터가 활용할 수 있는 디지털 신호로 변환한다. 아날로그디바이스의 반도체들은 휴대폰, 자동차, 병원의 스캐너, 인공위성, 그리고 생산기계 안에 들어 있다. 기술 리더십으로 유명한 아날로그디바이스는 50년 이상 우수한 반도체 소자로 텍사스 인스트루먼트Texas Instruments 같은 더 큰 경쟁자보다 지속적으로 혁신에서 앞섰다. 그러나 로슈에게는 이 기술우위를 유지하기 위해서는 전략적인 변화가 필요하다는 것이 명확했다. 반도체는 글로벌 경제에 계속 높은 가치가 있을 것이고 최고의 반도체는 계속 높은 프리미엄을 구가할 것이다. 그런데 이 기술들과 소프트웨어, 인공지능, 기계학습을 결합하면 새롭고 흥미로운 성장분야를 열 수 있을 것이다. 로슈는 하드웨어와 소프트웨어를 활용해 클라우드에 데이터를 확보하고, 고급 분석기술로 처리해서 사용자에게 답을 제공하는 통합시스템으로 돈이 움직이는 것을 보았다.

로슈는 회사가 세상에 영향을 줄 수 있는 전략적 야망에 엔지니어들을 관여시켰다. 그는 회사가 대응을 도울 수 있는 글로벌 도전과제들과 사회와 환경을 위해 '좋은 방식으로 기술을 활용'할 수 있는지에 대해 이야기했다. 그는 회사가 훌륭한 기술 전문성을 가지고 있는 분야에서 물리, 화학, 생물학이 다 관계된 점점 복잡해지는 문제들이 대두하는 것을 보았다. 아날로그디바이스는 실리콘칩을 판매하기보다 솔루션을 판매할 것이다. 솔루션은 고객의 문제를 해결하는 데 필요한 것이라면 하드웨어 부품, 소프트웨어, 데이터분석 어떤 것들의 조합이 될 수도 있다. 로슈는 회사가 고객의 전략적 문제를 해결할 수 있다면, 고객들은 아날로그디바이스사에 새로운 경쟁우위 원천을 제공할 것이라고 생각했다. 그는 이 전략을 '실리콘을 넘어서'라고 불렀으며 사업 리더들에게 완비된 '완전제품'을 가지고 고객문제를 해결하고 "칩의 적층을 넘나들고 그 위에서 움직여라"라고 요구했다. 그는 아날로그디바이스가 성장할 수 있는 영역에 대한 관점을 확장했다. 아날로그디바이스는 더 이상 단순히 회로기판의 '소켓을 점유하는' 고도의 기술회사가 아니었다. 아날로그디바이스는 핵심적인 사업적, 경제적, 사회적 성과에 중요한 기여를 하는 회사였다.

전략적 야망은 [그림 3-1]처럼 감정, 논리, 열망의 세 개의 차원이 있다. 로슈의 경우처럼 전략적 야망은 더 높은 목적—아날로그디바이스의 인류를 위한 혁신, 마스터카드의 현금과의 전쟁 같은 사회적인 것이든지 또는 스페이스엑스의 다른 행성에 이주하는 인

그림 3-1 전략적 야망의 3차원

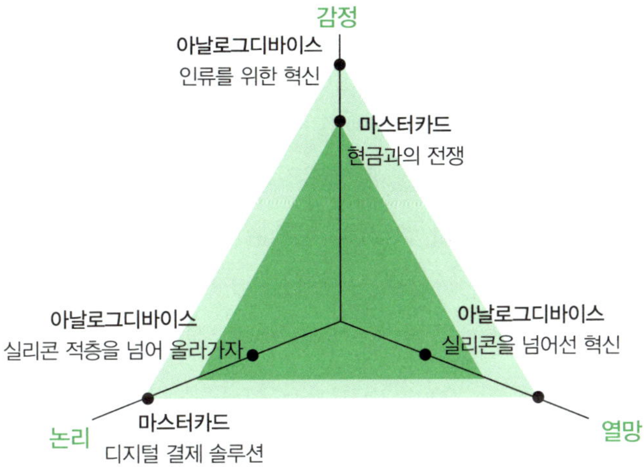

류 같은 대담한 것이든—을 불러일으키고 감정적으로 설득력 있는 특질을 가져야 할 필요가 있다. 그것은 또한 2035년까지 배기가스 배출이 없는 자동차만 팔겠다는 GM의 비전처럼 성과에 대한 열망이 있어야 한다. 그것은 또한 논리적이어서 '적층을 넘어가자' 또는 단지 결제처리가 아니라 '디지털 결제 솔루션' 제공처럼 무엇을 다르게 할 것인지를 안내해 주어야 한다.

대담한 전략적 야망은 신사업탐험가에게 정말 그렇게—대담하게—할 수 있도록 허가해 준다. 큰 조직의 관리자는 일반적으로 수영장 레인을 벗어나지 않도록 배운다. 회사는 그들이 더 큰 기회를 얻기 위해 부서 간의 경계를 재개념화하는 것을 적극적으로 단념시킨다. 이것은 관리자들이 자신들의 기존 단기 책임 범위 내에서 결과를 내도록 한다. 기회나 위협의 규모에 걸맞은 야망을 설정하는 것은 신사업탐험가가 크게 생각하고 그들의 시선을 더 큰 무언가로 향하게 하도록 한다.

비슷하게 마스터카드의 CEO인 아제이 방가는 2010년에 그의 회사를 '현금과 전쟁을 하는' 야망에 몰두하도록 했다. 그는 회사가 비자Visa와 맞붙어서 경쟁하는 것에서 벗어나, 아직도 현금이나 수표로 결제하는 85%의 소매시장에 서비스를 제공하는 새로운 규모의 야망을 설정하기 원했다. 아제이 방가는 마스터카드가 신용카드 결제에 머무르기보다 다가오는 핀테크FinTech 혁명을 선도하는 위치를 차지하기를 원했다. 이것은 마스터카드의 혁신에 큰 규모의 야망을 설정했다.[01] 2020년까지 마스터카드 실험실은 15억 달러의 매출 잠재력이 있는 제품과 서비스 포트폴리오를 구축했다. 일본 거대 기술회사인 NEC도 인류의 생활에 영향을 주는 것에 집중하는 야망으로 시장을 재설정했다. NEC는 생물통계학, 스마트 시티, 암치료제 개발분야의 사업을 추가하고 있다.[02]

탐험 허가

정교하게 만들어진 전략적 야망은 신사업탐험가가 회사의 핵심 신념기반을 약화시키지 않고도 그것에 도전할 수 있도록 허가한다. 인간은 더 나은 미래를 상상하려는 강한 욕구가 있으며, 신사업은 더 나아지고 개선된 무언가를 만들겠다는 기대를 하며 동기부여가 된다. 야망은 현재와 미래를 연결해 주고, 기대치를 재설정하도록 도와준다. 이것은 젠슨 황이 엔비디아에서 인텔 블랙홀에 끌려들어 가는 상황에 직면했을 때 취했던 접근방법이었다. 정면승부에서 이기기 위해 임박한 위기를 환기시키는 대신에 그는 그의 팀과 새로운 미래를 같이 만드는 것을 목표로 정했다. 그는 엔비디아가 과학과 관련되어 태동하고 있는 핵심문제를 해결하기를 원했다. 그는 팀에게 물었다. “우리가 최고이고, 좋아하는 것은 무엇인가(즉, 우리가 돈을 안 받아도 어쨌든 하려고 하는 것)?” 그리고 “현재는 없지만 우리가 만든다면 세상이 좋아할 것은 무엇일까?” 떠오른 아이디어들은 인공지능을 구현하거나, 자율주행 자동차를 실현하기 위해 과학발견을 가속화하는 고성능 컴퓨팅 같은 것이었다. 지금이야 기술기업의 성장분야로 명확하지만, 10년 전에 이것은 젠슨 황의 많은 반도체 동료들에게는 환상처럼 보였을 것이다. 엔비디아의 가치는 시장에서 이 전략이 성과를 내는 것을 보기 시작한 2015년 이후 2,000% 이상 증가했다.

로슈의 새로운 전략은 회사 기술 리더들의 핵심신념에 도전했다. 아날로그디바이스의 엔지니어들은 상당한 자유를 가지고 일하고 있었다. 제품팀은 매우 분권화되어 있었고 특정 세분시장에서 리더십을 유지하는 제품혁신을 하는 것이 자유로웠다. 로슈의 전략은 그들이 지속적으로 기술적 성능—통칭 칩의 ‘속도와 피드’라고 하는—에 집중하도록 요구했지만, 그는 고객 영향력에 집중하는 것을 추가했다. 그의 목표는 엔지니어들이 혁신이 고객의 사업에 줄 영향을 이해하고 ‘칩의 적층을 넘어서도록’ 하는 것이었다. 그는 아날로그디바이스의 혁신규칙을 재설정해야 했다. 엔지니어들은 다음과 같은 고객문제에 얼마나 잘 대응하고 있는지 알아야 했다. 경쟁우위를 제공하는가? 적용하고 사용하기 쉬운가? 이런 변화는 기술 리더들의 핵심정체성에 대한 도전이었다. 그들은 “아날로그디바이스는 여전히 반도체 엔지니어링 기술을 중요시 여기는가?"라고 물었다. 이것은 50년 이상 회사의 핵심이었는데 왜 바꾸려 하는가? 회사의 성과는 최고로 좋은 상황이었다.

로슈는 그의 전략이 과거와 미래를 연결시켜 준다고 보았다. 고객 회사들은 현실세계의 데이터를 획득하는 기술에 대해 아날로그디바이스에 지속적으로 의존할 것이다. 그는 많은 시간 대화를 하며 회사의 기술위원들의 우려를 경청하고 그들이 과거와 미래를 연결할 수 있도록 도와주었다. 비전이 회사의 과거 역량을 파괴하는 것이 아니라 거기에 추가되는 것이라는 점을 알아본다면, 그들은 기술을 향상하고 회사의 방향을 전환하는 데 기꺼이 스스로 투자할 것이다. 그들은 물리적 세계를 디지털로 변환하는 데 중점을 두는 것을 멈추는 것이 아니라, 실리콘 하드웨어와 함께 소프트웨어 솔루션도 만드는 것이었다.

이러한 새로운 규칙은 관리자들에게 탐험 허가를 내주었다. 급진적인 혁신을 지원하는 것에 대해 확신이 없었거나 심지어는 적극적으로 방해했던 사람들은 다시 생각했다. 이제 장기적인 성장을 위한 새로운 경로, 새로운 우선사항이 있다. 이 신호는 아날로그디바이스에 근본적인 영향을 주었다. 그것은 전에 회사의 위계질서를 통과하기 위해 분투했을 혁신가들을 승인해 주었다. 큰 뜻을 품은 신사업탐험가 중 한 명이 토니 몬탈보Tony Montalvo였다. 그는 통신산업의 5G 휴대전화서비스를 만드는 문제를 해결하기 위해 노력하고 있었다. 휴대전화 기지국에 들어가는 실리콘 하드웨어는 한계에 도달했고 5G 대역폭을 수용하도록 만들기에 매우 비용이 많이 든다. 몬탈보는 보다 유연하고 하드웨어 중심의 대안보다 10분의 1 크기인 소프트웨어 정의 무선통신software defined radio을 개척했다.

이것은 로슈가 회사에 '실리콘을 넘어서'라고 요구했을 때 의도했던 바로 그런 종류의 솔루션이었다. 그런데 몬탈보는 고전하고 있었다. 그의 혁신은 규칙을 어겼으며, 그의 상사는 그가 제안하는 급진적인 혁신 같은 종류가 아니라 단기 매출기회에 더 관심이 있었다. 로슈의 행동은 상황을 완전히 바꾸었다. 국외자였던 몬탈보는 이제 전략의 중심에 있었다. 시장에 나왔을 때 아날로그디바이스의 플랫폼은 전통적인 접근방식의 절반 크기였으며, 소비전력이 작았고, 대역폭을 8배나 지원했고, 저렴했다. 이 혁신은 5G의 글로벌 보급을 가속화했고, 아날로그디바이스는 생태계의 중심업체로서 15억 달러 이상의 매출을 창출했다. 이는 아날로그디바이스 전략의 초기 성취로서 기술부품회사로부터 시스템 솔루션 제공자로의 전환을 보여주었다.

몬탈보는 이제 탐험 허가를 가지고 기존의 경계를 넘어 확장시켰다. 그 이후로 로슈의 야망에 의해 권한이 부여된 신사업탐험가들이 나타났다. 한 관리자는 센서와 분석기술을 활용해 제조성과를 향상시키고 계획되지 않은 다운타임down time을 방지하는 신사업을 만들었다. 이 고급기술은 생산라인에서 단순히 금속 부품들이 부딪히는 소리만을 듣고도 자동차가 제대로 조립되지 않은 것을 알아내는 것 같은 일을 할 수 있다. 다른 신사업탐험가는 환자가 울혈성 심장이상을 감지하는 기기를 미국식품의약청FDA에 승인을 신청했다. 두 경우 모두 초기단계의 사업으로 아날로그디바이스의 기반기술을 활용해서 하드웨어, 소프트웨어, 그리고 서비스를 결합한 솔루션을 완성했다.

사회적 집단

CEO가 부딪히는 좌절감을 주는 현실 중 하나는 사람들이 종종 생각하는 것보다 CEO의 힘이 제한되어 있다는 것이다. 전 브리티시텔레콤British Telecom: BT과 루슨트알카텔Lucent Alcatel의 CEO였던 벤 버바이엔Ben Verwaayen은 “CEO의 가장 큰 실수는 명함에 쓰여진 것을 그대로 믿는 것이다”라고 우리에게 말했다. 버바이엔은 CEO는 일과 업무의 주요한 실행자가 아니라고 믿었다. 대신 그들은 영향력을 행사하고, 맥락과 의제를 설정하고, 사람을 선정한다.[03] 사람들을 모으고 그들을 함께하게 하며 과제를 주는 것이 CEO의 힘이다. 인간은 사회적 동물로 어떤 집단에 맞는지에 대한 신호에 강하게 반응한다. 인간은 다른 사람들이, 특히 집단 내에서 권위가 있는 사람들이 새로운 행동을 하는 것을 볼 때 거기에 따르고자 한다. 이는 진화를 말하는 것이다. 인간은 집단에 속하고 혼자 떨어져 쉬운 먹잇감이 되지 않는 것이 안전하다는 것을 학습했다. 사회적 집단은 새로운 집단이다. 아날로그디바이스 같은 회사 내의 집단이 새로운 규칙이 있고, 권위가 있는 사람들이 그 규칙을 채택하는 것을 학습하면 그들은 따르는 경향이 있다. 이것이 회사 내에 사회적 집단을 강력하게 만드는 것이다. 그것은 집단이 새로운 방향으로 리더십 집단을 따르려는 무리본능을 자극시켜 기존 일하는 방식을 깨뜨리고 새로운 방식을 채택하는 것을 허용해

준다. 잘 수립된 전략적 야망은 전략적 의사결정의 새로운 규칙을 정하고 핵심을 넘어선 혁신을 허가한다.

우리가 경험한 사회적 집단 중 가장 성공적인 사례는 2000년부터 2008년까지 IBM이었다. 그때 IBM 전략 리더는 브루스 해럴드 Bruce Harreld로 본사에서는 국외자였는데, 그에게 IBM이 와해적 혁신을 계속 놓치는 패턴을 깨라는 임무가 주어졌다. 해럴드는 새로운 와해적 사업으로 성장할 수 있는 떠오르는 여러 신사업기회를 정의했다. 그런데 그는 신사업조직들이 기존 핵심사업조직에 의해 깨질 위험이 매우 높다는 것을 알았다. 그는 신사업조직들을 보호하고 지원하기 위해 사회적 집단을 형성하기로 했다. 해럴드는 리더십그룹과 함께 이 문제점을 해결하기 위해 하버드경영대학원에서 수일간 진행되는 전략리더십포럼Strategic Leadership Forum: SLF을 여러 번 실시했다. 포럼의 1/4은 와해의 위협과 조직 내의 독소적인 가정들에 대한 교육이었고, 3/4은 IBM이 어떻게 하면 이 신사업조직을 구축하기 위해 기회의 갭을 줄일 수 있을까 논의하는 것이었다. 3년에 걸쳐 500명 이상 임원이 전략리더십포럼에 참석했다. 해럴드는 이런 신사업들과 캐롤 코박Carol Kovac 같은 신사업탐험가가 회사의 미래에 얼마나 중요한지 이해하는 사회적 집단을 만들었다. 해럴드는 포럼을 소집할 수 있는 권한을 활용해 사회적 집단을 구축했고, 여러 성장기회를 진척시킬 수 있도록 도와주는 일하는 방식을 IBM의 확장된 리더십팀에 확산시켰다.

아날로그디바이스에서도 비슷하게 로슈는 상위 100명의 리더를 전략리더십포럼에 모아서 야망과 현실 사이의 갭을 어떻게 줄일지 해결하도록 했다. 그는 그 집단의 많은 사람들이 전적으로 동참할 것을 알았다. 그러나 일부는 회의적이었고, 다른 사람들은 그가 변혁에 정말 진심인지 확신하지 못했다. 포럼에서 로슈는 팀들에게 아날로그디바이스의 순수한 기술혁신만이 아니라 사업혁신 속도를 높이라고 요구했다. 그는 성장을 지속하기 위해 그들이 어떤 제품은 10년 이상 넘은 성숙한 제품에 의존하고 있다는 것을 보여주었다. 회사에는 비록 가치 있는 자산일지라도 그는 통합 솔루션으로 더 가치 있는 문제를 해결하는 새로운 혁신의 시대에 불을 붙이기를 원했다.

그러고 나서 로슈는 고위 사업 리더들을 대상으로 정해 상위 30명의 사업·기술 리더들을 매사추세츠공과대학의 3일 세션에 보냈다. 그는 그들에게 '실리콘을 넘어선' 전략에서 어떻게 가치를 획득할 것인지 학습하도록 요구했다. 그는 반도체의 적층을 올라서는 통합 솔루션의 상용화 책임을 사업 리더들에게 이양하기를 원했다. 로슈는 회사의 DNA를 새로 해독해서 엔지니어링과 사업 리더들이 소프트웨어, 알고리듬과 디지털 사업을 아날로그디바이스의 엔지니어링 역량과 사업전략의 더 중심에 놓을 수 있도록 했다. 아날로그디바이스에서 사회적 집단은 다른 사람들을 격려해 몬탈보가 했던 것처럼 탐험 프로젝트를 개발하도록 했다. 한 임원은 적층 윗단에 있거나 적층을 넘어서는 기회를 검토하기 위해 여러 다기능팀을 만들었다. 우리는 아날로그디바이스 사업모델의 경계를 확장하려는 로슈의 비전에 케빈 칼린Kevin Carlin이 어떻게 영감을 받았는지 설명하며 이 팀 중 한 팀의 이야기를 다음 장에서 다룰 것이다. 칼린은 고객이 설치할 수 있고 웹에 연결되어 30분 이내 작동하는 스마트모터센서인 회사 최초의 이커머스 솔루션을 개발했다.

사냥구역

혁신의 핵심에는 역설이 있다. 아이디어의 다양성이 너무 적으면 획기적인 사업 아이디어를 찾기 힘들다. 너무 많으면 혁신이 전략에서 멀어진다. 우리는 이것을 한 유럽 회사에서 보았다. 그들은 관리자들이 공유경제나 양면 소프트웨어 플랫폼 같은 새로 발생하는 혁신을 활용할 수 있는 아이디어를 제안하도록 장려했다. 그들은 우리에게 이 프로젝트들이 왜 본격적인 사업으로 개발되지 않는지 진단하는 것을 도와달라고 요청했다. 그 대답은 몇몇 혁신이 뛰어남에도 불구하고, 아이디어와 회사전략 간에 상대적으로 거의 연결성이 적다는 것이었다. 그들은 야망이 있었지만 너무 광범위해서 펀딩을 받을 수 없는 아이디어를 장려했다. 사업 리더들은 그것들을 원하지 않았다.

우리는 CEO에게 탐험 허가를 중심으로 경계를 정할 것을 권고한다. 그것은 혁신을 제한하는 모순처럼 보일 수 있지만, 혁신에 초점을 제시하고 성공가능성을 높인다. 아날로그디바이스 CEO 빈스 로슈는 반도체의 기술적층을 올라 넘어서 보다 복잡하고 고객에게 더 중요한 문제를 해결하는 회사라는 야망을 설정했다. 이 야망은 고차원의 사냥구역을 정의하는 것을 도왔다. 아날로그디바이스의 경우에 그들은 사물인터넷Internet of Thing: IoT을 사냥구역으로 보았다. 그들은 이것이 회사의 많은 핵심시장에 영향을 주는 새로운 트렌드이며, 기존 오퍼링에 지능을 더해 보다 복잡한 문제를 해결하는 잠재적 가능성을 제공한다는 것을 알았다.

젠슨 황이 엔비디아가 인공지능의 중심에 자리잡는 야망을 설정했을 때, 그는 회사 내에서 이 여정에 동참하고 싶은 누구에게나 초청장을 보냈다. 그는 엔지니어를 자극시켜 그들의 집단지성을 이 혁신과제에 쏟도록 했다. 그렇지만 이것은 제약이 없는 탐험이 아니었다는 것을 명심하는 것이 중요하다. 젠슨 황은 창의성을 자극한 것만큼 경계를 설정했다. 젠슨 황은 특정한 산업이 인공지능을 일찍 받아들일 가능성이 있는 것을 알았다. 이러한 지식을 가지고 그는 팀들에게 게임, 자율주행차, 기업컴퓨팅, 과학컴퓨팅의 네 개의 특정한 사냥구역에서 문제를 탐색하도록 요구했다. 이러한 분야들은 그 전에는 PC 제조업체 같은 자가설비생산업체Original Equipment Manufacturer에게 직접 판매되던 새로운 고객시장이었다. 10년이 더 지난 후에 엔비디아의 전략은 젠슨 황이 초기에 정의했던 많은 고객시장에서 시장 리더십을 보이며 성과를 내고 있다. 이 과정에서 그들은 초기 사냥구역에는 없었던 암호화폐 거래를 운영하는 고성능칩의 수요가 급격히 증가하는 것 등의 순풍을 타고 있다. 비슷하게 단종된 쉴드태블릿Shield Tablet, 쉴드포터블Shield Portable 같은 엔비디아 게임기기를 만드는 시도는 아직은 성공적이지는 않다. 그러나 엔비디아가 사냥구역을 전략적으로 정의하고 야망을 추구한 것은 매우 효과적이었다.

이러한 상위 수준의 사냥구역은 회사의 전략적 야망과 정합성이 있어야 한다. 그렇지만 신사업탐험가가 회사가 아직 충족해 주지 않고 있거나 제대로 충족 못하고 있는 고객니즈를 발견하고, 솔루션 아이디어를 어디에서 창출해야 하는지 결정할 때 유용하려면 좀 더 세부적으로 정의해야 한다([그림 3-2] 참조). 이 수준의 상세한 내용은 다음 네 가지 요인을 고려해서 얻을 수 있다.

그림 3-2 사냥구역

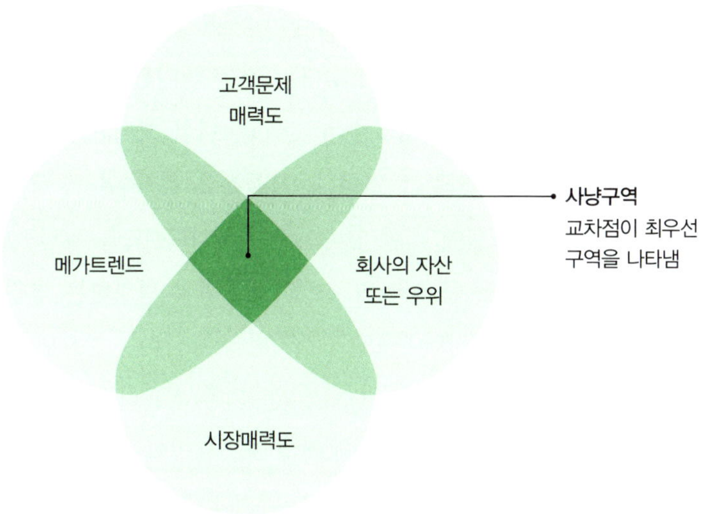

1. 메가트렌드: 사회, 정치, 규정변화, 기술 등에서 오는 신사업에 대한 잠재적 순풍
2. 회사의 우위: 메가트렌드 순풍을 활용하는 기회를 주는 핵심사업으로부터 활용할 수 있는 자산
3. 시장매력도: 매출잠재력으로 본 잠재적 시장규모, 사용자집중도, 경쟁강도, 성장률에 대한 가설
4. 고객문제 매력도: 고객이 지금은 못하고 있지만 해결하면 가치를 창출할 수 있음을 보여주는 증거. 확실한 것이 아니라 가설

UNIQA에서 안드레아스 브랜드스테터는 체리스크Cherrisk에 더해 오스트리아의 의료보험을 변혁시킬 기회를 탐색하기 위해 사누스엑스SanusX라 불리는 다른 탐험조직을 론칭했다. 그의 야망은

UNIQA의 고객들이 더 오래, 안전하고 건강하게 생활하는 것을 돕는 복지산업 솔루션을 만드는 것이다. 이것은 UNIQA에 두 개의 상위 수준의 탐험할 사냥구역이 있다는 것을 의미했다. 하나는 사람들이 건강하게 되는 걸 도와주는 것이고, 다른 하나는 사람들이 **건강을 유지**하도록 도와주는 것이다. 그들은 노령화 인구, 도시화 증가, 공공의료시스템에 대한 압박이라는 **메가트렌드**를 확인했다. 오스트리아에서 가장 큰 민간의료보험 제공자와 번창하는 병원사업을 가지고 있는 그들은 대규모 고객기반을 포함하는 중요한 **회사의 우위점**들을 가지고 있었다. UNIQA는 외부 전문가, 의사, 간호사, 정치인과 공공의료전문가를 초청해 오스트리아 고객들이 건강을 얻거나 건강을 유지하기 위해 겪는 문제점들에 대해 자문을 구했다. 이 팀은 환자, 의료전문가, 의료제공자들의 최대 불편과 비효율 지점—**고객문제**—에 대한 생생한 모습을 만들었다. 이 지도는 그들이 생태계상에서 어느 부분이 최대로 유익한 효과를 줄 수 있는 영역인지 계획하는 것을 도와주었다. 그들은 또한 현재 생태계상에서 어떻게 가치가 창출되고 획득되는지 이해하기 위해 돈의 흐름을 매핑해 보았는데 이는 **시장매력도**를 이해하는 데 깊이를 더해 주었다.

회사는 사냥구역 내에서 어떤 기회가 그들이 추구할 가치가 있는지 기준을 설정한다. 아마존은 신사업 아이디어가 다음 세 가지 기준을 만족하면 고려한다. ① 차별화된 고객경험을 제공할 것, ② 대규모 사업으로 성장할 수 있을 것, ③ 투하자본수익률이 높을 것이다. 다국적 재료과학회사인 코닝Corning에서는 신사업 아이디어가 5년 이내에 최소 5억 달러 매출을 창출할 수 있으면 추진한다.

IBM에서는 신사업기회는 기업전략과 적합해야 하며 5년 이내에 10억 달러의 매출을 약속해야 한다. 각 회사의 규모에 대한 정의는 야망의 크기, 사업의 성숙도, 와해에 의한 위협의 강도에 의해 달라진다.

선언문

전략적 야망은 책 구성에 맞춰 축약하다 보니 슬로건처럼 들린다. 우리가 설명한 개별 CEO—빈스 로슈, 안드레아스 브랜드스테터, 젠슨 황, 아제이 방가—는 전략의 배경에 있는 논리와 연결하고 직원들과 감정적인 공명을 만들기 위해 이러한 헤드라인을 넘어섰다. 전략의 기반이 되는 논리는 종종 회사가 창업될 때 명확하지만—앞에서 예로 언급한 일론 머스크의 테슬라와 스페이스엑스를 생각해 보라—시간이 감에 따라 명확성은 퇴색한다. 대신 파워포인트에 적히는 순간 잊혀버리는 전략strategy-as-death이 자리를 잡고, 사업을 성공하게 만들었던 핵심신념은 잃어버렸다. 우리는 CEO가 야망의 실례를 간단명료하게 표현하는 전략선언문을 적어보기 바란다. 야망이 무엇이고, 왜 그것을 경로로 선택했는가, 성공하려면 무엇을 해야 하는가. 3, 4페이지로 잘 작성된 선언문은 파워포인트 차트에 건조하게 적힌 전략보다 더 무한한 영향력이 있을 것이다.[04] 그것들은 CEO가 리더들이 적용하기 원하는 새로운 전략규칙을 알리는 선언문이다. 이것은 신사업탐험가에게 넓은 전략적 논리와 개별 신사업을 연결해 주는 중요한 성공요인이다.

전략적 야망과 사냥구역의 경계는 신사업탐험가의 성공을 위한 설정이다. 신사업 아이디어 창출, 보육, 스케일링 업무는 회사의 성장열망, 전략, 자산과 역량에 근거한다. 신사업을 구축하는 기나긴 여정에서 이 연결은 아이디어 창출, 보육, 스케일링을 지속하는 데 결정적이다. 신사업탐험가는 고객문제를 해결하는 와해적 사업 컨셉 아이디어를 창출하고, 상업화 가정을 검증해 컨셉을 보육하고, 지속가능한 매출흐름을 만들어 내는 스케일링을 해야 한다. 그 추진과정에 고객이 원하는 것이 무엇인지, 어떻게 제품을 시장에 내놓을지에 대한 가정이 수정되면서 많은 우여곡절이 있을 것이다.

신사업탐험가의 신사업 아이디어와 고위경영진의 전략적 야망 사이에 강한 연결은 이 여정에서 그들을 지속가능하게 해준다. 우리는 스케일링은 필수적인 연결이 형성되는 아이디어 창출에서부터 시작한다는 것을 발견했다. 신사업에 대한 펀딩을 구하고 있는 두 신사업탐험가의 운명을 생각해 보라. 한 사람은 기대하지 않게 나타나 실험에서 얻은 유망한 데이터를 근거로 스케일링하는 데 100만 달러를 요구한다. 고위경영진은 사전에 아무런 지식이 없으며 회사의 비전 또는 사업전략과 아무런 연결을 보지 못한다. 잘해야 그들은 더 학습이 필요하다고 결정할 것이며 신사업탐험가에게 그들이 기회를 확신할 수 있도록 더 실험을 하도록 요구할 것이다. 다르게 이야기하면, 이것은 중단되며 아마도 그냥 보류될 것이다. 다른 신사업탐험가는 회사의 미래에 대해 공유된 야망을 실현하는 신사업을 개발했다. 고위경영진은 초기 사냥구역을 선정하는 것을 도와주었으며 실험부터 주기적으로 진행에 대해 업데이트를 받았다. 그들이 신사업을 진척시키고자 100만 달러를 요구받았을 때, 그것은 공유된 열망의 실현이다. 두 신사업탐험가는 모두 잠재력이 높은 신사업을 제안했지만, 하나는 같은 여정을 가는 리더십의 이점으로 성공가능성을 상당히 높여 준다.

사냥구역을 활용해 아이디어 창출의 범위를 좁히는 것은 글로벌 혁신분야에 있는 일부에게는 쟁점이 된다. 그들은 혁신에 어떤 제약이라도 하는 것은 아이디어의 다양성과 기대치 않은 획기적인 아이디어를 만들 수 있는 잠재력을 감소시킨다고 주장한다. 이것은 창업자에게 적용되는 것 중에서 신사업탐험가 상황에는 적용되지 않은 몇 가지 중 하나이다. 기업 상황에서 제약이 없는 혁신은 전략과 유리된 아무도 펀딩하기를 원하지 않는 좀비사업zombie business을 만드는 처방이다. 그러한 모험에서 무언가 흥미로운 것을 학습할 수 있을지 모르지만, 경영진의 지원을 절대로 받지 못할 아이디어를 추구하는 것이며 신사업탐험가의 시간과 에너지를 낭비하는 것이다.

요약

이 장에서는 CEO와 고위경영진이 어떻게 신사업탐험가의 성공에 큰 역할을 하는가에 대해 설명했다. 더 중요하게는 그들은 탐험을 회사의 성장 열망과 직접적으로 연결하여 정당화하고 안내하는 전략적 야망을 정의한다.

좋은 전략적 야망은 **감정적으로 설득력**이 있으며, 조직의 혁신에 대한 열정을 불러일으킨다. 그것은 논리적이며, 전반적인 사업전략과 연결되어 탐험이 성공과 이질적인 것이 아니라 핵심적인 것으로 보이게 한다. 전략적 야망은 보다 많은 신사업탐험가에게 영감을 불러일으키고 다섯 가지 작용을 통해 성공을 가능하게 한다.

첫째, 그것은 회사가 어떤 시장에서 사업을 할 것인가, 사업모델과 오퍼링은 무엇인가 하는 전략적 선택을 하는 데 새로운 규칙을 정한다.

둘째, 이 규칙은 과거를 깨뜨려 명시적 탐험 허가를 내주면서, 태동하는 혁신이 가능한 범위를 넓혀 준다.

셋째, 전략적 야망은 고위관리자가 모이는 집결점이 되어, 야망과 적합한 혁신을 조직 내 복제하는 사회적 집단을 형성한다.

넷째, 야망은 사냥구역—성장 야망을 실현하기 위해 어디에 투자하기를 원하는가—을 정의해서 신사업탐험가에게 어떤 종류의 기회가 회사의 지원을 더 받을 수 있는지 지침을 준다.

다섯째, 리더들은 그들의 야망을 선언문에 정교하게 표현해서, 야망, 새로운 규칙, 탐험 허가, 사냥구역, 사회적 집단을 조직 전체에 설명한다.

많은 신사업은 아이디어 창출, 보육을 통과하며 실패하게 될 것이다. 그러나 전략적 야망은 더 많은 신사업이 싹을 틔우고 실패들을 대체하고 조직이 성장 열망을 향한 과정을 지속하도록 한다.

2부

Corporate Explorer

혁신규칙

혁신은 몇 안 되는 활동분야처럼 방법론, 도구, 기술, 유행을 만들어 냈다. 신사업탐험가들은 초기 아이디어부터 번성하는 사업을 만들기까지 무엇이 그들을 도와줄 수 있을지 알고 싶어한다. 수많은 자료들이 있는 숲속을 헤치고 가는 것은 힘들고 시간이 걸리는 일이다. 2부에서는 이미 소개한 세 가지 규칙—아이디어 창출, 보육, 스케일링—에 기반해서 혁신 업무를 이해하는 통합모형을 제시한다. 우리의 목표는 각 규칙에서 가장 중요한 측면을 설명하고 적용방법을 안내하는 것이다. 신사업탐험가는 특정한 방법—예를 들어, 디자인씽킹 같은—에 대해 추가적인 자료를 참조할 수 있다. 그렇지만 다음 세 개 장에서는 이것들을 신사업을 구축하는 전반적인 과정이라는 맥락에서 설명할 것이다.

세 가지 규칙은 신사업탐험가가 아이디어 창출에서 보육, 다음으로 스케일링으로 나가는 선형적인 단계를 암묵적으로 의미한다(그림 II 참조). 그것은 부분적으로는 맞다. 신사업은 이 성숙점들을 지나며 추진된다. 증거들이 나오면서 신사업에 자원투입을 증가시키는 것을 정당화하는 명확한 전환점들이 있다. 우리는 이것들을 세 가지가 내내 존재하는 학습과정이므로 규칙이라고 부른다. 아이디어 창출은 많은 여러 문제점을 해결해야 하므로 과정 내내 활용된다. 보육은 실험에 근거하며, 종종 아이디어 창출에서 시작해 스케일링까지 계속된다. 스케일링은 신사업탐험가가 아이디어를 본격적인 사업으로 만드는 데 필요한 잠재적 자산이 무엇인지 가정을 정리해 가는 아이디어 창출부터 시작한다. 그러므로 우리가 이 규칙들을 선형적인 단계로 제시하지만, 실제는 보다 반복적으로 진행된다.

[그림 Ⅱ] 혁신규칙

아이디어 창출
- 아이디어 중독/ 해결책 함정
- 고객발견
- 고가치 고객문제
- 아이디어 창출

보육
- 사업실험
- 가설
- 시험
- 학습
- 반복
- 결정

스케일링
- 고객, 역량, 능력
- 자산 결합
- 스케일링 경로
- 촉발점

4장_ 아이디어 창출: 신사업 아이디어 생성

2016년에 회사를 '실리콘을 넘어서' 만들겠다는 빈스 로슈Vince Roche의 야망에 자극받아 아날로그디바이스Analog Devices는 사물인터넷IoT의 사냥구역을 탐험하는 노력을 시작했다. 사물인터넷은 기계와 장치들을 인터넷에 연결하고 작동데이터를 분석해서 성능을 개선하는 통찰력을 얻게 해준다. 이는 냉장고가 음식이 떨어진 것을 감지하고 식품점에 쇼핑목록을 직접 보내는 것처럼 단순한 것일 수도 있고, 예상 못한 고장을 방지하기 위해 제트엔진이 서비스가 필요하다는 것을 말해주는 정교한 것일 수도 있다. 아날로그디바이스의 부품기술은 이미 이런 솔루션에 많이 내장되어 있었다. 기회는 실리콘반도체를 넘어서고 클라우드컴퓨팅과 인공지능에 의해 새로운 서비스를 추가할 수 있을 것으로 보였다.

사물인터넷 계획은 8개의 **스프린트팀**으로 구성되어 소비자제품과 의료분야 같은 여러 고객시장을 탐험했다. 이 팀들은 30일 스프린트—애자일 소프트웨어 개발에서 차용한 용어—를 연속해서 실시해서, 회사가 투자할 만한 제안을 개발했다. 케빈 칼린Kevin

Carlin은 그때 아날로그디바이스의 산업자동화사업의 책임자로 이 팀들 중 산업용 기계에 초점을 맞춘 팀 하나를 이끌게 되었다. 칼린은 스프린트팀을 회사를 완전히 새로운 시장으로 이동시킬 기회라고 보았다. 산업용 기계 주요 제조사들은 사물인터넷 기능을 향후 기계에 설계하기 시작하고 있었다. 아날로그디바이스가 이를 위한 부품을 공급하면서 혜택을 받고 있었지만, 칼린은 신규로 설치될 기계(그린필드)보다 이미 기존에 운용되고 있는(브라운필드) 수많은 기계들에서 더 큰 기회를 보았다. 그는 진동 데이터만으로 문제가 있는 모터를 탐지해서 임박한 고장을 경고를 해주는 기기를 개발할 수 있다고 믿었다. 이것은 제조업체가 오래된 기존 기계에 부착해 장비를 관리하는 능력을 향상시킬 수 있었다. 브라운필드 기회는 상대적으로 복잡하지 않은 기술을 가진 회사들이 주로 하는 시장으로 아날로그디바이스에 새로운 시장이었다. 아날로그디바이스의 전통적인 고객들은 이 시장에 관심이 없었고 아날로그디바이스 수준의 역량을 가진 회사는 거의 없었다. 칼린은 기회가 있는데 왜 우리가 그것을 해보지 않겠는가라고 생각했다. 칼린의 신사업탐험가 여정이 시작되었다.

[그림 4-1]처럼 칼린은 확인된 고객문제에 대해 해결책 아이디어를 창출하고, 핵심가정을 검증하여 솔루션을 보육하고, 사업을 스케일링하는 자산을 모아야 한다.

와해적 신사업을 구축하는 아이디어 창출은 전략적 야망과 사냥구역을 보육할 수 있는 사업컨셉의 형태로 만드는 것이다. 핵심결과물은 해결할 만한 가치가 있는 고객문제와 이를 해결할 수단이다. 이 장에서 우리는 신사업탐험가가 어떻게 이것을 달성할 수 있는가 설명한다. 첫째, 우리는 그들이 직면하는 몇 가지 주요한 장애물에 대해 설명한다. 아이디어 창출은 혁신과정 중에 조직에서 많은 관심과 자원을 받는다. 이것은 인간이 해결하고자 하는 문제보다 아이디어에 더 흥분하게 만드는 아이디어 중독으로 이끈다. 그것은 관리자들이 고객이 어떻게 생각하느냐보다 자신들의 아이디어에 맞는 증거에 편향되는 해결책 함정이라는 것에 빠질 위험을 초래한다. 신사업탐험가는 고객발견과정에 엄격하게 접근해서 이 장벽을 극복하고 고가치의 고객문제를 식별하고 보육할 만한 솔루션을 개발하는 아이디어를 창출한다.

그림 4-1 아이디어 창출, 보육, 스케일링

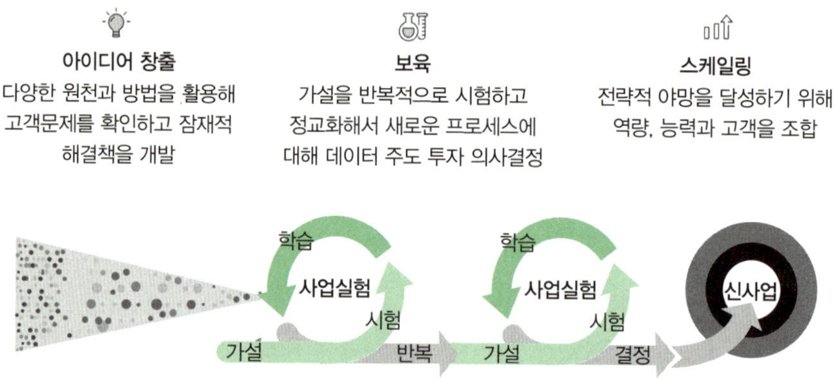

케빈 칼린은 이 과정에서 우리를 안내해 줄 것이다. 2021년 시점에 칼린은 아날로그디바이스의 조건기반모니터링Condition-based Monitoring: CbM 사업을 이끌고 있다. CbM은 기계불량을 탐지하고 작업자에게 실시간으로 경고를 주는 가장 고도의 장비를 제공하는 사업을 스케일링하는 중이다. 칼린의 조직은 역량, 사업모델, 시장진출 접근방식에서 아날로그디바이스의 급격한 도약을 대표한다. 그 사업은 고객이 직접 설치하고, 클라우드에 로그인 등록을 하고, 신용카드로 구독 결제를 하는 모터성능 측정기기를 판매한다. 칼린은 복수 감지모드를 활용해서 인공지능엔진으로 처리를 하고 더 정교한 통찰력을 제공하는 새로운 사업 라인도 보유하고 있다. 이것들은 회로기판에 설치하는 고도의 실리콘칩을 판매하는 전통적인 시장을 가진 회사에게는 급격한 변화이다. 칼린은 빈스 로슈의 '실리콘을 넘어서'라는 야망을 진정으로 실현하고 있다.

아이디어 중독

케빈 칼린이 이 사업을 시작한 것은 본능적인 감에 기반했다. 그는 아날로그디바이스의 측정기술을 클라우드에 연결해서 해결할 수 있는 문제를 보았다. 2장에서 서술한 크리스티안 커티즈Krisztian Kurtisz 및 다른 목적지향 혁신가들과 똑같이 그는 문제 해결책에 대한 아이디어로 시작했다. 이것은 인간이 작동하는 방식이다. 인간은 새로운 아이디어를 만들려는 적극적인 욕구를 가지고 있다. 그것은 거의 중독에 가깝다. 우리의 뇌는 새로운 아이디어와 경험을 찾는 것에 대해 보상을 한다. 인류학자들은 이러한 새로움에 대한 추구가 인류가 문제를 해결하고 변화하는 환경에 적응할 수 있는 능력을 갖추도록 도와주었다는 이론을 제시한다.[01] 아이디어 창출은 매우 중독적이어서 해커톤, 직원경진대회와 여러 높은 참여기법의 에너지에 매료되어 여기에 집중해서 시간을 쏟기 쉽다.

창의성과 새로운 가능성을 상상하는 것은 본질적으로 만족스러운 활동이다.

이것은 신사업탐험가가 고객의 성공에 대한 정의를 학습하는 것부터 시작하라는 조언, 즉 고객이 무엇을 달성하고자 하는가를 알게 되면, 고객의 니즈를 만족시키는 해결책을 개발할 가능성이 더욱 높다는 고객주도 혁신과 충돌한다. 그것은 칼린의 첫 번째 과제가 고객문제를 세밀하게 분석하는 것을 의미했다. 그는 제조회사가 원하지만 지금 못하는 것이 무엇인지, 그 결과가 무엇인지, 문제를 어떻게 해결하고 있는지 등 제조회사에 대해 가능한 많이 학습해야 했다. 그는 자신이 답을 가지고 있다는 확신을 내려놓고 최종 고객이 세상을 어떻게 보는지 학습해야 했다.

인간의 아이디어에 대한 중독 때문에 혁신에 대한 이 고객주도 아이디어 창출 접근방식은 실행하기 어렵다. 모든 혁신가들은 자신의 아이디어와 애착에 빠지기 쉽다. 그들은 시장을 조사하고 그들의 본래 아이디어가 좋았다고 결론을 내린다. 인지심리학에서는 이것을 확증편향—여러분이 사실이라고 믿는 것을 지지하는 데이터를 선호하는 것—이라고 부른다. 그것은 기업문화에 의해 더 악화되는 인간의 영속적인 특성이다. 이것은 관리자들이 검토하는 데 시간을 쓰게 만드는 아이디어는 나쁜 아이디어라는 결론을 내리는 것을 주저하게 만든다.[02] 매몰비용, 시간, 명성이 발을 빼기에는 너무 크다. 그들은 '해결책 함정'에 빠져 문제보다 답을 앞세우게 된다. 이것은 실제적인 결과를 초래한다. 고전적인 사례는 모질라Mozilla가 파이어폭스 운영체제Firefox OS 휴대전화를 만들려고 4억 달러를 투자하며 시도했던 것이다. 모질라는 브라우저 기반의 안드로이드Android 크롬북Chromebook이 성공하는 것을 보고, 자신의 기술전문성을 활용하여 휴대전화용 브라우저 기반 운영체제를 만들려고 했다. 그러나 안드로이드와 애플 운영체제가 절대적인 시장점유율을 차지하고 있는 시장에서 사람들은 전적으로 웹 기반이어서 앱들을 통합할 수 없는 휴대전화에 관심을 보이지 않았다. 모질라가 외부 관점에서 사업아이디어에 대해 피드백을 받아 학습했다면, 휴대전화를 가진 사람들은 앱을 구동하기를 원한다는 것을 금방 알았을 것이다.[03]

이 아이디어 중독은 매우 강력하다. 그것은 언제든지 올 수 있고 신사업탐험가(또는 창업자)의 작업을 약화시킨다. 칼린의 아이디어 창출에 대한 방법론적 접근방식을 설명하기 전에 우리는 경계심을 가지고 들어야 하는 인도의 초저가 냉장고인 '초투쿨ChotuKool' 사례를 설명할 것이다. 이것은 왜 칼린이 했던 접근방식을 선택했는지 명확하게 보여줄 것이다.

해결책 함정

인도의 100년 된 제조기업인 고드레지 앤 보이스Godrej & Boyce의 고팔란 순더란만Gopalan Sunderranman은 아이디어 중독이 신사업의 성공에 얼마나 해가 되는지 배웠다.[04] 순더란만은 와해의 열렬한 신봉자로 개발도상국가에 현대적 제품들을 도입하고자 했다. 그의 목표는 인도 시골지역이었다. 냉장고는 도시 가전제품으로 구매비용만이 아니라 작동하기 위한 전기가 필요했다. 인도 시골지역은

40% 정도는 텔레비전을 가지고 있었지만, 냉장고는 거의 아무도 없었다. 냉장고는 너무 비쌌으며 전기를 많이 사용했다. 순더란만은 인도 냉장고시장의 규칙을 새로 쓰는 비전통적인 솔루션이 기회를 열 수 있을 것이라고 믿었다. 순더란만의 팀은 미국 컨설턴트의 지도 아래 솔루션 개발을 위해 **고객발견** 접근방식을 추진했다(우리는 관여하지 않았지만 관여될 수도 있었다. 경영대학원 교수나 경영컨설턴트 누구도 해결책 함정에서 자유롭지는 못하다!).

그 팀은 마을을 방문해서 사람들이 어떻게 사는지, 식료품을 어떻게 구매하는지, 어떻게 요리하는지 관찰했다. 그들은 사람들이 매일 필요한 만큼 식료품을 구매해서, 그날 구매한 것으로 식사를 준비하는 것을 눈여겨보았다. 그리고 공간이 매우 협소한 것을 보았다. 기존 냉장고는 그들 집에는 너무 컸다. 대신 사람들은 항아리를 사용해서 물을 시원하게 보관하거나 끓인 우유를 상하지 않게 하고, 빨리 사용하는 것들을 차갑게 보관하고 있었다. 팀은 이 인사이트를 활용해 '초투쿨'이라 불리는 기기—초경량의 배터리 구동 냉각기로 물과 몇 가지 필수품을 보관할 정도 크기로 목표 가정에 들어갈 정도로 충분히 작은 기기—를 개발했다.

이것은 순더란만이 찾고 있던 획기적인 혁신이었다. 그것은 냉장고의 축소판이 아니라 냉장고를 갖지 못한 85%의 인도인을 위해 특별히 설계한 솔루션이었다. 그것은 열전냉각방식을 적용해서 냉매를 저온으로 만들기 위한 압축기가 필요 없었다. 규칙을 확실히 깨는 기기를 만들기 위해 제품의 설계와 제조에서 각각 여러 문제를 해결해야 했다. 그들은 그 제품의 가격을 경쟁사의 절반 수준인 약 70달러 수준으로 정했으며 이는 압축기로 작동하는 제품과 같은 잠재적 유지보수비용은 없는 것이었다. 혁신의 수준을 더 높이기 위해 그들은 혁신적인 유통채널을 개발해, 비정부기구NGO와 목표고객이 초투쿨을 구입하는 것을 지원해 주는 소액금융을 참여시켰다.

문제는 초기 시장성공 이후였다. 초투쿨 판매가 급감했으며 2년간 15,000대밖에 팔리지 않았다. 이 실패에는 판매 유통에서의 큰 어려움을 포함하여 많은 요인들이 있었다. 그렇지만 처음부터 명확한 문제는 초투쿨은 소비자 눈에는 존재하지 않는 니즈를 맞춘 것이라는 점이다. 소비자들은 냉장고가 없는 것에 대한 우회 대안이 있었다. 물항아리와 과일, 야채를 매일 구입하는 것이었다. 초투쿨은 여러분이 냉장고를 찾고 있다면 훌륭한 해결책이었지만, 이 소비자들은 아니었다. 그들은 식료품을 차갑게 보관하는 문제를 해결하려고 하지 않았다. 순더란만은 원했던 시장결과—고드레지 제품을 더 많이 파는 것—와 소비자들이 원했던 결과—냉상하는 것—를 혼동했다.[05] 초투쿨의 주경쟁자는 비소비자였다. 왜냐하면 소비자들은 이미 만족하고 있었기 때문이다.

초투쿨 사례는 여러분이 자신의 아이디어에 얼마나 쉽게 유혹당하는가를 보여준다. 고객이 원하는 것이 무엇인가에 대해 학습하려고 의도적으로 노력함에도 불구하고, 그것을 오해하는 일이 여전히 일어난다. 혁신가가 그들의 아이디어에 애착하면 할수록 고객이 말하는 것을 제대로 듣기는 더욱 어렵다. 고객발견 접근방식은 엄격함과 겸손함이 필요하다. 이것은 학습에 최상의 기회이다.

고객발견

초투쿨 스토리는 고객발견 과제를 제대로 수행하는 것이 얼마나 어려운지 보여준다. 아날로그디바이스의 칼린의 경우에 이것을 더욱 어렵게 하는 것은 스프린트팀을 이끄는 것 외에도 산업자동화 부문의 책임자로 계속 있었기 때문이었다. 회사는 사물인터넷이 어떤 기회를 만들어 줄지 이해하기 위해 노력하고 있었다. 이런 검토를 위해 전담팀을 붙이는 사례가 없었고, 이 단계의 대부분의 신사업탐험가들처럼 칼린도 두 가지 업무를 하고 있었다.

칼린과 그의 팀은 고객문제를 심도 있게 학습하고 있었다. 그들은 30고객 이상을 인터뷰하고, 현재 어떤 기계고장이 감지되는지 분석했으며, 생태계 내에 여러 참여자들에 대해 학습했다. 칼린의 팀은 스스로 끊임없이 질문했다. 제조회사들이 조건기반모니터링의 문제를 어떻게 보는지, 현재 문제를 어떻게 해결하고 있는지, 그리고 우리 솔루션이 그들에게 어떤 가치를 제공해야 하는지에 대해 학습한 것은 무엇인가?

[그림 4-2]에 해결책 함정에 빠지는 위험을 줄여주고 최소한의 노력으로 고객발견 업무를 철저하게 수행하도록 도와주는 칼린과 다른 사람들이 활용한 다섯 가지 항목이 있다.

첫째, 신사업탐험가는 **열린 탐색가**가 되어야 한다. 그것은 다른 사람들이 세상을 어떻게 인식하는지에 대해 여러분이 가질 수 있는 잠재적인 편향을 인식하는 것을 의미한다. 편향에는 다양한 원인이 있다.[06] 연구에 의하면 인간은 데이터를 배제할 때 첫 번째나 가장 최근에 들은 의견에 더 중요성을 두는 경향이 있다. 이 **최신편**

그림 4-2 고객발견 실행

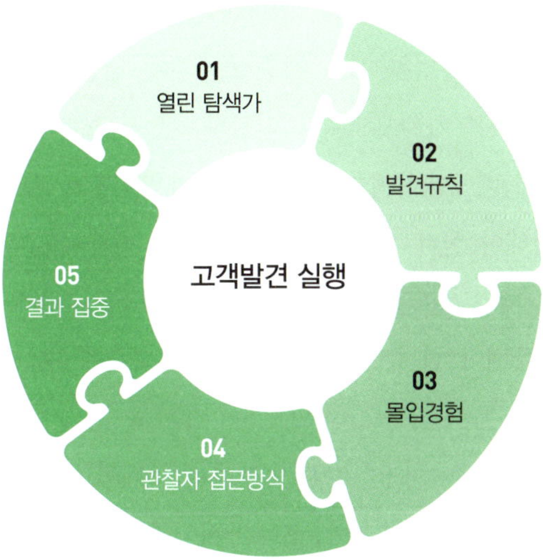

향은 혁신가가 시간이 가면서 **확증편향**으로 인해 도전하기 힘든 관점에 고정되게 한다. 세 번째로 수로 있는 편향은 흔히 **집단사고**라고 부르는 것이다. 이것은 사람들은 집단에 함께 있는 것이 안전하거나 기대되기 때문에 집단이 쉽게 하나의 관점으로만 수렴되는 것을 말한다. 이러한 편향들로 초투쿨 같은 실패사례를 설명할 수 있을 것이다. 편향 위험을 관리하는 첫 단계는 그것을 인정하고 여러분들이 불편부당할 수 있다는 전제를 버리는 것이다. 우리는 아무도 완전히 중립적이지 않다.

둘째, 여러분이 여러분의 결론의 기초가 되는 논리를 만들도록 강제하는 **규칙을 채택**해서 이 경향성을 관리하는 것이다. 칼린은 스폰서들과 외부 자문들(이 책의 저자 한 명 포함)은 물론 스프린트에 관계된 100명 전체에게 30일 보고서를 작성해야 했다. 그는 일관되게 자신을 합리화하는 데이터가 아니라 고객에게서 학습한 것을 보여주도록 요구받았다. 아마존은 비슷한 접근방식을 제도화했다. 아마존의 창업자 제프 베조스는 작은 팀들이 지속적으로 새로운 아이디어를 가져오도록 격려한다. 한 명 또는 팀이 새로운 아이디어를 낼 때 6페이지짜리 PR/FAQ(파워포인트 자료는 절대 안 됨)로 구성해야 한다. 그 문서는 최종 제품 발매를 발표하는 한 페이지 보도자료로 고객이 왜 그 제품을 사용하는 것에 열광하는지 인용을 포함해야 한다. 이것은 팀들이 고객문제로부터 거꾸로 작업하도록 만든다. 보도자료는 5페이지로 된 자주 묻는 질문Frequently Asked Questions: FAQs을 붙여서 고객이 왜 그 제품을 원하는지, 고객이 어떻게 사용하는지, 가격이 얼마인지, 그리고 고객이 어떤 편익을 얻는지에 대해 설명한다. 그것은 또한 잠재적인 시장 규모와 제품에 수반된 위험에 대해서도 표현한다. 여기에는 제품 발매 이후에 읽고 싶지 않은 가상의 신문 헤드라인을 포함할 수도 있다. FAQ를 보충해서 첨부자료와 시제품의 모형이 종종 추가된다.

셋째, 여러분의 출발점이 되는 관점을 와해시킬 정도로 강렬한 **몰입경험**immersion experience으로 만들어야 한다. 사라 카발류Sara Carvalho는 유럽의 엔지니어링 회사인 보쉬의 직원 아이디어 경진대회에서 우승했다.[07] 카발류는 페루를 방문하는 동안에 아이디어를 개발했다. 그녀는 티티카카Titicaca 호수지역을 하루 종일 탐험하고 지친 상태로 숙소로 돌아와 주인에게 뜨거운 샤워를 하고 저녁에 쉬고 싶다고 이야기했다. 주인의 얼굴은 황당하다는 표정이었다. 그들의 집은 온수가 되지 않았다. 온수가 당연히 가능할 것으로 생각했던 자신의 가정assumption에 굴욕감을 느껴, 카발류의 마음에 기술혁신으로 다른 사람들의 생활을 향상시키려는 기회의 씨앗이 심어졌다. 현재는 경진대회 우승으로 아이디어를 현실로 변환시킬 기회가 그녀에게 주어졌다. 그녀는 보쉬의 가장 경제적인 전기온수기와 M-PESA 결제—여러 아프리카 국가에서 사용하는 휴대전화시스템을 통한 결제—를 결합한 컨셉을 개발했다.

카발류가 사업부 아이디어 경진대회에서 우승해서 받은 상품은 보쉬 액셀러레이터 프로그램에 들어가는 것이었는데, 이는 회사가 운영하는 좋은 아이디어를 다음 단계로 진전시키는 집중적인 과정이었다. 이것은 외부 관점의 방법을 활용해 사업컨셉을 반복해서 검증하는 훌륭한 다단계 접근방식이었다. 첫 단계는 집중적인 고객발견 실습으로 '기술 천국'에 대한 해결책으로 설계되었다. 카발류는 2018년 이후 프로그램을 거쳐간 다른 200명의 유망한 신사업 팀원가처럼 고객에게 가장 중요한 것이 무엇인지 학습하기 위해 100명의 고객과 직접 인터뷰를 완료해야 했다. 그녀는 자신의 가설을 시험하고 사용자가 가장 원하는 것이 무엇인지 학습하기 위해 케냐로 반복적으로 여행했다. 연구결과는 30회 인터뷰 후에 고객니즈에 대해 학습할 새로운 것이 없다는 것을 시사했다. 정말로 니즈의 3/4은 첫 4회의 인터뷰로 확인되었다.[08] 그러나 B2BBusiness-to-Business 상황에서 구매자는 동질성이 덜하다. 종종 인터뷰할 정확한 고객을 찾는 데 시간이 걸렸다. 그것은 여러분의 제공품이 필요한 목표고객이 누구인지를 충분히 이해하기까지 고객발견 프로젝트에서 20여 회 인터뷰를 할 수도 있다는 것이다. 보쉬의 고객인터뷰 100회 방법은 이러한 다양성을 관리하기 위해 설계되었다.

몰입하는 접근방식은 기존에 존재하는 신념을 깨뜨리고, 인터뷰어가 사용자가 가르치는 것을 배울 가능성을 더 크게 만들어 준다.

이 몰입경험은 카발류의 시작 아이디어와 목표고객을 완전히 변혁시켰다. 스탠리블랙앤데커Stanley Black & Decker는 여기서 더 나아간다. 그들은 칼린이 이끌었던 것과 같은 팀을 90일 동안 같이 지내게 해서 시장과 기회에서 학습할 수 있는 것에 전적으로 집중하게 한다. 이 상호 집중 상황에서의 활동은 팀 사고 측면에서 질적인 한계돌파를 제공하는 것을 목표로 한다. 그것은 미국에서 블루칼라산업 일거리의 마켓플레이스가 되고자 하는 슈어핸드Surehand.com를 포함하여 몇 가지 흥미로운 결과를 만들었다.

넷째, 종종 풍부한 학습은 몰입하는 동안에 **관찰자** 입장이 되었을 때 일어난다. 기업들은 행동을 지향하는 강한 편향이 있다. 만약 그런 편향이 고객발견 작업에 들어가게 되면, 여러분은 인터뷰와 포커스그룹을 사전에 정해진 결과로 몰아갈 수도 있다. 경험이 많은 실무자에게 관찰 또는 민속학적 연구는 인터뷰에서 고객이 말하는 것에 의존하기보다 고객이 하는 것을 지켜보고 그들이 문제를 어떻게 해결하는지 학습하는 것이다. 소비재회사 P&G의 한 동료가 베스트셀러 상품인 타이드Tide 분말세제의 포장을 연구하기 위해 어느 여성의 집에 방문한 이야기를 해주었다. 그는 소비자에게 이미 잘 알려진 문제인 초대형 타이드 박스를 어떻게 개봉하는지를 물어보았다. 여성이 박스의 측면에 있는 새로운 띠를 잡아당겨 쉽게 개봉할 수 있다고 말하기를 기대했지만, 그녀가 "문제없어요. 박스 윗부분을 드라이버로 쑤셔 잡아당겨요"라고 말했을 때 그는 깜짝 놀라 말이 안 나왔다. 고객이 제품을 경험하고 사용하는 방식은 종종 설계자가 의도한 바와 매우 다르다.

다섯째, 단순히 행위나 동기가 아니라 **결과에 집중**하라.[09] 고가치의 고객문제를 정의하는 규칙은 고객이 얻고자 하는 것이 무엇인가를 정확히 파악하는 것이다. 여러분이 고객문제를 해결하는 영향을 정량화하는 훈련이 되어 있다면 여러분은 해결책 함정에 빠질 가능성이 적다. 여러분은 "고객이 현재 하고 있는 해결책을 바꾸게 하려면 우리 솔루션이 얼마나 더 좋아야 하는가?"라고 질문한다. 예를 들어, 항아리를 사용하고 매일 식료품을 사는 것보다 얼마나 더 좋아야 초투쿨을 더 선호할까? 순더란만이 이 질문을 했다면 소비자들은 변화를 원치 않는다는 것을 발견했을 것이다.

고가치 고객문제

제대로 수행된 고객발견 프로세스는 고객이 얻고자 하는 것은 무엇인지, 어려움은 무엇인지 등 고객에 대한 가치 있는 데이터를 준다. 신사업탐험가는 여전히 이 데이터가 의미하는 바가 무엇인지 결정해야 한다. 고객에게 가장 중요한 문제에 대해 데이터가 말하는 것은 무엇인가? 어떤 문제가 우리가 솔루션을 개발해야 하는 문제인가? 신사업탐험가는 고객발견에서 학습한 것을 분석해서 그들이 해결하고자 하는 고가치 고객문제가 무엇인지 결정해야 한다.

칼린의 경우, 그는 초기 가설이 정확했다는 것을 학습했다. 고객들은 기계의 실시간 조건기반모니터링CbM이 가치가 있다고 했다.

생산라인이 멈추는 것은 공장 전체에 걸쳐 연쇄적 영향이 있고 각 시설마다 연간 수백만 달러의 손실을 가져오는 주요한 자극제였다. 그들은 고객들이 모두 같은 동기가 있지 않다는 것을 배웠다. 일부 고객은 계획되지 않은 정지시간을 줄이기를 원했고, 다른 고객은 정비부품의 적절한 재고를 확보하기 위해 데이터를 활용하고자 했고, 일부는 사고 방지를 우선순위로 보았다. 칼린은 고객들이 불량을 예측하기 위해 기술을 거의 활용하지 않지만 계획되지 않은 정지의 위험을 완화하기 위해 인간 솔루션을 개발해 왔다는 것을 발견했다. 일부 고객은 모터 소리로 기계가 언제 고장 날지 예측할 수 있는 작업자의 '황금귀'에 의존하고 있음을 인정했다. 다른 고객은 기계와 모터 상태를 모니터링하는 일을 외부 전문회사에 아웃소싱했다. 이런 회사들은 휴대형 측정장비를 갖춘 기술자를 공장에 보내 어떤 기계가 고장이 나고 있는지 확인했다.

이것은 중요한 인사이트였지만, 칼린의 팀에 어떤 의미였는가? 그는 인사이트가 의미하는 것을 확인해 핵심적인 질문을 해야 했다. 그래서?

칼린은 데이터를 활용해 **고객가치맵**customer value map을 작성했다.[10] 이 도구는 인기 있는 고객여정방법 같은 것으로 고객이 주어진 니즈를 만족시키기 위해 가야 하는 단계와 여정이 망치는 곳이 어디인지 보여준다. 이것이 고객이 현재 작업을 수행하면서 좌절하거나 또는 불만족하는 지점이다. 그것이 혁신의 순간이고, 고객들이 다른 솔루션을 찾는 지점이다. 고객가치맵의 추가적인 기여는 결과를 정량화해 주는 것이다. 이것은 고객에게 가치를 주는 혁신이 해결해야 하는 것이 무엇인지—프로세스 단축, 비용절감

그림 4-3 고객가치맵

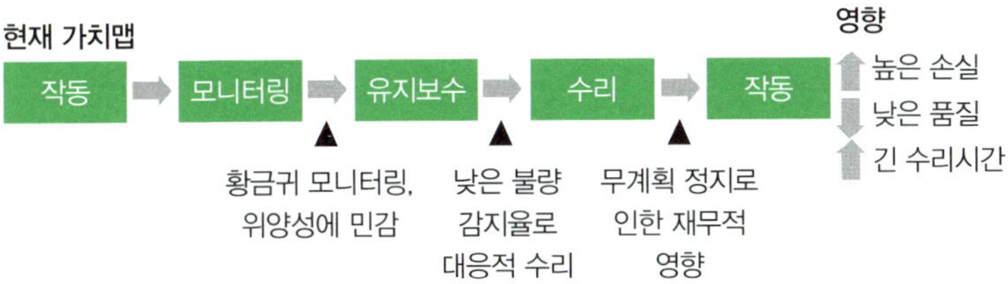

또는 품질 향상—를 정확하게 파악하는 것을 도와준다. 가장 높은 수준에서 기계 CbM의 흐름은 [그림 4-3]처럼 보였다.

고객여정에 있는 이 단계들은 고객이 수행해야 하는 작업 또는 과제이다. 각 과제는 완료속도, 결과의 품질, 실행비용 등의 결과물이 나온다.[11] 첫째, 상대적으로 적은 수의 필요 수리가 예측되었다. 둘째, 수작업으로 불량을 탐지하는 기법은 위양성이 나와 불필요한 정비를 위해 생산라인을 정지시켜야 한다. 셋째, 이것은 고비용의 계획되지 않은 기계 정지와 결과적으로 고객 손실로 이어진다. 고장들은 현재 그들이 얻을 수 있는 결과와 칼린의 솔루션을 채택한다면 얻을 수 있는 것 사이의 차이를 보여준다. 칼린이 이 결과 차이를 측정할 수 있다면, 해결할 수 있는 고가치의 고객문제를 확인했다는 확신을 가질 수 있다.

칼린의 새로운 고객가치맵은 [그림 4-4]처럼 보일 것이다.

칼린은 비록 매우 짧은 시간 후일지라도 불량을 정확하게 탐지할 수 있어 탐색 품질을 향상시킬 수 있는 가능성이 높다는 것을 이미 알고 있다. 따라서 이것은 예방정비 속도를 향상시킬 수 있어 계획되지 않은 정지시간에서 오는 손실을 줄일 수 있다. 그러나 칼린이 승리를 선포하기는 아직 너무 이르다. 그는 이 고객여정에서

그림 4-4 변환된 고객가치맵

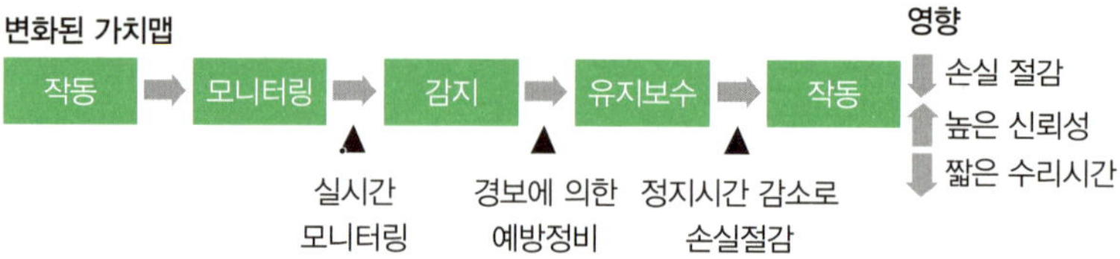

해결해야 할 두 가지 다른 것이 있다는 것을 학습했다. 첫째, 고객들은 CbM에 흥미가 있는 이유를 여러 가지로 다르게 설명했다. 일부는 정지시간 감소에 집중했고, 다른 고객은 안전, 또 다른 일부는 예비부품에 집중했다. 이것은 상위 수준의 여정은 더 복잡하고 관련 제조회사 종류에 따라 다양하다는 것이다. 둘째 이슈는 이미 수작업으로 조건기반모니터링 서비스를 제공하는 회사가 있다는 것이었다. 이 회사들은 명확하게 전체 문제를 해결해 주지는 못했지만, 기계 모니터링 관리를 하는 것으로 잠재적인 최종 고객들에게 신뢰를 받을 만큼 충분히 차이를 만들고 있었다. 이것은 칼린과 팀에게는 사업모델 질문이었다. 어떻게 이 소규모 회사들을 협력자로 만들어 넓은 고객니즈를 해결하는 솔루션을 제공할 것인가.

가치맵 분석을 통해 칼린과 팀은 이미 시장에 진출한 유지보수 회사들을 협력자로 만들 필요에 직면할 시장진입 과제와 고객에게 차이를 만드는 데 필요한 영향에 대한 주요한 인사이트를 얻었다. 그는 자신이 해결해야 할 문제와 고객이 솔루션에 기대하는 것에 대해 매우 많이 이해했다. 이제 그는 사업이 무엇을 할 것인지에 대한 아이디어를 만들 필요가 있었다.

아이디어 창출

회사에서 아이디어 창출은 많은 자원과 관심을 받는다. 해커톤과 샤크 탱크 경연대회 같은 참여도 높은 직원 이벤트, 획기적인 아이디어를 개발하는 전통적인 연구개발R&D팀, 그리고 거대 차세대 사업next big thing을 찾아 스타트업 생태계를 관여시키는 혁신실험실과 액셀러레이터 등이 있다. 어떤 사람들은 이 접근방식들을 아이디어 창출의 주요한 활동으로 본다. 우리는 그것들을 와해적 사업을 위한 아이디어를 개발하는 필수적인 요소로 본다. 신사업 탐험가는 그들이 해결하고자 하는 **고가치 고객문제**를 알고 있을 때 아이디어 창출에서 가장 많은 가치를 얻는다. 이러한 문제를 해결하는 데 고객들은 가장 좋은 원천이 거의 아니다. 한 고객이 실시간 예지정비 니즈를 말할 수도 있지만, 그 니즈를 만족하기 위한 엣지센서와 클라우드 기반 기계학습 알고리듬의 구성을 구체적으로 말할 가능성은 적다. 고객문제에 대한 와해적 솔루션은 R&D 실험실, 고참여 직원 이벤트, 스타트업 협력에서 나올 가능성이 더 클 것이다. 고객이 가치 있게 여기는 것에 대한 증거가 없이 바로 아이디어 창출로 가는 해결책 함정을 피하는 것이 핵심이다.

일본 거대 기술회사인 NEC는 글로벌 연구개발 네트워크—명시적인 내부 관점 접근방식—를 활용해 과학기술의 첨단을 확장하는 데 매년 수십억 달러를 사용한다. 그들은 영상감시기술과 새로운 5G 통신 공개표준 네트워크에서 글로벌 리더가 되며 큰 성공을 거두었다. 이 자랑스러운 혁신의 역사는 실제적 성과를 거두며 내부 관점 혁신에 깊은 애착을 만들었다. 그들은 한때 '고객이 필요하지만 아직 상상조차 하지 못한 제품'을 만드는 '닮고 싶은 회사'로 불렸다.[12] 이것은 R&D 주도 혁신의 주요한 장점이다. 그것은 고객이 기대할 수 있는 가능성을 넘어서까지 갈 수 있다. 지금은 NEC는 이 아이디어들을 가지고서 실리콘밸리에 있는 스타트업 액셀러레이터 NEC X를 통해 외부 창업자들을 초청해 NEC의 기술을 활용한 혁신적인 애플리케이션을 찾도록 하고 있다.[13] 이 창업자들은 기술을 활용해 해결할 고객문제를 찾는 일을 하고 있다. NEC는 내부 관점의 R&D 주도 혁신으로 시작해서 외부 관점, 고객이 필요로 하는 솔루션이 무엇인지 학습하는 고객주도로 이동한다. R&D가 고객 인사이트와 동떨어져 지속적으로 해결책 함정에 빠지지만 않는다면, 내부 관점 또는 외부 관점 어디에서 출발하느냐는 맞고 틀리고, 좋고 나쁜 문제가 아니다.

칼린은 고객이 가치 있게 여기는 것이 무엇인지 학습하기 위해 외부 관점으로 작업을 했다. 그는 비록 조건기반모니터링 솔루션에 대한 공통적인 관심을 가졌지만 다양한 니즈가 있으며 여러 다양한 환경에서 운영되는 시장을 어떻게 만족시킬지 이제 내부 관점으로 아이디어를 개발하려고 한다. 그는 기술적인 솔루션, 사업모델, 그리고 시장진입 접근방식이 필요했다. 처음에 칼린은 가장 간단한 아이디어 창출기법을 채택했다. 팀은 문제에 대해 브레인스토밍을 했다. 아마존은 이 문제를 어떻게 해결했을까? 그들이 찾은 솔루션은 자가서비스 접근방식으로 유지보수회사 또는 최종 고객이 온라인으로 기기를 구입하고, 스스로 설치하고, 온라인 플랫폼에 로그인하여 데이터를 획득하고 분석하는 것이었다. 이것은 아날로그디바이스가 50년 넘게 고가 반도체 부품을 전기엔지니어에게 판매해

온 사업모델로부터 급격하게 달라지는 것이다. 기존 방식은 각 부품은 더 큰 기기의 회로에 설계되어 들어가기 위해 산더미 같은 기술사양서와 설계참고자료가 필요했다. 이 대신에 칼린은 센서, 모터측면을 연마하기 위한 샌드페이퍼, 센서를 고정하기 위한 접착튜브, 플랫폼에 접속하기 위한 로그인 코드를 포장에 담아 보내기로 했다. 그 솔루션은 회사의 독자적인 센서를 활용했지만, 또한 소프트웨어 벤더, 유지보수회사와의 파트너십도 활용했다. 나중에 그들은 역량을 추가로 구축하기 위해서 결정적인 인수도 할 것이었다.

칼린의 아이디어 창출은 보육을 고려한 명확한 사업컨셉으로 귀결되었다. 칼린은 아날로그디바이스가 어떻게 잠재적인 시장기회에 대한 인사이트로부터 본격적인 사업으로 이동하는지에 대한 가설을 가지고 있었다. 팀은 비록 파워포인트 스케치와 단일 시제품에 불과했을지라도 완전한 하드웨어 솔루션(센서, 산업환경에 적합한 연결성), 소프트웨어(획득한 데이터를 처리하는 분석기술), 고객들과 적은 접촉으로 대응할 수 있는 이커머스 엔진으로 구성된 사업을 확신했다. 그것을 현실로 만들려면 훨씬 큰 자원 투입이 필요할 것이다. 칼린의 팀은 그들의 솔루션을 시제품에서 보육—여러 다양한 파트너들과 여러 번의 완전한 파일럿Pilot—단계로 진전시키기를 제안했다. 이것은 그들에게 새로운 파트너십 구축을 도와 줄 시장스토리와 더불어 솔루션을 강건하게 만들 데이터모형을 구축해 줄 것이었다. 빈스 로슈와 회사 고위팀을 설득하여 이를 실현하는 데 투자하게 하려면 좋은 아이디어 이상이 필요했다. 칼린은 어떻게 고객가치를 창출할 것인가에 대한 아이디어를 본격적인 상용화 가치제안으로 변환해야 했다. 그것이 규율 바른 사업실험을 수행하는 일이다.

요약

이 장에서 우리는 아이디어 창출이 어떻게 아이디어를 생성하는 것 이상인지 논의했다. 그것은 해결할 가치가 충분히 있는 고객문제를 선정하고 고객에게 설득력 있는 솔루션을 개발하는 것이다.

많은 신사업탐험가들은 해결하고자 하는 문제에 대한 인사이트로 시작한다. 그들은 해결책 함정으로 몰아가는 아이디어 중독의 먹이가 되지 않도록 경계를 단단히 해야 한다. 해결책 함정은 고객이 원하는 것이 무엇인지 학습하는 것을 어렵게 한다.

이러한 장애물을 극복하려면 신사업탐험가가 학습, 규율, 몰입에 열려있고, 관찰자로서 고객이 원하는 결과에 대해 학습하는, 철저한 고객발견이 필요하다.

신사업탐험가는 고객가치맵을 작성해서 이러한 활동에서 학습한 것을 이해한다. 이것은 고객이 하고자 원하는 것, 그들이 원하는 결과, 현재 부딪히고 있는 어려움이나 비효율이 무엇인지 설명한다. 이를 통해 신사업탐험가는 해결할 가치가 있는 고가치 고객문제를 정확하게 찾을 수 있다.

아이디어 창출기법은 신사업탐험가가 고객문제에 대한 잠재적 솔루션—제품, 서비스, 기술, 사업모델—을 개발하도록 도와준다. 이것들은 내부 관점—R&D 또는 직원—혹은 스타트업 생태계에서 파트너나 회사를 활용하는 외부 관점일 수 있다.

5장_ 보육: 신사업탐험가가 실험을 통해 학습하는 방법

2013년 발라지 본딜리Balaji Bondili는 딜로이트 컨설팅 뉴욕의 컨설턴트였다.[01] 그는 의료와 생명과학산업 회사들을 도와 성공적인 경력을 쌓아왔다. 그러나 그는 힘들고 단조로운 컨설팅에 지쳤다. 각 프로젝트는 직전 프로젝트와 거의 같아 보였다. 그는 회사를 떠난다 하더라도 무언가 새로운 것을 만들고 싶었다. 회사가 새로운 혁신사무국을 열었을 때, 본딜리는 회사 내에서 무언가를 만들 수 있는 신사업탐험가가 될 수 있는 기회로 보았다. 그는 딜로이트가 기계학습, 인공지능 같은 디지털 기술분야의 넓은 전문가 풀pool에 접근할 수 있는 방법을 찾는 것을 그의 미션으로 삼았다. 현실은 디지털 네이티브digital native나 데이터과학자에게는 딜로이트나 딜로이트의 기존 대형 고객회사 어디도 첫 번째 선택이 아니었다. 이 인재시장은 그때나 지금이나 경쟁이 매우 치열했다. 최고의 스킬을 가진 인재들은 젊고, 대담하고, 멋있는 회사에서 일하기를 원하거나 또는 프로젝트별로 최고가를 제시하는 곳을 찾아다녔다. 수년이 걸려 파트너로 승진하는 회사경력을 보장하는 것으로는 딜로이트에 맞는 인재후보를 불러들이지 못했다. 대규모로 공격적 채용을 했지만 수요를 따라가기 힘들었다.

본딜리는 딜로이트가 크라우드소싱 플랫폼을 통해 가치가 높고 채용하기 힘든 전문가에 접근하는 것을 제안했다. 크라우드소싱은 전문가들을 직접 고용하지 않고 원격으로 참여시키는 방법으로 생겨났다. 전문가들은 크라우드에 모집되서 신중하게 구성된 도전과제를 해결하고 금전적인 보상을 받는다. 본딜리는 딜로이트 크라우드를 설립하면 회사가 필요로 하는 스킬을 확보하는 완전히 새로운 채널을 열 수 있을 것이라고 믿었다. 그는 그의 신사업을 딜로이트 픽셀Deloitte Pixel이라고 불렀다. 그 이름은 큰 문제를 개별 부분, 즉 픽셀로 나누어 크라우드에 있는 전문가들이 해결할 수 있다는 본딜리의 신념을 나타냈다. 그는 딜로이트가 어떤 복잡한 고객 프로젝트라도 픽셀로 나눌 수 있을 것이라고 확신했다. 그것은 딜로이트의 기존 컨설팅팀이 그들 업무에 보완이 필요할 때 요청할 수 있는 특별서비스일 것이다. 그 네트워크는 크라우드에 있는 수천은 아닐지라도 수백 명의 전문가에 접근할 수 있게 함으로써 딜로이트 컨설팅의 가용 역량을 증가시켰다. 장기계약 의무는 없었으므로 수요에 따라 공급을 조정할 수 있었으며, 따라서 회사의 수익성을 관리하는 데 도움이 되었다.

본딜리는 지금 신사업탐험가로서 혁신규칙의 두 번째 단계를 추진하고 있었다. 바로 보육단계이다. 이것은 중대한 순간이다. 출발신호가 울렸으며, 실행을 해서 컨셉을 실제 현실로 만들라는 허가를 받았다. 이제 과제를 수행해 조직이 기대하는 사업성과를 만들고 성취에 대해 임원들을 보상해야 한다는 커다란 압박감도 있다.

그러나 신사업탐험가는 아직 실제 성과를 낼 만한 준비가 안 되어 있다. 학습할 것이 아직 너무 많다. 딜로이트의 고객 중 어떤 고객이 픽셀을 구매할 것인가? 픽셀은 실제적인 성과를 낼 수 있을 것인가? 정식 딜로이트 컨설팅 프로젝트와 비교해서 픽셀의 효익은 무엇인가? 이런 종류의 질문에 대답을 하는 것이 보육—많은 작은 실험을 통해 성공을 하기 위해 필요한 것이 무엇인지 학습하는 것—의 일이다.

이런 실험들은 신사업탐험가가 어떤 신사업이라도 가지고 있는 불확실성을 관리하는 데 도움을 준다. 스타트업은 이것을 순전히 양으로써 해결한다. 2장에서 언급했듯이 모든 창업자 10 중에 9는 실패한다. 이것은 나쁜 아이디어 사이에서 좋은 아이디어를 뽑아내는, 즉 가능성이 없는 사업 중에서 가능성이 있는 사업을 골라내는 진화 프로세스이다. 그런데 지난 10여 년간 스티브 블랭크Steve Blank가 제안하고 에릭 리스Eric Ries가 발전시킨 린스타트업 같은 방법론은 창업을 신비로운 예술형태에서 규율이 있는 방법으로 변환시켰다.[02] 이것은 회사가 신사업을 더 성공적으로 론칭할 수 있도록 도왔다.

이 실험과정을 '빨리 실패'하는 문화에 기반한 것으로 이야기하는 것은 유행을 좇는 것이다. 그런데 목표는 실패가 아니라 빠른 학습이다. 학습을 하면 더 빨리 만들고, 더 정보에 기반한 의사결정을 할 수 있다. 이 학습 접근방식은 운영성과에 집착하는 회사에서는 실행하기 어려울 수 있다. 책임을 다하고자 하는 자원을 가진 임원들은 쉴 틈이 없다. 그들은 증거를 더 기다리는 것은 경쟁사를 끌어들이고 시장기회의 창market window을 놓치는 위험이 있을 뿐이라고 걱정한다. 관리자들은 어떤 문제라도 해결책을 아는 것이 기대되며 "가설이 두 개 있는데 지금 시험하는 중입니다!"라고 말하는 것은 안 된다. 불행하게도 불확실성을 관리할 방법이 없을 때 회사는 양 극단 중 하나로 간다. 그들은 아이디어 창출에서 무언가 굉장한 것을 가지고 있다고 판단하고, 신사업이 성공하기 위해 무엇이 필요한지 진정으로 이해하지도 않으면서 학습에 앞서 투자를 결정한다. 또는 그들은 신사업을 둘러싼 불확실성에 얼어붙어 손실의 두려움 때문에 행동하지 못하고 실패한다. 신사업탐험가는 실험을 통해 불확실성을 관리하고, 큰 비용이 필요하기 전에 위험을 줄이거나 없애도록 한다. 그것은 고통스러운 일일 수 있다.

사업실험

본딜리는 다른 모든 신사업탐험가처럼 자신의 신사업을 믿었다. 그는 다양한 3자 크라우드소싱 벤더들을 활용해 픽셀이 어떻게 기술적으로 작동하게 할지 아이디어가 있었다. 그는 딜로이트 고객팀 그리고 고객과 관계를 맺고 있는 파트너들을 통해 시장에 진입하려는 계획을 세웠다. 그는 또한 고객들이 픽셀의 장점을 보고 기꺼이 돈을 지불하리라고 확신했다. 그렇더라도 이것은 증명되지 않은 가정이었다.

사업실험은 과학적 방법에 그 뿌리가 있다. 17세기에 과학은 세상이 어떻게 움직이는지 설명하는 학문으로 아직 등장하지 못했다. 과학의 선구자들은 '자연철학자'로 불렸으며 부유하거나 시간 여유가 있는 지주거나 또는 실험기기 제작자로서 그들의 고객보다 능력이 있는 사람들이었다. 과학의 역사에 있어서 중요한 순간은 화학자 로버트 보일Robert Boyle이 자신의 실험내용을 작성해서 다른 사람들이 재현할 수 있도록 한 때였다. 이것은 과학자들에게 가설을 설정하고 그것을 어떻게 시험하고 결과를 서술하는지 보여주었다. 이는 '자연철학자'들을 과학자로 변화시킨 스파크 중 하나였으며, 이후 수세기 동안 과학적 진보를 자극하였다. 단지 실험단계를 적는 것처럼 신사업탐험가는 그들이 시험하고자 계획하는 가설을 기록해야 한다. 보일의 혁신은 과학에서 변동성을 제거하는 데 도움을 주었으며, 가정을 기록하는 것은 사업실험의 엄격함을 향상시키는 데 도움이 되었다.

보육은 아이디어 창출에서 결과물—고객의 가장 중요한 문제와 해결방법—을 가져와서 사업의 각 요소를 시험하기 위해 여러 사이클의 실험을 활용한다. 이 실험 사이클들은 [그림 5-1]에 있는 것과 같은 단순한 반복 패턴을 따른다. 이 사이클은 다음과 같다.

- 가설: 이 사업을 성공시키기 위한 우리의 가정을 정확히 서술
- 시험: 가정들을 가능한 한 실제 조건과 유사하게 고객에게 노출시킴
- 학습: 시험에서 중요한 인사이트를 도출
- 반복: 대답에 근접했는지를 확인하기 위해 새로운 시험을 설계
- 결정: 여러 사이클 반복 후 투자, 취소 또는 피봇(예, 고객문제에 대해 다른 솔루션 아이디어 창출로 돌아가거나 사업컨셉을 수정)을 결론 냄

그림 5-1 실험 사이클

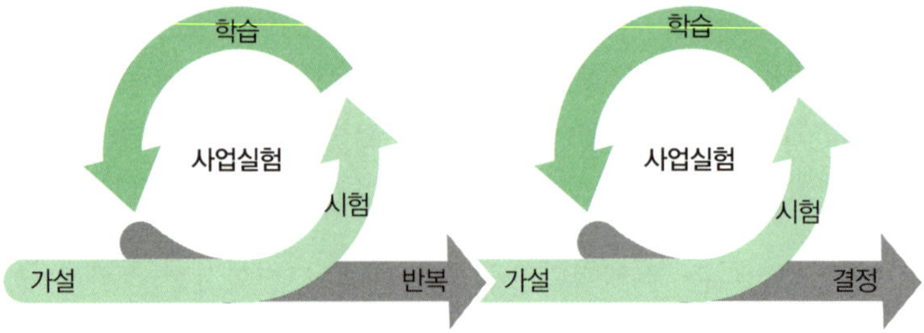

발라지 본딜리는 무작정 이 학습 사이클을 따르지 않았다. 몇몇 신사업탐험가는 매우 정교하고 방법론적이다. 그렇지만 그는 케빈 칼린Kevin Carlin과 크리스티안 커티즈Krisztian Kurtisz처럼 똑같은 논리와 원칙을 따랐다. 본딜리는 스스로와 팀에게 물었다. "픽셀이 성공적이기 위해서는 무엇이 사실이어야 하는가?" 이 질문에 대한 답은 사업을 성공적으로 만들기 위한 것에 대한 가정 또는 가설이다(우리는 **가정**assumption과 **가설**hypothesis이 본질적으로 같은 것을 의미하는 것으로 받아들이며 바꿔가며 사용함).

무엇이 사실이어야 하는가?(가설)

신사업탐험가는 사업아이디어를 성공시키기 위해 필요한 것이 무엇인지 **명시적이고 포괄적이고 시험가능한** 가설을 만들기 위해 분투해야 한다.

여러분의 가설을 적어보는 것은 그것을 **명시적**으로 만든다. 여러분이 믿는 것이 무엇인지 명확히 하는 것이다. 여러분은 스스로의 편향에 대해 의식하고 실증적으로 그것들을 검증하려고 한다. 신사업탐험가가 이러한 실천이 처음이라면 명확하고, 시험가능하고, 반증가능한 가설을 만드는 데 종종 어려움을 겪는다. 어떤 사람들은 반박한다. “답을 모르고 있는데 어떻게 그렇게 명확한 선언문을 만들 수 있는가?” 비록 논리적일지라도 그들이 정말로 말하고자 하는 것은 이것이다. “내가 틀릴 수도 있기 때문에 그렇게 명시적으로 하는 것은 나에게 안전하지 않다.” 기업문화는 위험보다는 안전을 선호하는 경향이 있다. 모호한 상위 수준의 가설은 승인되지 않을 가능성이 적다. 여러분이 믿는 것을 절대 말하지 않으면 틀릴 일이 없다. 자신감과 확실성이 보상받는 문화에서 틀릴 위험을 낮추려고 하는 것은 이해할 수 있다. 그러나 이것은 여러분의 학습기회를 제한하는 것으로 자멸적이다. 실험에서 실패하려고 하기 때문이 아니라 다른 가능성을 배제하기를 원하기 때문에 여러분은 종종 틀릴 것을 기대해야 한다. 그런 식으로 여러분은 어떤 것이 되고, 어떤 것은 안 되는 것인지 학습한다.

신사업탐험가는 신사업의 상업적 가능성에 기여하는 주요 이슈에 대한 가설이 있어야 한다. 신사업의 사업모델 요소를 설명하는 사업모델 프레임워크는 많다. 이것들이 신사업탐험가가 체크리스트를 만드는 데 도움이 된다. 일부는 고객의 기대와 솔루션의 적합성에 대해 중점을 두고 있다. 다른 것들은 고객욕구, 실행가능성, 경제적 가능성을 중심으로 핵심질문을 다루고 있다.[03] 우리가 IBM EBO에서 작업한 것은 신사업탐험가가 다루어야 하는 여섯 가지 ‘사업설계’ 질문이었다. 여섯 가지 모두에 한 개씩 가설이 있다면, 여러분은 사업에 대한 가설을 포괄적으로 만들고 있는 것이다. 첫 두 개 사업설계 질문에 대한 답은 이미 아이디어 창출에서 했다.

1. 고객 선정: 누가 픽셀을 구매하고 사용할 것인가?
2. 고가치 고객문제: 픽셀이 고객이 중요하게 여기는 문제를 해결하는가?

다음 네 가지 질문은 보육의 주요한 초점이다.

3. 가치제안: 픽셀은 고객에게 설득력이 있는 방식으로 고객문제를 해결하는가?
4. 가치 획득: 픽셀은 딜로이트가 사업을 할 만한 충분한 가치를 창출하는가?
5. 생태계 수용: 고객이 픽셀을 채택하고 사용하기 쉬운가?
6. 전략적 통제: 어떤 수준의 지속가능한 경쟁우위 또는 차별화를 확보할 수 있는가?

2015년경 딜로이트 픽셀의 사업설계는 [표 5-1]과 비슷하다.

좋은 가설은 명확한 시험가능한 관점이 있다. 그것은 여러분이 진술에 동의하지 않을 수 있고, 증명이나 반박을 할 수 있어야 한다는 것을 의미한다. [표 5-1]에 있는 가치제안 가설을 보라. "픽셀은 딜로이트 고객이 복잡한 문제를 해결하는 데 가치가 있을 것이다"라는 가설은 시험가능하지 않다. 그것은 시험가능한 것이 아니라 좋은 것을 일반적으로 진술해 놓은 것일 뿐이다. 더 나은 가설은 다음과 같다.

| 표 5-1 | 사업설계

딜로이트 픽셀 사업설계 가설	
고객	[일정한 규모의] 딜로이트 고객이 [목표산업]에서 디지털 변혁전략에 대해 작업을 한다.
고가치 고객문제	고객(과 딜로이트)은 기술인재의 주요한 인력풀에 접근하는 것이 제한되어 있어 디지털 변혁전략을 실행할 수 없다.
가치제안	픽셀은 딜로이트 고객이 복잡한 문제를 해결하는 것을 도와주는 데 있어 고객에게 가치가 있다.
가치획득	픽셀은 기존 프로젝트 용역비를 희석시키지 않고 딜로이트 서비스에 추가할 수 있다.
생태계 수용	딜로이트 팀은 픽셀을 기존 프로젝트의 일부로서 수용할 것이며 3년 내에 x%의 회사 고객에 도달할 수 있게 해줄 것이다.
전략적 통제	딜로이트의 고객관계의 깊이는 저원가공급자들의 오퍼링에 의한 범용화를 막을 수 있다.

- 가설 2: 픽셀은 고객의 디지털 변혁 프로젝트에 대해 딜로이트의 기존 접근방식보다 빠르고 값싸게 결과를 제공할 것이다.

이것은 전달할 가치에 대해 보다 명확한 관점이 있다. 그것은 픽셀이 보다 저렴하고 빠르게 하는 것을 계획하고, 무언가 우리가 측정할 수 있는 것을 제공한다는 것을 말한다. 그렇지만 그것은 픽셀이 어떤 결과를 목표로 하는지에 대해서는 아무것도 말하지 않으며, 따라서 완전히 측정가능하지는 않다. 기대하는 결과—더 빠르고 저렴하게—를 서술하는 측정기준을 더하면 다음과 같다.

- 가설 3: 복잡한 문제에 기존 딜로이트 프로젝트보다 더 빠르고(응답시간 50% 감소) 저렴하게(비용 30% 절감) 결과를 제공하는 데 픽셀이 도와준다면 딜로이트 고객은 지불할 것이다.

이것은 측정가능하고 구체적인 가설이며 **시험가능**한 것이다. 실험 마지막에 본딜리는 그의 기대에 얼마나 근접했는지 알아낼 수 있어 가설이 증명되었는지 반박되었는지 판단할 것이다. 여러분은 대부분 고객이 경험하는 **품질**(예, 높은 신뢰성), **수량**이나 **제품 가용성**(예, 서비스 주기 또는 접근성), **시기**(예, 결과를 얻는 속도의 증가) 또는 **비용**(예, 더 저렴하다!)에 영향을 주는 결과를 만들고자 할 것이다.

실험 수행(시험)

시험가능한 가설의 완전한 목록을 만드는 것이 중요하지만, 그것들을 한번에 시험하는 것은 비용이 많이 들고 시간이 걸린다. 초기 시험을 위해 가장 중요한 가설을 좁히는 것이 좋다. 본딜리는 픽셀이 크라우드소싱한 인재들을 활용해서 내부 팀과 동등하거나 더 우수한 결과를 지속적으로 낼 수 있다는 것을 증명하는 것으로 시작했다. 그들은 호의적인 동료들에게 최근 완료한 고객 프로젝트를 외부 인재를 활용해 문제해결을 다시 해볼 수 없는지 물어보았다. 이 시험들은 유용한 결과를 신속하게 도출했지만, 그것은 단지 딜로이트 외부에서는 이미 벌어지고 있는 것을 검증하는 것이었다. 크라우드소싱 솔루션은 이미 사용가능했고, 대기업들은 이를 사용하기 위해 기꺼이 비용을 지불할 의향이 있었다. 그는 데이터가 아직 없는 다른 여러 가정에 의존했다. 예를 들어, 픽셀이 기존 팀보다 더 빠르고 저렴하게 결과를 낼 수 있을까, 픽셀이 딜로이트 컨설팅의 매출을 갉아먹지 않고 수수료를 벌 수 있을까, 그리고 딜로이트의 파트너들은 기존 고객기반에 도달할 수 있는 판매채널이 될 수 있을까? 이 가정들 중 어느 것부터 본딜리가 시험해야 하는가?

어느 가정이 가장 중요한가를 결정하는 것은 학습에 결정적이다. 한 가지 접근방법은 각 가정 간의 논리적 관계를 묘사하는 계통도를 그리는 것이다. 우버의 초기 사업모델을 예로 들어보자. 우버가 2008년에 시작했을 때 사업설계 중 어느 요소—차량, 운전자, 앱, 결제, 승차장소 등—부터 먼저 시험을 해야 할지 결정해야 했다. 결제가 운전자를 모집할 수 있는가만큼 중요할까? 이 단계에서 사용자 친화적인 앱이 승차자를 찾는 것만큼 중요할까? 무엇이 가장 결정적인가를 결정하는 한 가지 방법은 2×2 매트릭스([그림 5-2] 참조)에 그려보는 것이다. 한 축은 혁신에 가정이 얼마나

그림 5-2 핵심가정 매트릭스

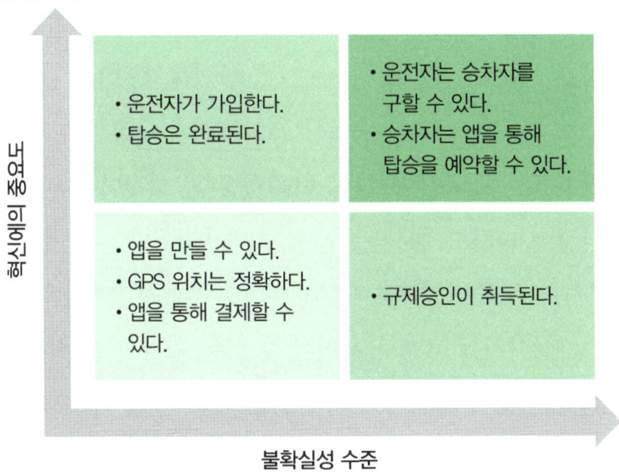

중요한지(예, 혁신이 고객문제를 해결하는 데 얼마나 결정적인가, 혁신이 고객에게 얼마나 새로운 것을 만들어야 하는가?), 다른 한 축은 **불확실성** 정도(예, 우리가 맞는지 얼마나 아는가?)를 나타낸다.

우버가 충분한 운전자가 있어야 목적지에 가려는 승차자를 확보한다는 것이 결정적이었다. 그러나 이미 이것을 하고 있는 리무진과 택시서비스가 있으므로 그 가정은 불확실성이 낮았다. 비슷하게 고객이 승차에 대해 지불을 하는 것이 중요했으나, 서비스에 대해 지불하는 방법은 여럿 있었다. 중요한 것은 승차자가 승차를 예약하고 운전자가 그것을 찾는 것이다. 이것들이 가장 결정적 가정으로 우버가 제일 먼저 시험해야 했다. 우버는 이 결정적 가정을 그들이 설계할 수 있는 가장 간단한 접근방법으로 시험했다. 승차자는 '우버캡Ubercab' 단문 메시지를 통해 차량을 호출했다. 승차자는 전문적인 운전자—'긱 경제gig economy(역자주: 산업현장에서 필요에 따라 임시로 계약을 맺고 일을 맡기는 경제형태, 예: 배달, 승차공유)' 운전자를 모집할 수 있는 시험은 여기에 없음—가 픽업하고 결제는 전화를 통해 신용카드로 받았다. 우버의 근본적인 거래와 고객에게 주는 주된 가치는 승차자에게 납득할 만한 시간 내에 운전자를 구할 수 있느냐에 달려있었다. 그것이 우버가 결제방법은 나중에 다루고 맨 처음 시험한 내용이었다. 이것이 **최소기능제품**Minimum Viable Offering or Product: MVO 또는 MVP이다. 그것은 여러분의 아이디어를 고객과 시험할 수 있는 가장 기본 버전이다. 이를 통해 여러분이 고객니즈와 선호를 가능한 한 빠르고 최소비용으로 학습하게 해주므로 학습에 앞서 투자하는 위험을 최소화할

수 있다.[04]

최소기능제품 접근방식은 신사업탐험가가 채택하기에는 거친 방법일 수 있다. 일부는 도면 정도나 겨우 기능만 하는 시제품을 가지고 고객을 관여시키는 것이 불편하다고 생각한다. 시제품이 더 정교할수록 여러분은 강한 관점에 얽매이고, 결국 가설을 시험하지 않게 된다. 여러분은 가설을 증명하거나 반박하기 위해 최소 자원만 투입하는 원칙을 제대로 따를 필요가 있다. 이것은 약간의 창의성을 필요로 한다. 미니멀리즘은 필립모리스인터내셔널Phillip Morris International: PMI이 혁신적이었던 아이코스I Quit Original Smoking: IQOS 제품을 소비자가 자판기에서 구매할지 실험하기 위해 설계할 때 접근했던 방식이다. IQOS는 흡연자가 독성이 없는 담배 대체품으로 옮겨가는 것을 도와 금연하도록 하는 PMI의 전략의 일부이다.

IQOS는 담배에 열을 가해 일반 담배를 태울 때 나오는 독성 화학물질이 적게 발생하면서 니코틴이 방출된다. IQOS는 니코틴 중독이 지속되기 때문에 대부분의 시장에서 구매 시 여전히 나이 증명이 필요하다. 남미의 한 PMI팀은 소비자가 자판기에 운전면허증을 스캔해서 나이 증명을 할지 알아보려면 어떻게 해야 하는가라는 난제에 직면했다. 소비자들이 자판기의 슬롯에 운전면허증을 넣지 않으면 고가 스캐닝기술은 낭비가 될 것이었다. PMI는 슬롯이 있는 자판기를 만들기로 결정했는데, 자판기에 사람이 몰래 숨어 운전면허증을 확인하기로 했다. 소비자들은 그것을 자판기로 생각했고 PMI는 스캐닝기술에 투자하지 않고도 소비자가 어떻게 행동하는지 학습했다.

PMI의 거친 실험을 통해 팀은 그들이 취한 행동—자판기에 슬롯을 설치하는 것—이 기대한 결과를 내는지 확인할 데이터를 확보했다. 모든 실험은 독립변수와 종속변수가 있다. 독립변수는 채널(자판기)이고 종속변수는 소비자가 운전면허증을 제공하는 비율이다. 실험데이터는 소비자가 자판기에 운전면허증을 넣을 것이라는 것을 보여주었다. 그들은 자원을 투입하지 않고도 가설을 확인했다.

결과해석(학습)

본딜리의 가장 결정적인 가정은 픽셀이 정규 컨설팅팀과 동일한 품질에 더 빨리, 더 저렴하게 문제에 답해 줄 것인가였다. 본딜리는 딜로이트 동료들에게 개방형 인재 활용이 이론만이 아니라 실제 현실이라는 것을 보여줄 필요가 있었다. 이 가정을 시험하려면 실제 고객 프로젝트가 필요했다. 본딜리는 주요 협력자로부터 도움을 얻어 픽셀을 새로운 규제준수 대시보드를 개발하려는 고객 프로젝트에 투입했다. 고객은 여러 지역과 법적 관할지역에 걸친 정보를 통합하려고 했다. 이것은 정확히 본딜리가 크라우드소싱이 지원할 수 있다고 확신했던 복잡한 종류의 과제였다. 고객에게 답을 주는 리드타임을 단축하기 위해 크라우드소싱 소프트웨어 개발 스킬을 활용할 기회가 있었다. 픽셀은 기존 컨설턴트의 10% 비용으로 6개월 걸린 것을 5주 만에 결과를 내며 기대 이상으로 수행했다.

그렇지만 이것과 다른 시험 프로젝트에서 유사한 결과를 얻은 이후에도, 본딜리는 판매 파이프라인을 채우는 데 계속 고생하고 있었다. 픽셀의 전제는 기존 딜로이트 컨설팅 제안에 추가적이라는 것이었다. 상업적인 성공은 딜로이트 파트너들이 픽셀을 프로젝트의 일부로 판매하는 것을 원하느냐에 달려있다. 그는 서비스가 동일한 품질에 더 빠르고, 더 저렴한 것을 보여주면 파트너들이 픽셀을 받아들일 것이라고 가정했다. 그런데 본딜리는 딜로이트 파트너들과 새롭고 큰 프로젝트를 찾고자 했을 때, 새로운 서비스를 받아들이는 데 주저함이 있는 것을 알았다. 일부 파트너들은 크라우드소싱이 컨설턴트를 활용하는 것보다 열위에 있다고 느꼈다. 빠르고 저렴하게 아이디어를 만들어 내는 것과 전문적인 조언자로서 수십 년간 경험으로 얻은 품질의 기준점에 도달하는 것은 또 다른 일이었다.

본딜리는 사업실세에서 딜로이트 파트너들이 프로젝트의 일부로서 픽셀을 판매하도록 동기부여가 된다는 아직 시험되지 않은 가정이 있다는 것을 발견했다. 픽셀은 단지 빠르고 저렴한 것만이 아니라 고객이 더 좋다고 인지할 수 있는 성과를 냄으로써 부가가치를 만든다는 것을 보여주어야 했다. 이것은 생태계 또는 '수용 사슬'문제이다. 수용 사슬은 제품이 사용되는 데 필요한 연속단계를 말한다. 사슬에는 대개 주참여자—공급자, 유통, 대리인, 판매자 등—가 있다. 그런데 그들은 신제품을 시장에 도입하는 데 항상 같은 인센티브를 갖지 않는다.[05]

생태계문제는 종종 사업실험에서 합당한 주목을 받지 못한다. 때로는 비참한 결과를 가져온다. 예를 들어, 거대 제약회사인 화이자Pfizer는 거의 30억 달러를 쏟아부어 당뇨가 있는 사람들에게 커다란 효용을 주는—연 10억 달러 매출기회—호흡하는 인슐린 제품을 개발했다. 그들은 환자와 내분비전문의들과 광범위하게 시험했으며 큰 성공을 거두었다. 미국 식품의약청은 의사가 환자에게 처방하기 전에 폐활량 시험을 하는 조건으로 치료법을 승인했다. 이 시험장비는 내분비전문의에게는 일반적인 것이었지만 대부분의 인슐린 처방을 하는 주치의나 일반의에게는 일반적이지 않았다. 결과적으로 새로운 치료법은 의도한 목표를 달성하지 못했다. 이 수용 사슬 장벽으로 인해 이 약품의 연간 매출이 최고치 때 1,200만 달러밖에 기록하지 못하고 약품이 철수되었다.[06]

본딜리의 수용 사슬은 상대적으로 간단하고 그의 회사 내부 문제였다([그림 5-3] 참조).

신사업탐험가는 혁신을 의도한 사용자에게 전달하는 데 관계된 각 참여자를 확인하여 생태계를 매핑한다. 이것은 공급망—생산자와 제조자— 의 더 앞단으로 갈 수도 있고 또는 시스템통합업체나 유통업체와 같이 고객 쪽으로 가까이 갈 수도 있다. 각 참여자를 평가한 후 그들이 무엇을 하게 해야 하는가? 그들이 무엇을 하

그림 5-3 생태계 수용 사슬

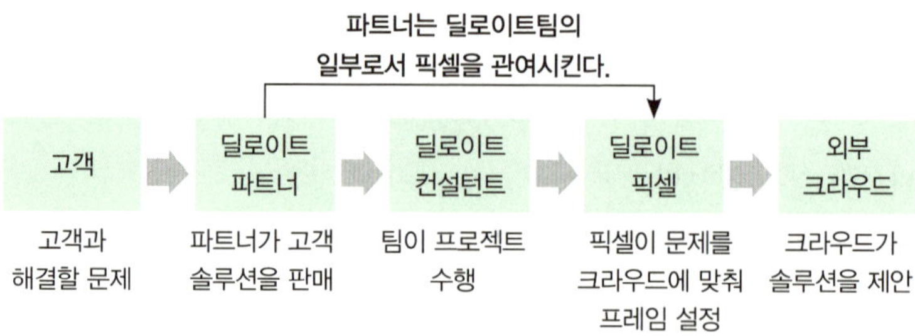

게 하기 위해서는 어떤 동기부여나 인센티브가 필요한가? 마지막으로 이것을 어떻게 실행할 것인가? 사슬의 각 단계는 위험과 복잡성이 더해진다. 여러분은 화이자나 픽셀에서처럼 혁신의 병목이 될 수 있는 개인이나 조직이 있는지 찾아야 한다. 본딜리는 이 문제를 늦지 않게 배웠고, 이제 회의적인 딜로이트 파트너들이 픽셀 솔루션을 고객 제공물과 같이 판매하도록 설득하는 데 무엇이 필요한지 알려 줄 파일럿 프로젝트가 필요했다.

새로운 실험 수행(반복)

이 시점에서 본딜리의 상황은 정상적이었다. 사업설계는 사업이 상업적 성공을 하려면 무엇이 필요할 것인지 실험을 통해 얻으면서 더 견고해지며 진화한다. 신사업탐험가는 사업설계를 반복할 것을 생각해야 한다. 시작할 때 사업설계를 적는 것의 가치는 무엇이 변했는지 알 수 있다는 것이다.

본딜리는 도전과제로서 고객을 위해 산업용 프린터를 설계하는 프로젝트를 선정했다. 기존의 딜로이트팀은 대부분 획기적인 새로운 제품을 원하는 고객의 기대에 못 미치는 기존 설계의 점진적인 개선으로 초기 대안을 완료했다. 이로 인해 픽셀이 다른 결과를 낼 수 있는지 확인해 볼 수 있는 여지를 만들었다. 픽셀팀은 크라우드에서 프린터 디자인 경진 과제를 열었다. 과제는 두 단계로 진행되었다. 15개의 프린터 설계가 첫 단계에 제출되었고, 그중 3개로 추려졌다. 이 3개는 잉크를 교체하는 방법, 음성지원 인터페이스 사용, 제품 외관에 대한 세부내용과 함께 상세한 컴퓨터지원 설계자료로 다시 제안을 받았다. 크라우드소싱된 입력을 모으는 데 2, 3주 걸렸다. 우승 제안은 4,000달러를 받았고 벤더비용은 15,000달러였다. 추가적으로 과거에 수년 걸릴 컨셉부터 시제품까지 제품개발 프로세스가 6개월로 단축되었다. 그러나 가장 중요한 점은 설계가 획기적으로 새롭다는 것이었다. 본딜리는 산업용 제품설계자 영역 밖으로 문제를 가져가서 기존 업계가 보아왔던 것과 다른 솔루션을 찾았다. 본딜리는 그의 이해관계자들이 필요했던 핵심증거—픽셀이 전통 컨설팅팀보다 잘할 수 있다—를 도출했다. 이것은 딜로이트 고객 및 당연히 그들와 같이 일한 컨설팅팀에게 큰 성공이었다.

증거를 따라라(결정)

본딜리는 전문적인 서비스를 고객에게 전달하는 방법을 새롭게 만들겠다는 획기적인 제안으로 시작했다. 처음에는 매우 불확실한 가치제안이었다. 그것은 다른 사람들은 사용하고 있지만, 컨설팅 형태의 프로젝트에 채택이 될지, 딜로이트 고객과 파트너가 받아들일지 모르는 솔루션이었다. 수학자인 클로드 섀넌Claude Shannon은 "정보는 불확실성을 감소시킨다"라고 말했다. 픽셀이 컨설팅팀보다 더 빠르고 저렴하고 좋을 수 있다는 본딜리의 증거는 딜로이트의 불확실성을 줄이는 데 도움이 되었다. 그것은 불확실성을 알려진 변수로 만들고, 그에 따라 장기적인 투자 의사결정을 내리는 데 감이나 임원의 참을성 없음에 의존하지 않을 수 있도록 도움이 되었다.

그런 증거는 전적으로 객관적일 수는 없다. 사업실험에서 나온 데이터를 진실로 처리하는 데 있어 편향과 오류가 생길 잠재적인 원천은 많다. 과학적인 방법은 사람들이 의사결정을 하는 방법에서 심리적인 편향을 관리하는 데 도움이 된다. 인간의 뇌는 문제에 대해 대안 솔루션을 찾는 것을 좋아하지 않는다. 열심히 작업해 증거(예, 냉장고가 없는 사람들이 신제품시장이어야 한다고 결정하는 것 같은 것)를 찾기보다 기존 편향을 확인시켜 주는 대답을 받아들이기 쉽다. 노벨상을 수상한 심리학자 대니얼 카너먼Daniel Kahneman은 이것을 빠르고 느린 뇌라고 부른다. 빠른 뇌는 우리가 이미 알고 있는 것에 맞는 답을 찾기 위해 빨리 움직이는데 우리 일상의 대부분의 과제를 완수하는 데 필수적이다. 느린 뇌는 거의 사용되지 않는데, 카너먼은 그것을 "게으르다"고 불렀으며, 새로운 증거를 찾는 데 개방적이다. 과학적 방법은 과학자의 발견이 엄격한 검증과 반증(예, 여러분이 맞다고 증명하는 것이 아니라 틀릴 수 있는 이유를 말하는 것) 프로세스를 따르도록 명확히 하며 여러 세기 동안 발전하며 빠른 뇌의 영향과 싸웠다.[07]

사업실험 실행은 신사업탐험가가 자기확신이 아니라 증거기반이 되도록 만든다. 그것은 반문화적일 수 있다. 그것은 관리자가 분기 실적회의에서 "저는 시험해 보고 싶은 가설이 두 개 있지만, 우리가 이 시장에서 어떻게 이길지는 모르겠습니다"라고 말하는 것이다. 관리자들이 약하게 보이거나 우물쭈물하는 것처럼 보이는 것은 위험을 감수하는 것이다. 관리자들은 이미 존재하는 신념, 기존 관행 또는 그들이 지지하는 제안을 정당화하는 전략을 지원하는 사실을 더 선택할 것이다. 실험은 여러분이 맞는 이유뿐 아니라 틀릴 수도 있는 이유를 찾는 개방성이라는 다른 논리로 진행된다. 회의적인 것을 유지하는 것이 중요하며, 그렇지 않다면 여러분의 관점을 반박하는 데이터가 있을 때 실험을 중지할 가능성이 낮을 수 있다.

보육은 신사업을 스케일링하는 결정에 대한 불확실성을 줄이는 정보를 산출한다. 그것은 스케일링할 시점에 대해 증거기반의 의사결정을 하게 한다. 여러분은 거절되고, 반복하고, 그리고 확신을 가지고 투자하려는 가정에 대해 충분히 검증되었을 때 스케일링할 준비가 된다. 불확실성을 감소하는 것이 불확실성을 완전히 제거했다는 것을 의미하지는 않는다. 그것은 단순히 모르는 것의 범위를 좁히고 일부 위험을 없앤 것뿐이다. 결정적으로 본딜리는 신사업을 스케일링하는 데 필요한 것이 무엇인지 하는 논의에 딜로이트 고위 리더십을 관여시킬 데이터와 인사이트가 있었다. 그는 결과에 대한 고객의 열정적인 증거가 있었고, 이것은 내부 챔피언그룹을 구축하는 출발점이었다. 스케일링은 또한 증거기반의 규칙이기도 하다. 여러분은 아직 다음과 같은 가설로 일하고 있다. 스케일링하는 데 필요한 고객, 역량, 능력은 무엇인가? 그렇지만 방법은 다르고, 실험을 지속가능한 사업으로 변환하기 위해 속도를 가속하는 것이 목표이다.

요약

이 장에서 우리는 어떻게 보육이 실험을 통한 학습인지 설명했다. 신사업탐험가는 스스로 묻는다. "신사업이 상업적으로 가능하기 위해서 무엇이 사실이어야 하는가?" 그들은 이 질문에 대한 답을 시험하기 위해 연속적인 학습사이클로 이루어진 사업실험을 설계한다. 이것은 과학적인 방법을 사업에 적용한 것이다. 즉 가설의 시험과 반복이다.

신사업탐험가는 명시적이고, 포괄적이며, 시험가능한 가설을 만들기 위해 분투해야 한다. **명시적**이라는 의미는 가설을 적어서 그것들을 알 수 있고 이해할 수 있게 하는 것이다. 사업설계 프레임워크는 신사업탐험가가 시험할 가설을 포괄적으로 개발할 수 있도록 안내한다. 시험가능한 가설은 명확한 관점이 있고 측정가능한 결과를 정의한다.

신사업을 시험하는 것은 신사업의 기초를 이루는 가장 결정적인 가설에 집중하는 것으로 시작한다. 신사업탐험가는 2×2 매트릭스—한 축은 혁신의 신규성, 다른 축은 가설이 증명된 신뢰도—를 활용해 어떤 가설이 가장 중요한지 결정한다. 이를 통해 신사업팀이 낮은 수준의 최소기능제공물의 첫 시험을 하도록 해준다. 이 최소기능제공물 또는 제품(MVO 또는 MVP)은 팀이 너무 큰 자원을 투입하지 않고도 가설을 확인하거나 반증하도록 해준다.

신사업탐험가는 이 시험들에서 무엇을 알고, 무엇을 여전히 더 이해해야 하는지 학습한다. 빈번한 도전과제 중 하나는 혁신을 수용하는 생태계의 준비 정도이다. 생태계 수용사슬을 매핑하는 것은 이것에 대해 학습하는 특정한 실험을 설계하는 데 도움을 준다.

그러고 나서 팀은 새 가설이나 수정된 가설을 활용해 실험을 반복할 수 있다. 여러 사이클 후에 도출된 정보는 신사업에 대한 불확실성을 감소시켜서 신사업탐험가와 스폰서들이 신사업 투자, 피봇, 또는 신사업 취소 등 다음에 무엇을 할 것인지 결정할 수 있게 해준다.

6장_ 스케일링: 신사업을 구축하는 자산을 조합

아마존에서 혁신에 대한 책 상위 목록을 빠르게 훑어보면 중요한 인사이트를 얻을 수 있다. 관리자는 아이디어를 어떻게 성공시킬 수 있을까보다 어떻게 새로운 아이디어를 창출할까 하는 데 시간을 더 많이 사용한다. 고객 인사이트, 개방형 혁신, 그리고 혁신을 시작하게 하는 빛나는 상상력의 스파크를 어떻게 만들어 낼까 하는 무수히 놀라운 접근방법들에 대한 수많은 책들이 있다. 린스타트업은 사업 보육을 대중화시켰다. 경영대학과 공과대학은 사업 실험과 고객중심 설계 실무를 교과과정의 중심에 놓았다. 관심을 적게 받은 것은 혁신의 셋째 규칙인 스케일링이다. 스케일링은 검증된 아이디어를 매출을 창출하는 사업으로 만드는 것이다.

2019년에 이것은 발라지 본딜리Balaji Bondili의 도전과제가 되었다. 그는 픽셀을 딜로이트가 고객의 복잡한 문제를 해결하는 새로운 방법으로써 성공적으로 보육했다. 본딜리와 그의 팀은 신사업을 양육해서 고객가치를 검증하기 위해 실험하고, 기존 딜로이트 사업과 나란히 일하는 방법을 학습했다. 그들은 실제 고객을 끌어들이고 수수료를 창출하기 시작하는 가능성 있는 사업모델을 가지고 있다는 것을 알았다. 그는 이제 픽셀을 지속가능한 매출원천으로 스케일링해서 신사업을 다음 단계로 끌어올려야 한다. 본딜리는 무엇을 해야 하는가? 이 상황에서 본딜리 같은 신사업탐험가를 위한 지침서는 무엇인가? 보육에서 린스타트업이나 아이디어 창출에서 디자인씽킹과 같은 것은 무엇인가?

전통적인 대답은 자라나는 신사업에 자산을 더해 몸집을 빨리 키울 수 있도록 회사의 재무능력을 활용해 사업 규모를 매입하는 것이다. 그것은 미래를 향한 지름길이다. 문제는 대규모 인수는 통합하기 힘들고, 소규모 초기단계 회사 인수는 종종 스타트업의 성공확률과 같다는 것이다. 신사업 펀딩에 대한 재무적 수익률을 보면 스타트업에 대한 투자성과를 종합해 보아도 특별히 매력적이지는 않다는 것이다. 모건스탠리Morgan Stanley의 보고서에 따르면 21세기 벤처캐피털펀드의 투자수익률은 스타트업 펀딩에 따르는 매우 높은 위험에도 불구하고 주요 시장의 주가지수 투자수익률과 거의 비슷하다는 결론이다.[01] 대규모 인수는 실패확률이 더 높다. 어떤 연구에서는 인수의 60%는 주주가치를 훼손한다고 했다.[02] 다른 연구에서는 인수의 83%는 인수목적을 달성하지 못했다고 한다.[03] 학계의 공통의견은 기업인수는 평균적으로 보아 실패하고 손실이 이익보다 훨씬 크다는 것이다.[04]

신사업은 야망의 규모를 정의할 필요가 있다. 우리가 성공한다면 세상에 무엇이 달라질 것인가? 크리스티안 커티즈Krisztian Kurtisz는 보험청구처리를 관리하는 관료주의가 없으며 고객을 열광시키는 보험회사를 원했다. 발라지 본딜리는 컨설팅을 새로 만들어 고객이 최고의 스킬에 대해 보다 유연하게 접근하기를 원했다. 그러고 나서 신사업팀은 비전에서 현재로 역으로 작업을 하며 질문한다. 거기까지 가려면 무엇이 필요한가? 이런 최종점은 고정된 것이 아니다. 커티즈와 본딜리는 그들의 비전을 반복했다. 최종점은 신사업탐험가가 신사업을 스케일링하기 위해 필요한 의사결정에 대한 인식을 제공한다. IBM의 신사업은 핵심사업의 제품, 판매채널, 지원기능 자산을 활용해서 스케일링했다. 그들은 선택적으로 인수를 추진하고 수많은 생태계 파트너십을 개발해서 제공품에 추가했다.[05]

우리는 인수를 반대하는 것이 아니다. 전혀 아니다. 인수는 신사업탐험가의 도구에 중요한 요소이다. 그러나 데이터에 의하면 인수만으로는 성장을 위한 경로가 불안정하다는 것이다. 가치를 파괴하는 확률을 높이지 않고, 인수를 통해 제공품을 어떻게 완성해 줄 것인지 명확하게 이해하고 인수를 추진해야 한다. 우리는 신사업을 스케일링하기 위해 신사업탐험가는 여러 원천으로부터 자산을 결합하는 계획을 세우기를 추천한다. **성공에의 지름길로서가 아니라 목적을 가지고 인수하라.**

IBM에서 캐롤 코박Carol Kovac이 IBM 라이프 사이언스Life Science EBO를 시작했을 때 그녀는 어디서 끝이 날지 알지 못했다. 그녀는 사업의 장기적인 야망을 설정하는 것이 주요한 순간에 조직의 전략을 피봇할 때 도움이 된다는 것을 배웠다. 목적지에 대한 가설이 있으면 로드맵을 만들 수 있고, 상황이 바뀌면서 '경로 재설정'을 할 수 있다. 벤처투자자들은 종종 펀딩을 구하는 창업자들에게 "투자회수는 어떻게 할 것인가?"라고 묻는다. 예를 들어, 다른 회사에 매각 또는 주식시장 상장이 투자회수이다. 신사업탐험가는 "최종 모습은 무엇인가?"라고 물어야 한다. 그러고 나서 거기에 가기 위한 단계들을 생각해야 한다. 이 장에서 우리는 신사업탐험가가 **자산의 결합**을 통해 이 접근방식을 실행하는 방법을 설명한다. 신사업탐험가는 세 종류의 자산, 즉 **고객, 역량, 그리고 능력**을 결합한다. 자산을 결합하는 전략이 스케일링 경로이다. 그것은 기대하는 자산의 원천을 설명한다. 스케일링 경로는 신사업탐험가가 목표를 실현하기 위해 고객, 역량, 능력을 조각조각 조합해 가는 대안의 진화를 추적하는 데 활용할 수 있는 맵이다. 스케일링 경로는 신사업탐험가가 스케일링에 필요한 자산을 결합하는 이미 존재하는 기회를 인식하도록 도와준다. 또한 주요한 의사결정 또는 촉발점에 민감하게 해서 신사업탐험가가 언제 새로운 자산에 투자해

그림 6-1 스케일링을 위한 자산

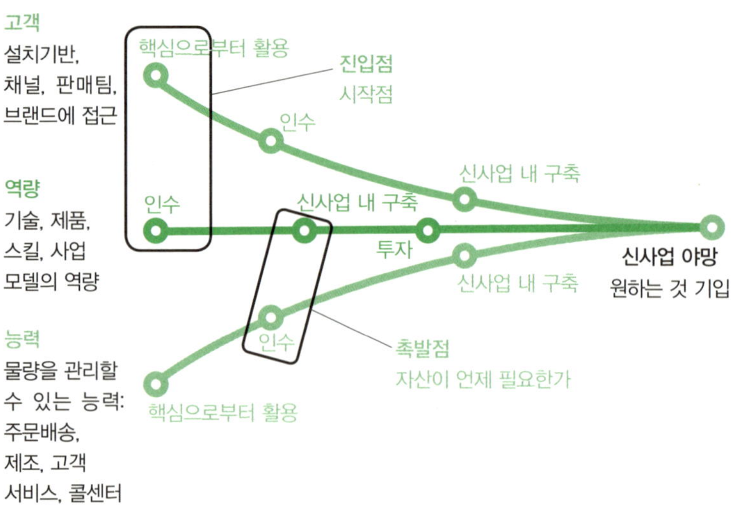

야 하는지 인식하도록 해준다([그림 6-1] 참조). 이 장 뒷부분에서는 발라지 본딜리와 딜로이트 픽셀 이야기로 돌아와 이것을 설명할 것이다. 우선, 짐 펙Jim Peck의 이야기는 목적을 가지고 자산을 결합하는 것이 어떻게 작동되는지 보여준다.

자산의 결합

2000년대 초반, 빅데이터가 떠오르기 전에 짐 펙은 최초의 빅데이터 분석회사 중 하나를 설립할 기회를 보았다. 그는 1970년대에 설립되어 미국 사례법과 판례를 전화접속 모뎀을 통해 온라인으로 제공해 주는 법률정보기업인 렉시스넥시스LexisNexis: LN에서 10여 년 일했다. 처음 론칭되었을 때 렉시스넥시스는 공개법률기록에 전자적으로 접근할 수 있는 능력을 제공했는데 그것은 경이로운 것이었다. 회사가 미국 대법원에 비공개 프레젠테이션을 했을 때 원래 30분 계획이었는데 9시간이나—신기술에 대한 관심을 보여줌—진행되었다는 전설이 있다. 렉시스넥시스의 서비스는 개인 및 회사의 법률사건에 대한 공개정보를 모아 검색과 상호참조하기 쉽게 해 놓은 것으로 법률관계자 사이에서 급속히 채택되었다.

짐 펙과 팀은 이 공개기록이 보다 넓은 시장에 가치가 있을 것이라고 생각했다. 회사는 이미 다양한 정부 및 상업조직에 정보를 제공하고 있고, 개인들을 식별하는 데 도움을 주고 있었다. 그것은 재산소유권, 파산, 범죄에 관한 공개정보와 사회보장번호와 출생일 같은 비공개정보가 결합되면 더 가치가 있을 것이었다. 만약 렉시스넥시스가 이 수많은 대규모 데이터 집합을 모아서 연결할 수 있다면, 누가 전화요금, 은행대출 납부를 제대로 지킬지에 대한 배경조사를 신속히 할 수 있거나 예측이 가능해서 회사들이 더 성공적으로 잠재적인 위험이나 허위를 식별하도록 도울 수 있을 것이다. 이것은 동일 이름을 가진 사람을 구별해 주고 그들과 사업을 하는 위험을 평가하는 것을 가능하게 해주는 것이었다. 이러한 종류의 데이터 기반 인사이트에 대한 강한 수요가 있었고, 이런 새로운 역량을 제공하는 시장이 폭발적으로 커질 것은 명확했다. 그것은 렉시스넥시스를 데이터회사에서 최초의 빅데이터 분석회사 중 하나로 변화시키는 것이었다.

렉시스넥시스는 이미 이것을 가능케 하는 데이터 자산을 가지고 있었다. 그들은 정부기관 같은 시장에 이미 진출해 있었고, 강한 브랜드와 경영역량을 가지고 있었다. 그들이 없었던 것은 여러 원천의 데이터를 결합하고 연결하는 기술적 역량과 개인에 대한 충분히 큰 데이터 집합이었다. 이 부족한 점이 그들의 시장범위를 제한하고, 돈벌이가 되는 보험시장에 들어가지 못하게 하고 있었다. 기술적 역량과 데이터 역량은 스케일링 경로에 있어 명백한 갭이었다. 그들이 그것을 채울 수 있다면 신사업은 탄생할 것이다.

2004년 렉시스넥시스는 플로리다 보카레이턴Boca Raton에 있는 세이신트Seisint라는 소규모 소프트웨어회사를 인수했다. CEO는 행크 애셔Hank Asher라는 기술 권위자였다. 미국 정부와 용역 업무를 하면서 애셔는 다른 종류의 데이터 집합을 연결해서 유연한 검색 인터페이스로 매우 신속하게 이용가능하게 만드는 최첨단의 융합 소프트웨어를 개발했다. 세이신트 기술을 기존 플랫폼에 통합함으로써 렉시스넥시스는 공공기록사업에서 리더십을 공고히 했다. 더 중요하게는 그 기술—고성능 컴퓨팅클러스터High Performance Computing Cluster: HPCC—로 렉시스넥시스는 다른 시장을 와해시키는 데 필요한 고도의 데이터 분석역량을 갖게 되었다. 이 기술을 손에 쥐고서, 렉시스넥시스는 이제 인접시장에 있는 대규모 데이터 집합에 접근이 필요했다. 짐 펙의 계획이 진정으로 와해적으로 된 것은 바로 이 지점이다. 그는 회사 역사상 가장 큰 규모인 수십억 달러 회사 초이스포인트ChoicePoint 인수를 제안했다. 초이스포인트는 미국 내 모든 자동차보험청구 집적소인 CLUEComprehensive Loss Underwriting Exchange(미국 자동차보험 손해보험 청구기록)를 운영했다.

이 계획은 초이스포인트의 수천 개의 기존 데이터베이스를 HPCC 플랫폼에 통합해서 기존 공공기록데이터와 연결시키는 것이있다. 그 효과는 보험중개인이 고위험 자동차보험 신청자를 특정할 수 있는 능력을 한 단계 높이는 것이었다. 그것은 즉각적인 자동차보험 결정을 가능하게 했고, 보험업계의 수많은 혁신에 자극을 주었다. 미국 자동차보험 거래 80% 이상이 현재 렉시스넥시스의 '사전 기입pre-fill' 기능을 이용하고, 소비자가 신청을 시작하기도 전에 보험회사가 필요한 대부분의 데이터를 제공한다. 소비자들은 데이터를 확인하기만 하면 되므로 시간을 절약하고, 처리효율을 크게 높여주고, 포기 신청을 줄여 준다.

렉시스넥시스가 세이신트와 초이스포인트를 인수한 것은 공공기록에 중점을 둔 작은 조직이 수십억 달러 사업으로 스케일링하는 것을 도왔다. 렉시스넥시스의 위험관리 솔루션은 원래 법률정보회사에서 탄생한 빅데이터 분석의 개척자이지만, 지금은 모회사보다 매출이 훨씬 크다. 렉시스넥시스는 그 이후로 컴퓨팅 플랫폼을 활용해 다른 산업을 와해하기 위해 여러 사업을 추가했다. 2018년 기준으로 회사는 개인 및 회사에 대해 170억 개 기록을 유지하고 10만 이상 고객에게 판매하고 있다. 렉시스넥시스 위험관리 솔루션은 인수합병 추진 이상의 성장스토리이다. 짐 펙은 전략적 야망을 실현하기 위해 인수를 활용해서 회사의 고유자산과 인수한 회사의 자산을 결합했다.

고객, 역량, 능력

짐 펙은 신사업을 스케일링하는 데 필요한 자원을 모았다. 그는 자원의 원천에 대해서는 가리지 않았다. 중요한 것은 그가 사업을 스케일링하는 목표를 달성할 수 있게 해주는 자산을 조합하는 것이었다. 짐 펙과 다른 신사업탐험가가 필요한 자산은 세 가지 종류가 있다.

- 고객: 시장에 도달하고 매출을 만드는 데 필요한 채널, 고객기반, 판매팀 등에 접근. 초이스포인트의 보험회사와 기업 배경조사에 대한 접근은 렉시스넥시스의 기존 고객기반을 향상시키고 확대했다.
- 역량: 가치제안을 전달하는 데 필요한 기술, 제품, 스킬, 사업모델. 렉시스넥시스는 HPCC 데이터 엔진을 기존 플랫폼과 공공기록 데이터에 더했다. 이 기술은 사업의 핵심적인 구성블

록이다.

- 능력: 주문충족, 물류, 제조, 고객서비스, 콜센터 등 사업운영을 관리하는 역량. 본딜리는 픽셀의 전문가 크라우드에 적합한 스킬을 가진 사람(능력)들이 필요했고, 또한 증가하는 조직의 요구를 만족시킬 충분한 사람(능력)들이 필요했다. 초이스포인트는 대규모 데이터를 더해, HPCC 기술능력을 더욱 가치 있게 만들었다.

이러한 요구를 만족하는 방법은 여러 가지가 있다. 신사업이 스스로 그것을 **구축**할 수 있는가, 핵심사업의 자산을 **활용**할 수 있는가, 외부에서 **인수**할 수 있는가 또는 필요한 것에 접근하기 위해 다른 사람들과 **파트너** 관계를 맺을 수 있는가? 프랑스의 주요 보험회사인 AXA는 헬스케어시장에 진입하기 위해 원격의료와 다른 원격케어기술을 이용해 여러 가지를 했다.

AXA의 목표는 고객의 주요 헬스케어에 있어 첫 번째 접촉지점이 되는 것이다. 한 AXA 임원이 설명하기를, 우리는 "…헬스케어의 여러 가지 구성요소를 통합해서 환자의 서비스를 A부터 Z까지 관리할 수 있도록 하는 중입니다." 이것은 완전한 공공 헬스케어시스템을 갖춘 국가에서는 야심 찬 목표이다. AXA는 프랑스 최초의 원격상담서비스인 봉주르닥터BonjourDocteur를 **구축**해서 AXA의 보험계약자들이 가상의사를 만나고, 처방전을 다운로드하고, 동네 약국을 검색하고, 의료 프로파일을 관리할 수 있도록 했다. 그리고 AXA는 프랑스 일반의와 회사를 서비스하는 전문의들의 가상 네트워크인 카레Qare와 파트너십을 통해서 AXA의 일반의와 전문의 공급자 네트워크를 5배 확장하면서 의료진의 능력을 더했다. AXA는 먼저 카레에 투자하고 신사업조직 내에서 보육했다. 이 능력 확장은 회사가 20개 언어로 숙련되고 국제적으로 인증된 의사에 24/7 연중무휴 접근을 제공할 수 있게 했고, 2019년 말까지 80,000건의 상담을 수행할 수 있게 해주었다. AXA는 이제 시작한 것이다. AXA는 2019년 400명 의료진을 2021년까지 15,000명으로 확대하는 것을 목표로 하고 있다. AXA는 또한 H4D와 파트너십을 통해 능력을 확대하는 데 집중하고 있다. H4D는 환자들이 자신의 생체신호를 측정하고, 영상안내를 따라 자가체크를 수행하고, 봉주르닥터를 통해 원격의료상담을 받을 수 있는 일체형 컨설트 스테이션Consult Station이라 불리는 의료 키오스크를 제공한다. 이 파트너십은 AXA의 고객범위를 '의료 사막'—즉, 의사 부족에 시달리는 마을—에 있는 지역의 인구까지 확대했다.

AXA는 의도적으로 프랑스 헬스케어 생태계에서 기술기반 환자서비스의 리더 입지를 구축했다. AXA는 이 과정에서 어느 특정 스케일링 접근방식에 치우치지 않았다. 구축, 매수, 활용, 파트너십, 그리고 투자 모두 와해적 목표에 가능한 전략이다. [표 6-1]은 이 접근내용을 보여준다. 비록 AXA의 헬스케어 진출이 그 목표를 달성할지 아직 너무 이르지만, 회사는 전반적으로 높은 성과를 계속 내고 있으며, COVID-19 대유행은 원격의료를 대규모로 가속화했다.

각 신사업은 고객, 역량, 능력을 모으는 데 고유의 전략이 필요하다. 비록 모회사로부터 지렛대로 활용하는 것 중 어떤 것이 어려운 것 또는 용이한 것이냐 하는 일부 공통적인 주제가 있지만, 기

표 6-1 AXA 스케일링 전략

전략	고객	역량	능력
구축		√	√
활용	√		√
인수		√	√
파트너		√	√
투자		√	

존 고객기반과 브랜드가 기존 회사가 신사업에 가져올 수 있는 가장 가능성이 있는 자산이다. 기존 고객기반에 새로운 기술역량을 가져오는 것은 급속한 스케일링을 위한 훌륭한 전략이다.

200년 된 보스턴의 이스턴은행Eastern Bank은 무너진 핀테크FinTech 스타트업에서 창업팀을 인수해서 이스턴 랩Eastern Lab을 만들고 데이터 분석기술을 활용해 은행을 새롭게 만들고자 했다. 그들은 은행의 핵심자산(고객관계)을 활용해서 거의 즉시적으로 은행대출을 결정할 수 있는 혁명적인 알고리듬을 개발, 전개했다. 브랜드는 고객 측면에서 활용할 수 있는 또 다른 자산이다. 다음 장에서 우리는 마크 켈시Mark Kelsey가 어떻게 죽어가는 비즈니스 잡지들을 가지고 뱅커즈 알마낙The Bankers Almanac 같은 저명한 잡지 브랜드를 활용해 구독자와 광고주들을 연결할 수 있는 온라인 데이터사업으로 만들었는지 설명할 것이다. 이것은 그들에게 다른 사람들이 복제하기 힘든 시장접근을 제공해 주었다.

디지털 사업을 스케일링하는 능력을 확보하는 것은 전통적인 회사에게 도전과제이다. 대부분의 회사들이 필요로 하는 데이터사이언스, 인공지능, 분석기술, 기계학습, 소프트웨어스킬에 채용하지 못하고 유지하지 못하는 디지털 인재갭이 있다.[06] 이것이 이스턴 은행이 실행한 핵심인수이다. 비슷하게 짐 펙의 세이신트 인수는 렉시스넥시스에 위험분석사업의 구축을 가능하게 한 핵심경쟁력을 제공했다. 크리스티안 커티즈는 자신의 보험팀을 구축하고 체리스크Cherrisk에 대한 별도의 허가를 신청하는 대신에 UNIQA의 보험 인수 핵심사업역량을 활용해서 그렇게 하지 않았을 경우보다 빨리 움직였다. 스케일링하기 위한 능력에의 접근은 제조, 공급망 또는 고객서비스능력을 말한다. 이러한 종류의 자산은 대개 큰 자본투자를 필요로 하고 구축하는 데 시간이 소요되므로 핵심사업에서 활용하기 좋은 후보들이다. 예를 들어, 케빈 칼린Kevin Carlin은 아날로그디바이스Analog Devices의 제조시설을 활용해 그의 신사업인 조건기반모니터링 솔루션에 핵심적인 기기들을 만들었다.

스케일링 경로

신사업을 성공적으로 스케일링하려면 이 자산들을 구축하는 방법에 대해 좋은 판단이 필요하다. 그 판단은 보육이 끝날 때까지 기다려서는 안 된다. 여러분은 어떻게 스케일링할 것인지 가설을 개발하면서 훨씬 일찍 계획해야 한다. 우리는 종종 "스케일링은 아이디어 창출 때부터 시작한다"라고 말한다. 그것은 신사업탐험가가 스케일링 경로—신사업의 보육부터 본격적으로 매출을 창출하는 사업 때까지 의도적으로 계획된 단계와 순서—를 매핑할 때부터이다. 경로의 첫 단계는 핵심사업으로부터 활용할 자산이 무엇인지 매핑하는 것이다. 본딜리는 딜로이트가 어려운 문제를 해결하는 데 돈을 지불하는 고객에 접근할 수 있다는 것을 알고 있으므로 픽셀을 개발하는 경로부터 시작한다. 커티즈는 체리스크를 시작할 때 UNIQA의 기존 보험 허가를 활용할 수 있다는 것을 알았다. 그 후 스케일링 경로를 보면 실험계획을 알 수 있고, 신사업탐험가에게 또 다른 무엇이 필요한지 알려준다. 그것은 여러분이 시험해야 하는 가장 위험한 일부 가정—여러분이 가장 많이 학습할 지점—을 찾는 방법이다. 스케일링 경로는 또한 고위 리더들이 다음에 무엇이 올 것인지 준비하는 것을 도와준다. 향후 잠재적인 대규모 투자나 인수가 예상된다면, 신사업탐험가는 가능한 이른 시점부터 CEO에게 이러한 현실을 알려주어야 그것이 필요할 때 지원을 받을 가능성이 높아진다.

스케일링 경로를 구축하는 이러한 접근방식을 설명하면서 우리는 회고적 관점을 일관되게 사용하는 죄를 짓는다(지난 일들을 뇌돌아봄으로써 다른 사람들의 행동에서 멋진 계획을 구별해 낸다). 일부 신사업탐험가들은 스케일링 경로를 미리 만들었지만—우리는 그들이 그렇게 하도록 같이 작업했다—대부분은 그것을 생각만 하고 공식적으로 하지 않는다. 렉시스넥시스는 모든 단계를 상세하게 계획하지는 않았을 것이지만, 그것은 큰 야망을 향한 경로를 따라 일련의 단계들을 여전히 의식적으로 실행했다. 렉시스넥시스가 초이스포인트를 인수했을 때, 인수 첫날부터 인수 후 무엇을 할 것인지 계획이 있었고 계획을 실행하는 데 시간을 낭비하지 않았다. 짐 펙은 대형 데이터 와해자가 되겠다는 야망으로부터 역으로 경로를 그렸고, 그가 모아야 할 핵심자산을 확인했다.

신사업탐험가가 스케일링 경로를 구축할 때 따를 5단계가 있다. 우리는 이 단계들을 우리의 기존 사례들과 미국 전자제품판매회사인 베스트바이Best Buy의 새로운 사례를 가지고 설명하겠다. 베스트바이는 판매 및 가전제품서비스회사에서 가정기반 헬스케어서비스—2025년에 3,500억 달러 이상으로 성장이 예측되는 시장—회사로 변화하려는 전략을 추구하고 있다.[07]

1. 스케일링하기 위해 역량, 고객, 능력을 확보하는 경로를 그려라: 베스트바이는 전 경쟁자인 서킷시티Circuit city와 컴프USACompUSA가 아마존과의 경쟁에서 지고 파산하는 것을 지켜보았다. 신사업인 베스트바이 헬스([그림 6-2] 참조)는 회사의 매출을 소매판매에서 의료보험회사로 다각화할 것이다. 베스트바이의 목표는 노인돌봄 또는 '안전생활시스템'과 원격의료를 제공하는 것이었다. 이것들은 돈벌이가 되는 시장이다. 환자를 빨리 퇴원시키기 위해 원격기술을 활용하려는 요구에 동기부여되어, 베스트바이는 성장하는 기술과 사회 트렌드에 발붙일 수 있는 기회를 보았다. 베스트바이는 베스트바이 헬스사장인 아쉬쉬 사켄사Asheesh Sakensa가 '스케일링 가능한 사업을 구축하기 위해 필요한 레고 조각들'이라고 부르는 것들을 조립하여 이를 수행하려고 했다.[08]

이 행로의 첫 블록은 '스마트홈'서비스—연결된 가정 내 보안과 자동화 기기—를 판매하고 설치할 수 있는 역량이었다. 그것은 매장내 긱 스쿼드Geek Squad 설치팀에 특별 인원을 채용해서 스마트홈 기기에 대한 조언과 설치를 제공할 수 있게 했다. 베스트바이는

그림 6-2 베스트바이 헬스

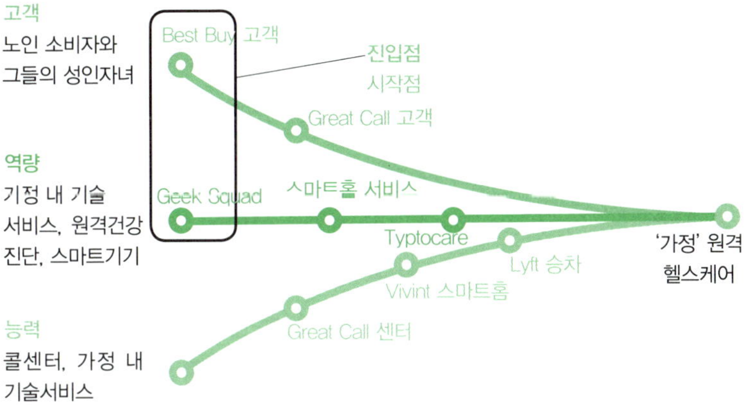

다음으로 인터넷에 연결된 고도의 웨어러블 기기를 선도적인 스마트 기기 제공자인 비빈트Vivint와 파트너십을 통해 추가했다. 이것은 아프거나 나이든 사람을 위한 기기시장으로 들어갈 수 있게 했으며, 거기에 노인용 비상호출서비스를 제공하는 그레이트콜Great Call을 인수해 추가했다. 그레이트콜은 휴대용 전화기와 목걸이나 팔찌 같은 착용형 기기의 버튼으로 작동되는 의료지원서비스로 900,000 가입자가 있었다. 베스트바이는 다음에 타이토케어Tytocare와 파트너를 맺어 고객에게 일체형 기기와 요구형 원격의료 플랫폼, 원격의료검사를 제공하기 시작했다. 이후로 그들은 사회적 업무, 돌봄 협업, 원격약제, 그리고 노인을 위한 리프트Lyft 승차 협력까지 새로운 서비스를 확대했다.

2. 진입점을 선정하라: 아마도 스케일링 경로에서 가장 어려운 부분은 어디에서 시작하느냐를 결정하는 것이다. 애플은 휴대전화산업을 아이폰으로 와해한 것을 크게 인정받는다. 애플은

이 경로를 아이폰 자체를 론칭하기 십년 전에 시작했다. 2001년에 애플은 이미 아이튠즈 스토어iTunes store와 함께 아이팟iPod을 출시했다. 이것들은 애플이 아이폰 사업모델을 최적화할 수 있는 기초가 되었으며, 그에 따라 아이튠즈는 2007년 아이폰이 론칭되었을 때 수용을 가속화하고 엄청난 탄성을 제공했다. 아이폰은 효과적으로 새로운 서비스에 연결되는 다리를 만들었다. 진입점은 회사의 현재 자산에 인접해야 하며, 그렇지 않으면 도약이 너무 클 것이다. 예를 들어, 베스트바이는 노인 주택에 안전문제가 있는지 평가하고, 그 후 그들 매장에 있는 기술을 사용할지 안 할지를 제안하는 서비스로 시작했다. 이것을 위해 베스트바이는 기존의 매장 내 기술전문가인 '긱 스쿼드'를 활용했다. 아날로그디바이스에서 칼린은 조건기반모니터링 솔루션을 실현할 수 있는 모든 기술적 역량을 가지고 있었다. 그러나 그는 전기모터가 산업제조현장에서 어떻게 사용되는지에 대해서는 지식이 없었다. 아날로그디바이스는 이 분야 지식에 있어 세계 수준의 팀이 있는 작은 스페인 회사 테스트 모터스Test Motors를 인수했고, 솔루션을 시장에 출시하는 시간을 상당히 가속화할 수 있었다.

3. 구축해야 하는 중요한 자산을 선정하라: 진입점을 구축했으면, 여러분은 다음에 어디로 갈 것인지 결정해야 한다. 두 가지 질문이 이 결정을 도와줄 수 있다. 첫째, 어느 정도 전략적 통제나 시장에서 방어를 하는 데 중요한 스케일링 경로의 요소는 무엇인가? AXA의 진입점은 원격의료역량을 구축하는 것이었다. 그들은 이것을 향후 원격헬스케어 오퍼링에 핵심적인

중추로 보았다. 둘째, 이 요소들 중 어떤 것이 여러분을 시장에 보다 빠르게 진입시켜 주는가? AXA는 먼저 원격의료를 직원들에게 시작하고 나중에 해외로 여행하는 보험가입자에게 추가했다. 이것은 그들이 봉주르닥터를 론칭하는 것을 도와주었다. 그러고 나서 그들은 다음 수준의 핵심자산을 구축해서 사용자가 가상의사와 약속을 잡고, 처방을 다운로드받고, 동네 약국을 검색하고, 의료 프로파일을 관리하는 서비스가 작동되도록 했다.

4. 경로를 구축하라: 신사업이 보육에서 스케일링으로 성숙해 가면서 신사업탐험가는 무엇을 **구축**하고, 무엇을 **매입**하고, 무엇을 핵심사업에서 **활용**할 것인지, 그리고 필요한 자산을 얻기 위해 언제 다른 회사들과 **파트너**를 맺을 것인지 경로를 따라 실행한다. AXA는 지난 수년간 어드밴스드 메디컬Advanced Medical과의 협력과 마에스트로 헬스Maestro Health와 낙터프시Doctopsy 인수를 포함해서 역량, 능력, 고객을 지속적으로 구축해 왔고, 이제 여성/산부인과부터 노인건강, 정신건강까지 모든 사업에 진입했다. 모든 고객에게 우수하고, 접근가능하며, 간결한 서비스를 제공한다는 궁극적인 야망은 결코 포기하지 않았고, 그 야망은 회사 내에서 나침반 역할을 해왔다. AXA가 스케일링하는 경로에서 각 단계는 야망에 한 발짝 더 가깝게 가도록 설계되었다.

5. 촉발점을 결정하라: 이것은 여러분이 고객접근, 역량 또는 능력을 추가하는 계획상에서 실행을 결정하는 순간들이다. 렉시스넥시스에서 이것은 세이신트를 인수하면서 기술역량을 획득

하고, 초이스포인트의 고객접근을 획득하는 결정이었다([그림 6-3] 참조). 이것은 다음 섹션에서 보다 상세하게 설명할 것이다.

그림 6-3 렉시스넥시스 위험관리 솔루션

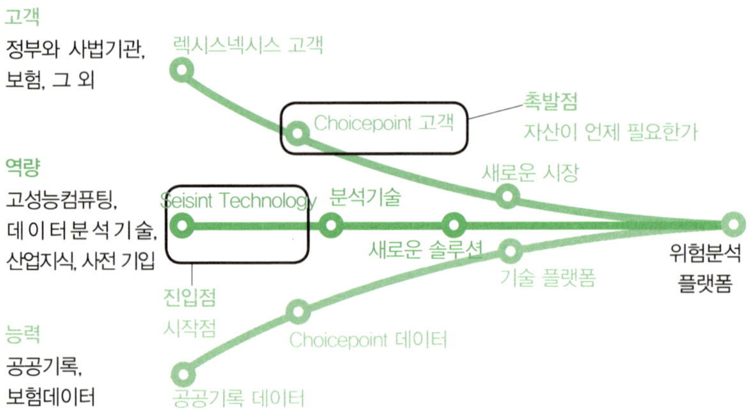

촉발점Trigger Point

스케일링 경로는 신사업이 필요한 자산에 대한 가설이다. 스케일링은 아이디어 창출 때부터 시작하므로 어떤 파트너십과 인수가 신사업 여정에서 나중에 더 빨리 갈 수 있도록 도와줄지에 대해 지속적으로 학습할 기회가 있다. 이 학습은 결코 멈추지 않는다. 신사업탐험가는 진화하는 사업에 능력을 추가하거나 고객접근을 추가할 때가 언제인지 촉발점을 찾고 있다. 예를 들어, 인도 회사인 릴라이언스Reliance는 모바일 데이터 시장을 만드는 새로운 4G 무선통신 전화회사를 만들었다. 그들은 앱개발자들에게 인도의 거대한 도시거주 전문가시장에 접근하도록 해주는 것을 목표로 했다. 릴라이언스의 스케일링 경로는 역량—그들은 광대역 무선주파수에 접근하기 위해 회사를 인수했다—을 획득하는 것과 능력을 개발하기 위해 현재 자산을 활용하는 것을 포함했다. 그들은 정유화학사업의 스킬을 활용한 건설기술(4G 타워와 광섬유 터널링fiber tunneling)을 이용해 완전히 새로운 전화 네트워크를 처음부터 구축했다. 론칭했을 때 릴라이언스는 앱개발자를 위한 상업적으로 가능한 시장을 구축하기 위해 고객을 확보한다는 논리로 3개월간 무제한 데이터와 무료 음성통화를 제공하는 비전통적인 접근방식을 사용했다. 이것은 추가 투자에 대한 촉발점을 만들었다. 릴라이언스가 충분한 사용자와 충분한 앱개발자를 확보하면, 새로운 서비스에 가입하는 가치가 증가할 것이다.

발라지 본딜리의 촉발점은 COVID-19 내유행과 같은 외부 이벤트였다. 펜데믹은 컨설턴트를 고객사무실과 통상적인 주간 출장일과에서 나오게 했다. 그것은 원격근무를 정상적인 것으로 만들었고, 제3자 프리랜스 인재들을 딜로이트 컨설팅팀에 채용하는 장벽을 없앴다. 본딜리는 스케일링하기 위해 역량—3자를 활용하는 모형에 대한 지식, 법무 프레임워크, 그리고 문제를 구조화하는 방법에 대한 이해—을 구축했다. 그는 외부 크라우드 파트너들의 능력을 가지고 있었다. 펜데믹은 고객—유연한 인재가 긴급하게 필요한 딜로이트 파트너들—을 가져왔다. 그는 스케일링하면서 픽셀이 크라우드 플랫폼뿐 아니라 프리랜스 인력 공급원이 되는 것으로 피봇했다. 그는 집중할 분야로 세 가지의 딜로이트 사업—분석기술, 인수합병, 감사—을 선정했다. 그는 인재에 접근할 수 있게 해주는 3자 인재회사인 엑스퍼파이Experfy와 파트너십을 맺었다. 수개월 만에 본달리는 신사업을 개발하는 것에서 회사 내에서 사업컨설팅모델을 변환시키는 역량을 갖춘 사업으로 스케일링했다. 스케일링은 신사업에 결정적인 순간이며, 회사의 야망을 실현하기 위해 자원을 투입하는 시점이다. 이것은 오랫동안 고생하며 컨셉을 증명하는 것에서 초성장으로 변화함에 따라 팀에게는 정말 흥분되는 순간이다.

요약

신사업을 스케일링하는 것은 세 가지 핵심 구성블록 또는 자산을 모으는 것이다. ① 고객(예, 설치기반, 채널, 판매팀), ② 조직역량(예, 기술, 제품, 사람, 사업모델), 그리고 ③ 조직능력(예, 제조, 주문충족, 고객서비스)이다.

신사업탐험가는 어디에서 이 자원들을 가져올 것인지 네 가지 다른 대안이 있다.

1. 구축: 최소기능제품을 완전 생산가능한 버전으로 만들면서 내부에 무엇인가 만드는 것을 결정할 수 있다.
2. 매입: 스타트업이나 성숙한 회사에서 자산을 찾아 인수한다.
3. 활용: 핵심사업의 자산을 활용해서 진척을 가속화한다. 브랜드, 고객접근, 기술, 지원기능 자산이 빈번하게 신사업의 성공에 중요하다.

4. 파트너: 세일즈포스salesforce.com와 같은 앱스토어나 앱익스체인지 교환 다면 플랫폼에 참여하는 것을 포함하여 상호 호혜적인 생태계 관계를 만든다.

어떤 자산이 필요하고 어디서 구할 것인가 하는 이 선택들이 스케일링 경로—신사업이 검증된 사업아이디어에서 본격적으로 운영되고, 매출을 창출하는 조직으로 가는 단계를 도해한 것—가 된다. 우리는 아이디어 창출 시에 스케일링에 대한 첫 가설을 만들고 학습해 나가며 지속 반복하기를 추천한다.

3부

Corporate Explorer

양손잡이형 조직

성공하는 회사의 핵심사업은 고유의 운영 리듬이 있다. 회사가 성숙해지면서, 관행과 절차가 발전하고 성과를 유지하도록 도와준다. 관리자들은 경쟁자를 이기고 수익성을 극대화하기 위해 사업모델을 점진적으로 개선하면서 결과를 최적화하는 방법을 배운다. 탐험신사업조직은 다른 리듬을 가지고 있다. 그것은 높은 불확실성 아래 있다. 고객이 해결하고자 하는 문제는 명확하지 않을 수 있다. 명확할 때에도 솔루션에 돈을 지불할지 확신하지 못한다. 이것들은 둘 다 타당하지만, 하나는 복잡한 환경이지만 알려진 상황에서의 운영, 다른 하나는 매우 복합적이고 불확실한 환경에서의 운영으로 서로 대비되는 논리이다.

이 섹션에서 우리는 양손잡이형 조직이 탐험신사업을 핵심사업에서 분리하는 방법을 설명한다(그림 Ⅲ). 이것은 신사업탐험가에게 조직의 다른 부분으로부터 분리되어 핵심사업 관리시스템 밖에서 운영하는 자율성을 준다. 이것이 '스핀아웃'을 의미하지는 않는다. 신사업탐험가는 여전히 핵심사업의 자산—기술, 제조, 판매채널, 지원기능—에 접근하고 따라서 스타트업보다 빨리 갈 수 있다. 이런 목표가 되는 통합접점을 관리하는 구조를 설계하는 것이 양손잡이형 조직이 신사업을 성공적으로 성장시킬 수 있는 비법이다.

이 섹션에서 우리는 양손잡이형 조직이 탐험신사업을 핵심사업에서 분리하는 방법을 설명한다. 이것은 일부는 조직구조에 관한 것으로 조직의 다른 부분에서 분리되어 운영자율성을 가지는 신사업팀을 위한 전담조직을 만드는 것이다. 이 조직의 정밀한 설계는 신사업의 성숙도—아이디어 창출단계인가, 보육단계인가, 스케일링 단계인가—와 핵심사업과 비교해 얼마나 급진적인가에 따라 달라진다.

비록 분리되더라도 탐험신사업은 독립적이지 않다. 우리는 주사업에서 분리된 '스핀아웃'을 옹호하지 않는다. 신사업은 여전히 핵심사업의 자산—기술, 제조, 판매채널, 지원서비스—에 접근할 필요가 있다. 이것들은 기존 회사가 스타트업보다 빨리 갈 수 있는 이점이다. 이것은 핵심사업과 통합하는 접점을 관리하는 탐험운영시스템을 필요로 한다.

신사업탐험가는 또한 성공적인 신사업을 구축하기 위해 개인적인 인센티브가 필요하다. 얼마나 성공적이든 간에 보상은 절대로 벤처펀딩을 받는 창업자만큼 될 수가 없다. 회사가 스타트업을 따라가는 인센티브를 만들어야 하는가? 일부 시도는 안 좋은 결과를 가져왔다.

[그림 Ⅲ] 양손잡이형 조직

탐험조직
- 구조 대안
- 집중
- 상향식
- 하향식
- 구조설계

탐험시스템
- 통합팀
- 판매팀
- 본사
- 자원
- 선행관리
- 경영자의 관심

보상
- 동기부여 난제
- 벤처모델
- 가상주식
- 장기 인센티브
- 개인적 위험
- 신사업탐험가 동기부여

7장_ 탐험조직

스타트업 차고garage 신화는 신사업탐험가가 탐험조직을 만들 때 무겁게 짓누른다. 팔로알토Palo Alto 애디슨 거리Addison Street에는 빌 휴렛Bill Hewlett과 데이브 패커드Dave Packard가 HP 첫 기기를 만들었던 상징적인 차고가 있다. 빌 게이츠Bill Gates와 폴 앨런Paul Allen이 마이크로소프트 첫 소프트웨어 코딩을 했던 뉴멕시코주의 앨버커키Albuquerque의 영감을 불러일으키는 차고 사진 또는 스티브 잡스Steve Jobs가 스티브 워즈니악Steve Wozniak, 로날드 웨인Ronald Wayne과 같이 첫 애플 컴퓨터를 만들었던 캘리포니아주에 있는 그의 부모 집도 있다. 그것은 창업자가 되기 위해 필요한 헌신, 노력, 그리고 독립을 말한다. 우리는 본능적으로 처음에 일이 되기 위해서는 신사업을 차고에 설립해서 자유롭게 해야 한다고 말한다. 이것이 미국에 있는 웹인프라 보안회사 클라우드플레어Cloudflare의 CEO인 매트 프린스Matt Prince가 그의 성장하는 신사업에 대해서 이야기하는 것이다. 그는 의도적으로 신사업팀에 기존 사업에의 영향을 걱정하지 말고 무언가 새로운 것을 발명하라는 명시적인 사명을 주면서 회사 밖, 심지어는 다른 도시에 위치시킨다. 프린스는 핵심사업을 지원하는 활동—기존 제품군의 최적화에 집중—과 탐험—새로운 것을 창출하는 과제를 가진—을 분리하는 이중전략을 지지한다.

신사업은 이러한 분리가 필요하다. 수년 전에 우리는 마이크로소프트의 치 루Qi Lu와 그의 팀이 데스크탑용 오피스에서 온라인용 오피스365Office 365로 엄청난 피봇을 실행할 때 같이 일하는 특전을 누렸다. 한 팀은 매일 코드를 새로 내놓고 제품개발을 반복하며, 구독형 사업모델을 가진 오피스365를 맡았다. 다른 팀은 대부분의 컴퓨터에 설치된 워드, 파워포인트 등의 기존 데스크탑 오피스를 맡았다. 이 두 팀은 오피스365가 성숙해서 두 조직이 합쳐질 때까지 분리되어 있었다. 치 루는 이중전략을 관리해서 서비스형 소프트웨어software-as-a-service 구독사업이 스케일링되었음에도 역사적으로 알짜배기였던 기업라이선스모델을 계속 활용하도록 했다.[01] 매트 프린스와 치 루는 신사업이 스타트업 형식으로 회사 내에서 자율적으로 운영할 수 있도록 해서, 신생사업이 보수적이고 성숙한 사업에 붙잡히지 않고 자신만의 속도로 성장할 수 있도록 했다. 이것은 신사업탐험가가 급진적인 혁신을 추진하는 데 필요한 자원을 통제할 수 있도록 해준다. 그러나 마이크로소프트와 클라우드플레어의 신사업탐험가팀들은 유명한 차고의 복제품 이상이었다. 스타트업들은 단일 목표—벤처의 성장—에만 집중하는 데 비해, 이 회사들은 두 가지에 집중—핵심과 신사업을 성장시키는 것—했다. 우리는 이 이중 접근방식을 양손잡이형 조직이라고 부른다.[02] 이것은 신사업탐험가조직을 핵심사업 자산에의 **접근**을 유지하더라도 핵심사업으로부터 분리—스타트업의 **자율성**을 일부 복제—한다. 고위 리더의 후원과 공유된 성장 야망을 가진 팀 아래에 자율성과 핵심사업 자산에의 접근을 결합하는 것이 양손잡이형 조직 접근방식을 정의한다([그림 7-1] 참조).

그림 7-1 양손잡이형 구조: 자율성과 자산 접근

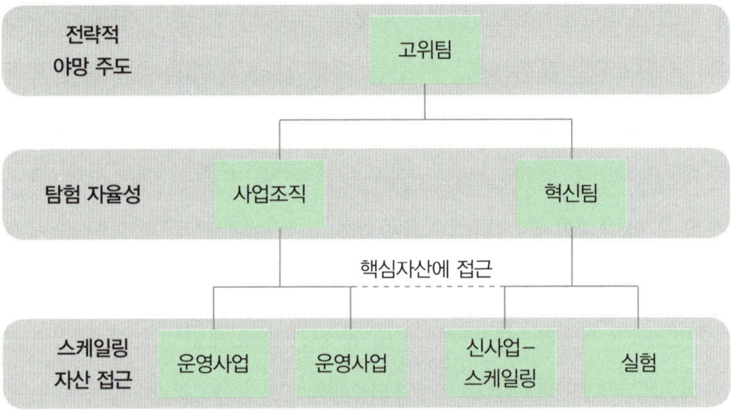

우리는 실증적 증거와 수십 년간의 경험에 근거해 양손잡이형 조직 접근방식이 신사업탐험가를 지원하는 최선의 방안이라는 관점을 강하게 가지고 있다. 이 장은 이 구조적 결정—성공하는 탐험조직을 최적으로 구성하는 방법—에 대한 것이다. 다음 장에서는 이 구조의 토대가 되는 탐험사업시스템에 대해 서술한다. 그것은 또한 핵심조직과 탐험조직 간의 연결을 관리한다. 신사업은 스케일링 경로를 완성하기 위해 핵심사업의 단기 압박에 무너지지 않고 필요한 자산에 확실히 접근할 수 있어야 한다.

구조 대안

양손잡이형 조직에는 대안들이 있다. 여러분은 스타트업을 인수해서 와해적 기술 또는 새로운 역량을 **스핀인**spin-in 또는 **인수**를 한 후 조직 내에서 스케일업할 수 있다. 이것은 기존 사업의 브랜드, 제조, 판매채널을 활용해 성장을 가속화할 수 있는 새로운 역량을 빠르게 얻어준다. 10장에서 설명하겠지만, 이것은 프랑스 광고회사인 하바스Havas가 빅터즈 앤드 스포일즈Victors & Spoils를 인수했을 때처럼 핵심사업에 알레르기 반응을 일으킬 수 있다. 회사의 DNA가 혁신을 거부해서, 그것은 5년 만에 문을 닫았다. 인수는 신사업을 스케일링하는 일부이지만, 단독으로는 고위험전략이다. 여러분은 또한 신사업탐험가의 신사업을 분사해서 모회사의 제한에서 자유롭지만 동시에 모회사의 자산에 접근하지 못한 채로 회사 밖에서 성장하게 놓아둘 수 있다. 이것이 최선의 대안이라면 두 가지 질문을 해보아야 한다.

- 혁신이 회사의 미래에 전략적인가? 조직은 시장 와해에 경쟁하기 위해 신사업의 역량을 필요로 할 것인가?
- 핵심사업 내에 신사업의 스케일링을 보다 성공적으로 도와줄 것이 무엇이라도 있지 않은가?

넷플릭스Netflix는 아마존의 파이어 스틱Fire stick에 대응해 스트리밍 기기인 로쿠Roku를 성공적으로 개발하고 육성했다. 그 후 위의 두 질문에 모두 '아니오'라고 답했다. 넷플릭스는 고객들이 인터넷을 통해 콘텐트에 접속하는 기기를 보유하지 않더라도 스트리밍 콘텐트에서 경쟁할 수 있다고 결론 내렸다. 결과적으로 그들은 로쿠를 별도 사업으로 분사했다. 넷플릭스가 하나라도 '예'라고 대답하고 '스핀아웃'을 하게 되면 회사의 미래에 핵심적인 역량에 접근하지 못하게 될 것이었다. 그들은 단기 수익을 위해 장기적인 전략적 우위를 희생하는 것이었을 것이다. 만약 그들이 '예'라고 대답하고 로쿠를 기존 사업조직 내에서 스케일링하기로 결정했다면, 그들은 다른 어려움에 직면했을 것이다. 핵심사업과 탐험신사업은 다른 운영 논리를 가지고 있다. 하나는 단기 성과, 다른 하나는 불확실성을 관리하는 것이다. 기존 사업과 동일한 조직 내에서 관리하는 것은 신사업의 '침묵의 살인자'가 되는 것이다(10장 참조).

그렇다면 양손잡이형 조직이 신사업탐험가를 성공하게 하는 최선의 방법이다. 우리는 이 접근방식을 수십 년간 연구했다. 우리 연구결과 잘 실행된 양손잡이형 조직은 다른 구조보다 와해적 혁신을 통한 성장의 성과가 더 뛰어나다.[03] 회사가 채용할 수 있는 양손잡이형 조직은 크게 세 가지 형태가 있다.

1. 집중: 대개 CEO나 사업책임자에 의해(항상 그렇지는 않지만) 특정 기회나 전략을 추진하는 경우로 이것은 잘 정의된 변수 내에서 실행하는 성장 야망을 위한 하나의 신사업이나 여러 신사업조직 집합이다. 이 팀들은 신사업을 보육하고 스케일링하는 것이 필요하나, 대개는 아이디어가 있고 보육과 스케일링에 집중한다. 렉시스넥시스LexisNexis 위험관리 솔루션이 이 접근방식의 좋은 사례이다.
2. 상향식bottom up: 보육과 스케일링으로 이어지는 상향식 아이디어 창출을 촉진하는 공식 프로세스를 갖춘 규율이 있는 접

근방식을 사용한다. 이것은 종종 반복가능한 혁신역량을 구축하려는 노력의 일부이다. 예를 들어, 4장에서 설명한 사라 카발류Sara Carvalho가 보쉬Bosch에서 직원경진대회에 아이디어를 제출한 것이다. 그녀가 우승했을 때 그녀는 관리자들에게 특별히 신사업 아이디어를 검증하는 방법을 가르치도록 설계된 보쉬 기업액셀러레이터 프로그램에 참여했다.

3. 하향식top down: 신사업 포트폴리오를 창출하는 목표를 가진 실험실이나 성장팀을 설립해 회사 경영층에서 이끄는 프로젝트로 종종 R&D(내부 관점으로 편향될 수도 있음) 그리고/또는 외부 스타트업들과 협력에서 나오는 혁신을 상용화하는 것과 관계된다. 이것은 또한 추진할 아이디어를 직원들이 제안하는 제도를 포함할 수 있으나, 전담 실험실팀이 그런 아이디어를 개발하고, 팀—때로는 외부 창업자를 활용—을 만들고, 그것들을 추진하는 결정적 역할을 한다. 일본 산업재회사인 AGC는 사업개발부문을 통해 신사업을 만들고, IBM은 EBO 프로그램이 있었다.

우리는 이러한 접근방식들이 여러 사례에서 어떻게 작동하는지 차이점을 설명하고 여러 상황에서 신사업탐험가들에게 어떤 접근방식이 가장 적합할지 안내를 제공할 것이다.

집중

2010년 마크 켈시Mark Kelsey는 아무도 원하지 않는 사업에 새로 임명된 CEO였다. 리드 비즈니스 인포메이션Reed Business Information: RBI은 300종 이상의 비즈니스 잡지를 보유했다. 이 회사는 잡지판매와 광고가 17억 달러 매출 중 85%를 차지하는 전통적인 출판사였다. 2009년 금융위기와 광고채널에서 구글의 급격한 성장이 합쳐져서 RBI의 매출을 18%나 감소시켰다. RBI는 거의 수익이 나지 않았고 미래는 불안했다. 2018년 시점에서 보면, RBI는 수익이 나고 디지털 정보사업에서 성장하고 있었다. 광고 매출은 10% 미만이고 데이터 구독 매출은 80%가 넘었다. 켈시는 이 극적인 전환을 양손잡이형 구조 내에서 신사업탐험가에게 활동할 자유를 주는 간단하고 반복가능한 공식으로 달성했다.

켈시의 사업 중 최고는 오랜 역사와 강력한 브랜드, 주요 산업 내에서 충성스런 독자를 가진 일련의 잡지들이었다. 이 자산 중 세 가지는 런던 부동산 잡지 **이스테이트 가제트**Estates Gazette, 인간의 동력비행만큼 오래되고 가장 가치 있는 자산인 **플라이트 매거진**Flight Magazine, 그리고 150년 된 글로벌 은행 정보 목록인 **뱅커즈 알마낙**Banker's Almanac이었다. 켈시는 이 잡지 각각을 잠재적인 데이터 주도 사업모델로 보았다. 이스테이트 가제트는 새로운 상업용 사무실 계약, 새로운 건물 입주자, 임대조건, 가격 등에 대해 매주 수백 건의 보도자료를 받았다. RBI는 이 데이터들을 통합하면 수십억 달러 런던 부동산시장에 걸쳐 가치 있는 인사이트를 제공할 수 있다고 생각했다.

플라이트 인터내셔널Flight International은 지금은 글로벌 상업용 항공기에 대한 세계에서 가장 포괄적인 데이터 원천이다. 플라이트 인터내셔널은 개별 항공기에 대한 데이터, 비행 거리, 정비 이력을 획득하고 분석하고 항공기들의 가격을 평가하며 항로와 교통 통계를 수집하고 항공산업의 동향을 분석한다. 플라이트 인터내셔널의 분석과 데이터 서비스 구독자들은 플라이트 인터내셔널이 제공하는 인사이트에 기반해서 사업투자, 마케팅, 구매 의사결정을 한다. 라이트Wright 형제의 시제기prototype 도면을 출판하면서 시작한 잡지가 디지털 데이터 서비스가 되었다. 뱅커즈 알마낙은 훌륭한 브랜드를 가지고 있었지만 인터넷 시대에는 더 이상 필요가 없었다. 켈시는 그것을 결제, 규제준수, 위험관리에 대한 온라인 기준 데이터의 원천으로 재탄생시켰다. 그는 시카고에 있는 금융 데이터 소프트웨어회사를 인수해서 뱅커즈 알마낙의 브랜드 명성과 결합했다.

각 경우별로 켈시는 신사업탐험가가 출판사에 보고하는 대신 자신에게 직접 보고하는 기존 잡지와 병렬조직을 만들어서 기회를 탐험했다. 신사업탐험가는 모두 회사 내에서 뽑은 젊은 인재들로, 그가 신뢰하지만 오래된 가정에 물들지 않은 사람들이었다. 각 신사업들은 그들만의 사무공간을 가졌고, 목적에 맞는 사업을 자유롭게 만들었다. 신사업들은 업무에 필요한 기술적, 상업적 인사이트가 없을 수도 있는 잡지편집자와 기자들에게 스스로를 정당화할 필요가 없었다. 새로운 조직들은 실험이었다. RBI는 여러 시장에 대한 이해와 주요 산업 참여자에 대한 접근성을 활용해서 가치제안을 학습하며 정교화했다. 모든 신사업이 성공한 것은 아니었다.

켈시의 팀은 **컴퓨터 위클리**Computer Weekly를 기업 정보기술계약에 대한 정보원으로 바꾸려 했다. 그러나 그들은 IT시장은 이미 무료 데이터와 분석이 넘쳐난다는 것을 바로 알았다. 이러한 경우에 그들은 실험을 빨리 종료하고 이동했다. 사업이 유망해 보일 때 문제는 어떻게 스케일링하느냐였다. 많은 경우에 **플라이트 인터내셔널** 또는 **이스테이트 가제트** 같은 활용가능한 확립된 브랜드가 있어서 과제는 더 쉬워졌다. 그것은 고객접근과 신뢰성을 주면서 산업계 전반의 데이터를 모으는 데 필요한 협력을 맺는 데 도움을 주었다.

켈시의 성공 비법은 모델의 단순함이었다. 그는 디지털 사업 신사업탐험가들이 사업부를 맡게 되고 전통적인 인쇄물들을 신사업 아래에 둘 것이라는 것을 계속 알고 있었다. 그는 신사업이 충분히 성숙해서 그 전환을 할 수 있기를 기다렸다.

상향식Bottom Up

아마존의 보도자료/자주 묻는 질문PR/FAQ 프로세스(4장에서 설명)는 조직 내에서 아이디어를 개발하도록 장려하는 가장 잘 정리된 접근방법이다. 그것은 리더들이 사업 내에서 와해적 아이디어를 제안하는 구조를 제공한다. 아이디어가 1단계 승인을 얻으면, 리더는 보육 속도와 책임감을 높일 수 있도록 '한 줄 팀' 또는 '피자 두 판 팀'이라고 불리는 것을 만들 수 있다. 이것들은 아이디어를 개발하는 데 필요한 스킬(예, 엔지니어 몇 명, 제품관리자 한 명, 디자이너 한 명)을 가진 6~10명으로 구성된 소규모 팀(피자 두 판으로 먹일 수 있는)이다. 그 팀은 기능조직과 전혀 또는 거의 조정할 필요가 없이 자유롭게 자율적으로 활동한다. 팀에는 종종 집중과 책임을 주는 합의된 하나의 성과지표만 존재한다. 팀의 중점은 학습이다. 부서 단위까지의 스케일링이 아니다. 팀을 소규모로 만드는 것은 빠르고 효율적으로 움직이고, 리더가 안다고 생각하는 것이 아니라 그들이 학습한 것에 의해서만 지침을 받을 수 있기 때문이다. 이 단일 또는 소수의 지표와 어떤 방식이라도 가장 유용한 것을 사용할 수 있는 자유는 손익계산서와 동등한 것이 되어, 팀 자체가 작은 손익센터 같은 것이 되고, 팀 리더는 작은 사업책임자처럼 된다. 종종 아이디어를 제안한 사람이 팀 리더가 되어 이 프로젝트들은 창업자와 같은 인재들을 끌어들이고 유지한다.

다른 곳에도 있는 보다 공식적인 회사가 주도하는 프로그램들은 신사업탐험가를 불러모으고 나타나게 한다. 독일 엔지니어링 기업인 보쉬, 일본 거대 기술기업인 NEC, 반도체기업 인텔은 모두 그런 프로그램을 설계했다. 보쉬는 꾸준히 신사업 아이디어를 가지고 있었고, 가장 성공가능성이 있는 것을 찾는 방법이 필요했다. 보쉬 기업혁신액셀러레이터는 사업부와 R&D연구실에서 나오는 새로운 아이디어를 엄밀하게 시험하기 위해 설계되었다. 그것은 유망한 설립팀을 구조화된 고객발견과 검증 프로세스로 보낸다. 이 규칙은 충분히 엄격해서 이 단계에서 팀의 2/3가 자신들의 아이디어를 투표해서 종료시킨다. 이 프로그램은 잠재적인 신사업 풀pool을 매우 빠르고 엄격하게 시험된 소수로 추려준다. 그것은 그다음에 그들을 사업부에 되돌려 보내 보육과 스케일링을 관리하도록 한다. 보쉬의 데이터에 의하면 이 접근방식이 액셀러레이터를 통하지 않은 프로젝트 대비 신사업이 매출을 내는 데까지 시간을 400% 단축시키고, 유사한 수준의 투자수익률 개선을 보여준다고 한다.

NEC의 목표도 유사하다. 그들은 혁신 프로세스의 속도를 높이고 세계적인 R&D팀에서 나오는 진짜 와해적인 아이디어의 가능성을 개선하는 것을 목표로 한다. 일본이 고속성장하는 경제였을 때, 기술을 상용화하는 것은 상대적으로 용이했고, 실패하더라도 손실을 만회할 다른 기회들이 충분히 있었다. 성장이 둔화되고 시장기회가 점점 제한되면서, 새로운 아이디어에 위험을 감수하려는 연구실험실이나 사업부에서 나오는 창업자정신이 있는 리더에 보다 의존할 수밖에 없었다. 보쉬와는 다르게, NEC 사업혁신조직은 신사업을 개념단계부터 스케일링까지 책임지며, 회사 연구실험실에서 나오는 기술의 흐름을 상용화하는 특정한 사명을 가진다. 결과적으로 이후 NEC 사업혁신조직은 농업, 복지, 신약개발 같은 분야에서 고도의 인공지능 응용역량을 활용해 여러 신사업을 구축하고, 닷데이터dotData라 불리는 인상적인 신사업을 새로운 조직으로 분사했다.

인텔 EGIEmerging Growth Initiative의 목표 또한 엔지니어링 분야의 창의력을 신사업 성공으로 전환하는 것이다([그림 7-2] 참조). 다른 점은 직원참여의 규모와 신사업의 구조에 대한 접근방식이다. EGI의 리더인 사기 벤 모쉬Sagi Ben Moshe와 그의 팀은 신사업을 위해 시작부터 끝단까지 구조화된 프로세스를 만들었다. 그들은 '인텔을 와해할 수 있는' 아이디어를 제출하도록 직원들을 초대했다. 이것은 사냥구역에 대한 느슨한 정의지만, 점진적인 혁신

그림 7-2 인텔 Emerging Growth Initiative 프로세스[04]

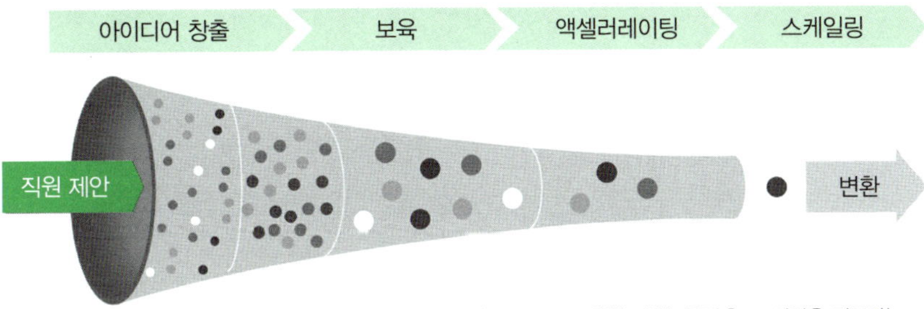

- 모든 인텔 직원은 신사업 아이디어 제출가능
- 선정기준은 넓음: '인텔을 와해할 수 있는 것' 포함

- EGI 위원회가 2일간 발표에 나올 것을 선정
- 선정되지 않은 직원에게는 왜 아이디어가 선정되지 않았는지 이유 설명

- 12주 프로그램
- 고객 불편사항을 검증하는 조사
- 고객에게 MVP 시험과 반복
- 펀딩 요청을 포함하는 사업계획

- 6~12개월 컨셉 증명을 위한 펀딩
- 마일스톤, 월간리뷰 일정 포함하는 펀딩레터
- 팀에 지분옵션을 포함하는 독립회사
- 6개월 후에는 일방향 문 (인텔로 돌아올 수 없음)

- 시장을 검증하는 유연한 일정
- EGI가 펀딩을 중단하면 스핀아웃 하는 옵션
- 목표는 새로운 인텔 사업조직

을 배제함으로써 규모가 큰 야망을 설정했다. 인텔은 첫 시도에 회사 전체에서 500건 이상의 아이디어를 접수했다. 인텔은 제안들 중에서 2일짜리 발표회에 참가할 것들을 선정했다. 그들은 이것의 개수를 상대적으로 적게 해서 제안에 대해 좋아하는 점과 그렇지 않은 점에 대해 상세한 피드백을 줄 수 있도록 한다. 이 팀들 중 몇 개가 선정되어 12주 보육프로그램에 참여한다. 이때가 내부 관점 아이디어가 외부 관점 고객니즈를 만나는 시점이다. 보쉬 액셀러레이터 프로그램처럼 팀들은 광범위한 고객발견을 수행해 그들이 해결하고자 하는 문제를 검증하고 그 인사이트에 기반해 초기 제품컨셉을 만든다.

아마존처럼 인텔의 모델은 직원주도이지만, 접근방식은 보다 엄격하고 신사업탐험가를 장려하는 공식적인 구조를 가지고 있다.

이 구조는 아이디어 창출에서 보육으로의 변환을 향상시키는 것을 목표로 한다. 그것은 또한 신사업을 스케일링하는 조건을 정하는 것, 가능한 모회사로부터 자율적으로 만드는 것을 목표로 해서 방해물이 적도록 한다. 다른 접근방식은 하향식으로 새로운 아이디어를 아이디어 창출, 보육, 스케일링하는 조직을 설립하는 것이다.

하향식Top Down

혁신실험실 또는 혁신차고가 최근 엄청난 속도로 기업 세계에 많이 생겼다. 그들은 대개 사업부구조 밖에서 최고기술책임자CTO, 전략책임자CSO 또는 심지어 CEO에게 직접 보고한다. 그들은 회사 차원의 와해에 대한 요구를 받는다. 그들은 아이디어 창출 책임과 스타트업과 혁신생태계의 다른 참여자를 관여시키는 목표를 동시에 갖는다. 일본 재료회사인 AGC는 사업개발부문으로 크게 성공했다. 이것은 핵심사업을 넘어서 잠재적으로 새로운 성장분야를 확인하기 위해 설립되었다. 그것은 거시시장 동향분석과 고객관계를 결합하여 기회를 정의하고 R&D와 작업하여 제품오퍼링을 개발한다.[05]

잘 개발된 다른 사례는 월마트Walmart의 스토어 8Store 8이다.[06] 2017년에 설립된 스토어 8은 와해적 기회를 추진해서 월마트 스토어 전체를 스케일링하는 것을 목표로 한다. 월마트 창업자 샘 월튼Sam Walton이 실험을 했다고 알려진 아칸소Arkansas 매장을 따라 이름 지어진 스토어 8은 차세대 역량을 시험하고 개발해서 시장에 빠르게 내놓기 위해 설립되었다. 그 실험실은 비록 조직의 다른 부분으로부터 구분되었지만, 전 세계에서 가장 큰 판매회사가 후원하는 스타트업처럼 운영하기 위해 론칭되었다.

스토어 8의 리더인 로리 플리즈Lori Flees는 와해적 기회를 추진하는 팀들을 만드는 과제를 맡고 있었다. 그녀의 신사업탐험가 도전과제는 디지털 세대 최고의 아이디어로 외부 관점을 가져와 월마트의 역사적인 핵심사업에 도전하는 것이었다. 그녀의 목표는 월마트를 구글, 애플, 그리고 월마트의 최대 라이벌인 아마존 같은 회사들이 선도하는 디지털 혁신 생태계의 중심에 놓는 것이었다. 스토어 8은 혁신의 촉진자로서 월마트의 경계를 확장하는 기회의 파이프라인을 구축한다. 목표는 월마트가 디지털 시대의 기술과 사업모델을 받아들이는 것을 돕는 것이다. 스토어 8의 신사업탐험가로서 플리즈는 소매업의 미래는 어떤 모습인가 스스로 질문했다. 이 질문을 안내사로 삼고, 그녀와 팀은 향후 5~10년 사이에 스케일링할 수 있는 기술들을 시험했다. 그녀는 이 가능성들을 월마트의 주요 과제 일부와 일치시키려고 한다. 그녀는 월마트의 오퍼링, 판매유통, 공급망, 매장운영을 근본적으로 재해석하는 도전자로서 역할을 한다. 그녀는 암묵적으로 월마트가 디지털 시대에 아마존과 다른 경쟁자들에 맞서 번성하는 방법을 모른다고 인정한다. 그녀는 창업자, 학계, 실리콘밸리에 있는 디지털 기업들을 끌어들여 스토어 8의 야망에 가시적인 성과를 낼 수 있는 아이디어와 파트너십을 찾는다.

스토어 8의 신사업은 미국 내 백만 고객 이상이 이용가능한 월마트 가정 내 배달Walmart InHome Delivery을 포함한다. 그것은 원격감지와 연결기술을 활용해 월마트 직원이 신선식품과 냉동식품을 고객의 냉장고에 넣는 것이다. 다른 신사업은 가상현실과 증강현실 혁신, 2019년 스토어 8에서 분사한 월마트 지능형 판매 실험실 Intelligent Retail Lab, 그리고 2020년 철수한 부유한 뉴요커로 멤버를 한정한 문자기반소매 제트블랙Jetblack이 있다.[07] 새로운 아이디어가 보육되면, 스토어 8은 월마트의 물리적 자산을 활용하여 1,000개 점포에 내놓기 전에 50개 점포에서 시험을 하고 스케일링한다.

구조 결정

앞서 세 가지 대안—집중, 하향식, 상향식—은 맞고 틀린 것이 아니다. 그것들은 회사의 다른 전략목적들을 충족시켜 준다. 어떤 회사들은 심지어 동시에 복수의 접근방식을 취할 수도 있다. 실험실 접근방식이 외부 생태계를 폭넓게 관여시키는 장점이 있지만, 신사업을 구축하는 데 있어 내부 자산과 역량을 가볍게 볼 수도 있다. 이것은 많은 회사들이 실험실의 가치에 대해 회의적 의문을 가지게 되는 이유이기도 하다. 예를 들어, 독일 자동차업체 다임러 Daimler는 회사의 랩1886Lab 1886(자동차 탄생연도를 기념해서 명명)을 폐쇄했다. 그들은 실험실이 산업의 경계를 확장했지만, 거기서 나온 혁신들이 거의 상용화되지 않을 것을 알게 되었다. 그 결과 랩1886은 진정한 회사 내 조직보다는 독립적인 벤처 액셀러레이터 같았다. 다른 접근방식은 핵심사업이 신사업을 구축하는 대안을 만드는 데 신사업탐험가들의 에너지를 발산시키는 방법을 찾아 집중한다. 이 신사업들은 성공하려면 핵심사업과 연결되는 인터페이스를 구축해야 하는 불리한 점—자율적인 실험실 대비—이 있다.

집중, 하향식, 상향식 방식은 모두 좋은 대안으로 우리가 설명한 여러 회사들에서 성과를 만들었다. 그렇다면 신사업탐험가를 지원하기 위해 어떤 접근방식을 선택해야 하는가? 피자 두 판 팀이 시작하기에 맞는 방법일지도 모르지만, 아이디어가 검증되면서 많은 자원과 공식적인 조직이 필요하게 된다. 어떤 접근방식을 취할 것인가는 여러분의 전략과 신사업의 성숙단계—아이디어 창출, 보육, 또는 스케일링 단계—에 따라 달라진다([표 7-1] 참조).

집중 접근방식은 단일 기회나 동일 전략 논리(RBI의 경우처럼)를 가진 일련의 기회들을 성장시킬 때 적절하다. 아이디어를 매출을 창출하는 사업으로 빠르게 변환시키는 것이 우선순위라면 역량을 구축할 시간이 부족할 것이다. 또한 전략적 경로가 이미 설정되었으므로 아이디어 창출은 역할이 작고, 변수를 줄여서 시험하는 보육을 실행한다. 불확실성이 낮다면 이것이 적절하다. 그것은 아이디어 창출과 보육은 이미 완료되었거나 기존에 존재하고 있는 모델을 복제하는 것이거나 또는 RBI의 마크 켈시처럼 성과압력으로 시간이 촉박하기 때문이다. 그것은 엄격한 고객발견 없이 진행하는 위험이 있고, 모질라Mozilla의 파이어폭스Firefox 휴대전화처럼 고객이 원하지 않는 혁신을 스케일링하려고 시도하는 취약성이 있을 수 있다.

넓은 범위의 성장이나 와해적 기회를 개발하는 전략이라면, 상향식 접근방식이 적절하다. 인텔의 목표는 인텔을 와해할 수 있는 신사업 아이디어를 창출하는 것이었다. NEC는 R&D 실험실에서

| 표 7-1 | 양손잡이형: 구조 대안

구분	집중	상향식	하향식
설명	• 단일 기회 추구	• 조직 내에서 나온 새로운 기회의 성장 촉진	• 기회 포트폴리오 구축 및 관리
전략	• 해당 사업 성장	• 성장 대안 창출	• 포트폴리오 구축
자원	• 상향식 자원으로 시작해서 전담으로 전환	• 파트타임으로 시작해서 전담이 됨	• 전담
유용한 점	• 신사업을 추진하는 속도로 움직임	• 직원의 통찰력을 유형의 기회로 변환	• 핵심사업을 넘어서 체계적으로 탐험
한계	• 아이디어 창출은 덜 중요하며, 따라서 대안의 숫자가 줄 수 있음	• 경계가 주어지지 않으면, 너무 많은 아이디어에 불충분한 전략적 명확성으로 혁신 동물원이 될 수 있음	• 사업으로부터 너무 분리되면 핵심자산을 성공적으로 활용하기에 너무 단절될 수 있음
활용 시기	• 스케일링: 신사업 탐험가를 신사업의 CEO로 해서 기회에 전념	• 아이디어 창출: 조직의 에너지를 활용 • 보육: 기회를 검증하는 규칙을 제공	• 아이디어 창출: 외부 생태계와 연결 • 보육: 불확실성을 관리하기 위해 분리된 환경
예시	• RBI • Cherrisk • LN Risk • Firefox 폰 • 인텔 ProShare	• NEC 사업혁신조직 • 인텔 Emerging Growth Initiative • 보쉬 기업액셀러레이터 프로그램	• 월마트 스토어 8 • UNIQA SanusX • NEC 사업혁신조직 • AGC 사업개발부문 • IBM EBO

나오는 혁신의 많은 부분을 상용화하려는 야망이 있었다. 두 전략은 평상시 단기 성과에만 집중하는 사업부 관리자들이 잘 들어주지 않는 많은 기술 인원의 창의성을 자극하도록 수립되었다. 바람직하지 않은 것은 넓은 범위의 아이디어를 장려하기 때문에 좋은 것을 찾기 위해 걸러내야 한다는 점이다. 그것은 자원이 많이 들어간다. 인텔의 EGI팀은 아이디어를 제출한 모든 직원들에게 왜 다음 단계로 진행되지 못하는지 피드백을 주기로 했다.

하향식 실험실 접근방식은 상향식 접근방식—마스터카드에서는 실험실 조직 밖에서 직원 아이디어 프로그램을 진행한다—과 겹친다.[08] 핵심적인 차이점은 하향식 실험실은 자체 자원을 활용하여 사업포트폴리오를 구축함으로써 기회를 선정하고 추진한다는 것이다. UNIQA에서는 이 점이 디지털 보험모델을 구축하는 집중된 단일 시도에서 나온 체리스크Cherrisk 신사업과 헬스케어 분야에서 신사업 아이디어 창출, 보육, 스케일링을 맡고 있는 사누스엑스SanusX의 차이다. 둘 다 와해적 혁신을 추진하는 양손잡이형 조직이지만, 다른 전략에 따라 다른 구조를 사용했다.

신사업탐험가는 이 세 가지 구조 어느 것에서나 자율성을 가질 수 있다. 그러나 그것은 성장을 위한 양손잡이형 공식의 한쪽 절반일 뿐이다. 이 조직들은 핵심사업의 자산에 접근할 필요가 있다. 이것은 조직구조 해결책 이상의 것이 필요하다. 그것은 핵심사업과 탐험사업 간에 전략의 요구에 따라 유연하게 할 수 있는 보다 비공식적인 조정방법이 필요하다. 이것은 신사업탐험가를 지원하는 문화 변화의 일부다. 회사는 조직 리더가 성공적인 관리자는 어떤 모습이어야 한다고 생각하는 것을 바꿀 필요가 있다. 그것은 단순히 하나의 단기 방향에서 성공을 추진하는 것만이 아니라, 회사의 장기적인 미래를 포함하는 것이어야 한다. 그것은 모든 관리자가 신사업탐험가를 지원하는 역할을 할 준비가 되어 있어야 한다는 의미이다. 다음 장에서 우리는 어떻게 이것을 가능하게 할 것인지 설명한다.

요약

신사업탐험가는 스케일링 경로를 지원해 주는 자산에 접근성을 유지하면서도 핵심사업시스템으로부터 자유로운 자율성이 필요하다. 이것은 특별한 조직구조—핵심사업과 탐험조직을 둘 다 잘 지원하는 양손잡이형 조직이라고 부르는 것—가 필요하다.

첫 번째 전략적 의사결정은 혁신이 회사의 미래에 전략적인가이다. 핵심사업 내에 혁신을 보다 성공적으로 스케일링하도록 도와주는 무엇이라도 있는가? 있다면 양손잡이형 조직은 좋은 대안이다. 없다면 스핀아웃을 고려하라.

신사업탐험가 조직설계는 신사업의 본질과 성숙도에 달려있다. 중요한 단일 기회를 추진하는 집중조직은 독립적으로 관리되는 분리된 형태를 필요로 한다. 그것은 속도에 최적화된 것이다.

상향식 조직은 신사업 아이디어를 제안하고 싶은 직원들을 촉진한다. 기업액셀러레이터 프로그램은 직원들이 신사업탐험가가 되는 구조화된 경로를 제공한다. 그것은 혁신규칙을 가르치고 프로세스를 따라 아이디어를 진척시키고 후원자들을 관여시켜 펀딩을 제공한다.

하향식 또는 포트폴리오 접근방식은 어디에서 혁신을 할 것인가 하는 고위경영진의 전략적 선택을 실현하는 데 초점을 맞춘다. 그것은 상향식 기법을 활용하고 집중적인 신사업을 만들 수도 있지만, 모두 전략적 야망을 실현하는 것을 목표로 한다.

구조 의사결정은 신사업과 기회의 본질에 따라 달라진다. 모든 것에 맞는 하나의 방법은 없다. 신사업은 상향식 조직에 참여해서 시작할 수 있고 나중에 스케일링하면서 집중조직이 될 수도 있다.

8장_ 탐험사업시스템

21세기 스타트업은 서비스형 소프트웨어 플랫폼software-as-a-service platform 덕분에 이전보다 자본에 대한 접근성이 커졌고, 기업과의 기술갭을 좁혔다.[01] 그렇더라도 신사업탐험가는 이용가능한 자산의 범위 측면에서 창업자들보다 유리하게 시작한다. 그들은 고객, 재무자원, 제조, 고객서비스, 기술전문성 등을 가지고 있다. 이런 이점을 살리는 것이 중요하다. 그것은 기업들이 와해적 혁신을 추구하는 데 신사업탐험가가 다른 대안보다 효과적 방법이라고 믿는 주요한 이유다.

우리는 앞 장들에서 렉시스넥시스, 딜로이트, RBI, 그리고 다른 회사들이 핵심사업의 고객, 역량, 능력을 활용해 신사업탐험가의 성과를 가속화하는 방법을 설명했다. 이것들은 성공사례이다. 다른 많은 신사업탐험가들은 크고 지배적인 사업들의 여러 규칙과 제한에 맞출 것을 강요당하며 몸부림치고 있다. 이것은 험난한 일이다. 여러분은 상반되는 두 논리—핵심과 탐험, 단기와 장기, 이미 알고 있는 시장과 미지의 신시장—사이에 인터페이스를 만들려고 노력하고 있다. 그것이 완전하게 작동하는 마술 같은 공식은 없다. 작동하지 않을 한 가지 방법은 핵심사업의 관리자들이 '올바르게 할 것'이라는 선의에 의존하는 것이다. 이것은 고전적인 나쁜 의도의 오류이다. 핵심사업 관리자들은 혁신을 지원하지 않으려는 악의적인 동기를 가지고 있지 않다. 그들은 역할 논리를 따를 뿐이다. 그들은 핵심사업의 수익을 극대화하기 위한 동기가 있다. 그들은 기존 사업의 매출을 성장시키려 하고 수익을 확보하려고 한다. 그것이 신사업탐험가를 돕는 것과 충돌한다. 그들이 좋은 의도를 가지는 것은 유용하지만, 그것은 신사업을 지원할 협력을 확보하기 위해 단지 여러분을 조금 더 진척시켜 줄 뿐이다.

선의에 의존하는 것보다 더 나은 접근방식은 신사업이 탐험사업의 논리에 맞춰 운영될 수 있도록 탐험사업시스템을 설계하는 것이다. 이것은 신사업탐험가가 자신의 신사업운영과 핵심사업과의 관계 두 가지를 모두 관리할 수 있도록 도와주는 조직의 소프트웨어 장치들로 구성된다. 여섯 가지 장치가 이 시스템에 핵심적이다.

- 인터페이스를 관리하는 **팀 설계**를 활용한다.
- **판매팀 통합**은 갈등의 원천이 될 수 있으므로 선택적으로 하라.
- **본사 기능과 인터페이스**를 설계해서 자신들도 모르게 신사업에 수천 번의 난도질을 해서 죽이는 통제기능이 아니라 지원자가 되게 하라.
- 연간 사업계획 프로세스 바깥에 **자원배분구조**를 만들어서 신사업탐험가를 수용하라.
- 선행관리 경영시스템을 활용해 신사업탐험가가 성과책임을 갖도록 하라.

- 핵심사업의 운영리듬과 실행 바깥에 임원들의 관심을 할당하라.

이 장은 핵심사업에 초점을 놓치지 않으면서도 탐험사업시스템이 여섯 가지 요소가 어떻게 신사업의 성공을 지원하기 위해 작동하게 만들 것인지 설명한다.

팀 설계

우리가 일했던 대형 IT서비스회사는 동시에 진행된 두 가지 와해에 희생되었다. 한편에서는 아마존, 구글과 다른 클라우드업체들이 IT서비스 회사가 전통적으로 참여했던 시장의 큰 부분을 온디맨드컴퓨팅on-demand computing 모델과 거의 무한대로 스케일링할 수 있는 능력으로 범용화하고 있다. 다른 한편에서는 전에는 우리 고객의 파트너였던 경영컨설팅회사들이 고객의 미래사업시스템에서 데이터분석의 중요성을 인식함에 따라 기술실행영역으로 들어오고 있다. 우리 고객의 전략은 공급망의 사업프로세스를 자동화하는 인공지능엔진을 기반으로 고부가가치서비스를 개발하는 것이다. 그러한 시도는 초기 시장 성공을 확보하였고 사업모델을 확인했다. 그들은 이제 동일한 데이터와 알고리듬을 새로운 목적으로 활용해 인접영역으로 확장하는 기회를 보고 있다. 그들이 이것을 시도할 때마다 매번 두 가지 문제에 부딪혔다. ① 시장에서 수용되는 제품을 개발하는 데 너무 오래 걸린다. ② 제품을 스케일링할 때 제품엔지니어링팀이 기존 시장을 상대해야 해서 병목현상이 발생한다. 이러한 자원 병목현상을 관리하는 데는 잠재적으로 세 가지 해결책—**하이브리드팀, 스프린트팀, 확장팀**—이 있다([그림 8-1] 참조).

대안은 핵심조직과 탐험조직 양쪽의 니즈를 대응하는 **하이브리드팀**Hybrid Team 같은 것을 만드는 것이다. 이것은 핵심사업과 탐험의 성과 둘 모두에 연계된 목표와 인센티브를 가지는 이중 보고팀

그림 8-1 팀 설계 대안

하이브리드팀 핵심과 탐험 간에 공유된 팀; 양쪽 모두에 보고하고 몰입	**스프린트팀** 소규모, 임시팀으로 과제에 자원 급증할 때 활용	**확장팀** 핵심사업 자산의 활용을 촉진하는 사업부 횡단팀
사용 시기 자원이 비싸거나 복제하기 힘들 때. 예: 기술사산이나 역량	**사용 시기** 핵심으로부터 자산을 활용해 특정한 과제를 달성해야 할 때	**사용 시기** 회사 전체에서 자원을 활용하고 혁신이 핵심에 보완적일 때
피할 것 • 이것을 일상적으로 하는 것 • 핵심자원에 병목현상이 있을 때 제한적으로만 작동함	**피할 것** • 불명확한 성과를 가진 팀 또는 완성까지 긴 시간이 소요되는 것 • 또한 팀을 소규모로 유지: 피자 두 판 규칙	**피할 것** 탐험신사업이 핵심과 경쟁하거나 사업모델의 중요한 규범을 위반할 때
핵심성공요인 • 핵심과 탐험 양쪽에서 신뢰받는 모호감을 견딜 수 있는 팀멤버 • 명확한 성과 기대와 성과가 어떤지에 대한 투명성 제공	**핵심성공요인** • 활동의 목적과 속도의 명확성에 가치가 있음 • 스프린트팀은 명확한 범위, 활동 자유, 후원자가 관여하는 의사결정포인트 필요	**핵심성공요인** 팀멤버는 팀의 일원이 되고 싶어함; 그들은 팀 목적을 믿고 세상에 영향이 있는 무언가를 구축하는 기회를 보고자 함

일 수 있다. 하이브리드팀의 리더는 상사가 둘—한 명은 핵심사업, 다른 한 명은 탐험사업—이고 둘 모두와 의사소통을 한다.

이것은 위험하지만 제한적으로 작동할 수 있다. 양 역할을 수행하는 적절한 자원을 가지고 있고, 양쪽을 얼마나 잘 만족시켜 주는지 투명하게 보여주는 이중 보고팀은 아주 소수라는 것이다. 여러분은 이 팀의 선의에 의존해서는 안 된다. 관계된 모든 사람에게 공개적으로 보고되고 논의되는 합의된 '목적과 핵심 성과Objectives, Key Results: OKR'가 있어야 한다. 이상적으로는 하이브리드팀의 관리자는 강한 사회적 자본을 가지고 있어야 한다.

2000년대 초반, USA 투데이USA Today는 어떻게 하면 기존 신문사업의 성과를 내면서 새로운 온라인채널을 구축할 것인가 안간힘을 쓰고 있었다. 두 조직 간에 독자, 광고주, 새로운 기사를 가지고 경쟁하면서 긴장은 매우 높았다. 이 문제에 대한 해결책의 핵심부분은 뉴스팀을 인쇄신문과 온라인 뉴스채널 양쪽 모두에 콘텐트를 공급하는 중심이 되는 자원으로 만드는 것이었다. 이것은 경쟁을 없애고 USA 투데이가 온라인 뉴스사업 초기에 앞서는 것을 가능하게 했다.[02]

통합은 또한 신사업탐험가가 특정 목표를 달성하도록 해주는 목적을 위해 핵심사업에서 자원을 이동해서 신사업의 목표를 달성하기 위해 설립한 임시 **스프린트팀**sprint team을 통해서도 나타난다. 아마존의 '피자 두 판 팀'은 이 접근방식의 한 버전이다. 그들은 팀이 갑자기 필요한 많은 자원을 공급해서 스스로는 할 수 없는 무언가를 할 수 있도록 도와주며 신사업의 역량을 만들기 위해 투입된다. 우리가 일한 한 회사는 제품을 4G LTE 네트워크를 연결하는 방법을 찾기 위해 그런 팀을 만들었다. 신사업팀은 소프트웨어 개발 스킬은 있었지만, 하드웨어 연결에 대해서는 아무도 일한 적이 없었다. 그 팀의 후원자는 30일 내에 그 문제를 해결하기 위해 핵심사업에서 스프린트팀을 배치했으며, 신사업탐험가가 시장에 빨리 들어갈 수 있는 기회를 제공했다.

다른 팀 설계는 **확장팀**extended team이다. 1장에서 우리는 캐롤 코박Carol Kovac이 IBM의 가장 성공적인 EBO인 IBM 라이프 사이언스Life Sciences를 어떻게 이끌었는지 설명했다. 코박은 비록 IBM의 자산에 접근하는 것을 협상하기 위해 '확장팀'에 의존했지만 판매, 마케팅, 소프트웨어 개발을 맡은 그녀만의 관리자들이 있었다. 코박이 어떤 고도의 기술에 대해 IBM 연구팀을 끌어들이려면 그녀는 자신을 옹호해 주고 필요한 것을 협상해 줄 확장팀 멤버인 조Joe에게 이야기하면 됐다. 이것은 라이프 사이언스 팀의 경로를 순조롭게 만들었고 더 빨리 움직이도록 해주었다. 팀멤버들은 신사업의 비전에 자극받아 '스스로 자원'해서 팀에 들어왔다. 단순히 선임관리자에 의해 임무를 받아 온 사람들은 매우 빨리 움직이는 성과지향적인 팀문화를 따라가기 어려워했다.

그렇지만 그것은 코박의 직속팀을 대체하지는 못했다. 모든 이런 하이브리드 조직처럼 그것은 신사업탐험가가 핵심사업과 인터페이스를 관리하는 방법이었다. 일련의 파트타임, 이중 보고팀을 통해 하는 것은 신사업을 하는 방법이 아니다. 그것은 실패로 가는 길이다. 그것은 또한 코박이 자원 관련해서 갈등이 발생하면 해결해 줄 수 있는 후원자—그녀의 경우 전략담당인 브루스 해럴드Bruce Harreld—에게 요청할 수 있는가에 달려 있었다.

판매팀 통합

판매팀은 활용할 수 있는 명백한 자산이다. 그들은 고객관계를 가지고 있다. 신사업탐험가는 그 관계를 풍부하게 하고, 시장을 확대하고, 판매를 증대하는 새로운 오퍼링을 줄 수 있다. 그렇다 하더라도 거기에는 관리해야 할 위험이 있다. 우리는 종종 신사업탐험가가 기존 판매팀을 활용하려고 할 때 부딪히는 세 가지 공통적인 문제—**경쟁, 스킬, 가치파괴**—를 본다. 경쟁문제는 명백하다. 판매팀에게 그들이 판매해 온 솔루션을 약화시키는 오퍼링을 주지 마라. 딜로이트 파트너와 관련한 발라지 본딜리Balaji Bondili의 과제는 일부분 기존의 컨설팅팀의 가치를 약화시키는 것으로 보이는 솔루션에 대한 전문가적인 반감으로부터 비롯되었다. 그는 이 과제를 극복했고, 대부분의 경우 판매팀은 특히 고객에 대한 그들의 명성에 해가 될 수 있는 위험이 있다면 증명되지 않은 솔루션을 기꺼이 판매하려고 하지 않는다는 것을 안다.

스킬 도전과제는 혁신이 판매하는 방식과 잠재적으로 인센티브를 변화시킬 경우 나타난다. 판매팀은 혁신을 낮게 보거나 판매하기 힘든 것 또는 인센티브를 충분히 주지 않는 것으로 해석한다. 2007년에 소프트웨어회사인 SAP는 새로운 서비스형 소프트웨어Software-as-a-Service: SaaS인 SAP 비즈니스 바이디자인Business ByDesign을 론칭했다. 이것은 월 구독료로 이용가능한 SAP의 전사적 자원관리 소프트웨어의 온라인 버전으로 중소기업을 목표로 했다. SAP는 기존 판매팀에 새로운 오퍼링의 판매임무를 주었다. 수백만 달러의 전사 단위 대규모 거래기법을 훈련받은 팀들은 소기업시장에 대해서는 전혀 몰랐고 몇 천 달러를 위해 월간 구독을 판매하는 것에는 관심이 거의 없었다. 사업은 삐걱거렸고, 겨우 판매목표의 1/10밖에 달성하지 못했다.[03]

세 번째 도전과제는 **가치파괴**이다. 이것은 전체 시스템의 가치를 높이기 위해 소프트웨어 기반의 새로운 솔루션을 개발하는 모든 하드웨어 기술회사에게 익숙하다. 판매팀은 기꺼이 소프트웨어 솔루션을 받아들이고, 그것을 고객과의 거래에 잘 포장해 넣지만, 비용을 거의 또는 전혀 받지 않는다. 그것은 하드웨어를 판매하는 회유수단이 되어버려 신사업을 스케일링하는 것이 매우 어렵게 된다.

여기서 교훈은 판매와 시장진입 자원은 신중하게 공유하라는 것이다. 구매자가 동일하고 신사업이 고객과 판매원에게 가치를 더한다면 판매팀을 공유하는 것은 효과적이다. 만약 판매 스킬, 판매 프로세스, 구매자가 다르다면 판매팀을 분리할 필요가 있으며, 그렇게 하지 못하면 SAP 같은 운명이 될 위험이 있다.

본사 기능

본사 기능은 신사업탐험가에게 큰 반향을 일으키는 또 다른 이슈이다. 이들은 재무, 인사, 법무, 공급망, 구매, IT 같은 부서들이며, 회사에서 이중 역할을 한다. 그들은 서비스제공자로서 사업부에 있는 관리자들이 인재를 채용하고 개발하며, 지적재산권을 보호하고, 계약에 서명하고, 물건을 사고 출하하고, 컴퓨터 하드웨어와 소프트웨어를 활용하도록 한다. 그러나 또한 통제기능으로서 고용계약위반을 방지하고, 고위험 계약 체결, 과다비용 지출, 위탁생산에서 물량할인 누락 등이 생기지 않도록 한다. 본사 임원의 질문에 대답하는 데 걸리는 시간이나 회사규정에서 예외를 요청하는 것은 신사업탐험가의 업무를 망칠 수 있다. 그들은 본사의 관료주의가 내던지는 모든 이슈와 문제를 해결하느라 '수천 번의 난도질로 죽음'을 당한다. 예를 들어, 사기 벤 모쉬Sagi Ben Moshe가 인텔에서 처음 EGI를 만들었을 때, 그는 팀을 위해 피자를 주문할 때마다 매번 구매요청서를 제출해야 했다. 그것은 누가 그들을 회사규정에 따르도록 의도하거나, 그들이 하는 모든 것을 재무팀에 보고하라고 했기 때문이 아니지만, 그냥 아무도 그런 것을 면제해 주지도 않았기 때문이다. 똑같은 규정이 최소기능제품을 만들려고 할 때 필요 이상으로 정확한 구매와 제품인증조건을 요구하면서 방해한다.

본사 기능의 통제 측면은 다른 종류의 규칙으로 운영할 필요가 있는 어느 신사업과도 긴장을 야기한다. 예를 들어, IT팀은 디지털시대에 더없이 중요하다. IT기능이 실험을 위한 낮은 정밀도의 시제품을 만들 수 있거나 신사업을 스케일링하는 클라우드서비스를 위한 디지털 전문성의 중심이 아니라, 여전히 CFO에게 비용통제 보고를 해야 하는 기능으로 관리되고 있다면, 신사업탐험가는 이 능력을 얻기 위해 외부로 나가야 할 수도 있다. 상대적으로 최근까지 본사 IT부서는 회사보안규정에 위배된다는 이유로 클라우드서비스를 활용하는 것에 대해 난색을 보였다. 개인계정을 사용해서 실험을 실행하는 신사업탐험가를 만나는 것이 일반적이었다. 그러나 그것은 IT만이 아니다. 전통적인 인사팀은 인건비를 억제하고, 회사가 고용법률위반으로 법정에 끌려가지 않도록 하고, 모든 사람이 연말에 성과평가를 확실히 받도록 하는 업무를 가진 통제기능으로 만들어졌다. 플렉스Flex에서 인사기능은 공급망 서비스형 소프트웨어Saas 사업인 엘레멘텀Elementum에 신사업에 필요한 인재를 충분히 빨리 채용하는 것이 불가능하게 하는 채용프로세스를 고수했다.[04]

신사업탐험가가 핵심사업과 지원기능을 공유하면서 규모의 경제 혜택을 받는 것은 적절하다. 무엇 때문에 별도의 인사기능, 법무팀을 만들 것인가? 그러나 신사업탐험가는 대기업이 아니라 스타트업과 경쟁할 수 있는 맞춤 채용이나 보상계획이 가능하도록 규칙을 깨주는 인사팀이 필요하다. 그들은 여러 사업모델의 니즈에 따라 채용과 보상 같은 것을 유연하게 하는 것이 근본적으로 얼마나 중요한지 파악하고 신사업의 요구를 만족시키기 위한 방법을 배우도록 자신의 기능팀을 갖출 수 있다. 그들은 비용규율에 있어 신사업의 평판을 엄격하게 관리하지만, 불확실성이 높은 환경에 맞설 때 충분히 유연한 재무인원이 필요하다. 한 방법은 본사 기능들이 본사 지원을 통합—통제기능과 지원을 둘 다 담당—하는 단일 담당인원을 지정하는 것이다. 이것은 신사업탐험가의 부담을 덜어주고 본래의 업무를 하도록 해준다. 만약에 신사업 포트폴리오를 구축하는 실험실이나 전담조직이 있다면, 본사 기능들은 더 나서서 할 필요가 있다. 인텔의 EGI에는 신사업을 지원하는 전담 인사전문가가 본사 인사기능과 중개 역할을 수행했다.

신사업탐험가의 후원자 역할을 하는 고위 리더는 회사규정을 적용하는 데 있어 원만하게 하도록 도와주는 역할을 한다. 그러나 여러분이 그들에게 도움을 요청하는 횟수는 제한될 수밖에 없다. 여러분은 인텔 CEO에게 피자를 주문하는 것을 도와달라고 하지는 않는다! 많은 작은 것들이 신사업의 진척을 느리게 하는 것—'수천 번의 난도질로 죽음'—이다.

자원 배분

기업은 엄청난 시간과 에너지를 들여 재무 자원과 다른 자원이 성장목표에 맞춰 확실하게 배분되도록 한다. 대부분의 회사는 연간 사업계획을 수립해 다음 회계연도의 예산을 확정한다. CEO가 아무리 비전이 확실해도 재무 관료주의는 이 예산을 대개는 과거 성과—매출을 몇 퍼센트 증가할 것인가, 그 성과를 달성하기 위해 비용은 얼마나 축소할 것인가—를 기반으로 수립한다. 이 계산은 영업이익, 잉여현금흐름, 주당순이익 등과 같은 핵심재무성과를 달성하도록 한다. 전제는 연속성이다. 모든 시장조건은 안정적일 것이고, 중요한 변수는 지속가능한 성과를 창출하기 위해 얼마나 잘 실행할 것인가뿐이다. 그것은 이해할 만한 논리이지만 종종 고객을 만나본 적이 없고, 사업운영 경력이 없는 CFO들에 의해 설파된다. CFO들은 한편으로는 사업부와 판매책임자들의 보고서를 보고, 다른 한편으로는 증권분석가를 통해 시장 움직임을 보며 사업을 간접적으로 경험한다. 그들은 본능적으로 전자를 불신하며 후자의 판단을 두려워한다. 그 결과 알려진 역사적 특성을 벗어나는 실험적인 프로젝트를 멀리한다. 문제는 와해적 위협은 알지 못하는 과거 사건에 기반해 예측할 수 없는 것들로부터 나온다는 것이다.

신사업이 개발되면서 새로운 시장이 나타나는 데 얼마나 걸릴지 예측하는 것은 가능하지 않다. 우리가 이 책에서 다룬 대부분의 신사업탐험가는 수십억 달러 시장—디지털 보험, 예지정비, 크라우드소싱 인재—으로 성장하는 기회를 추구하고 있다. 그들이 자신있게 예측하지 못하는 것은 언제 이 기회가 충분히 성장할 것이냐이다. 예측하기에는 불확실성이 너무 커서 신사업탐험가가 예측을 강요받으면 그들이 틀릴 가능성이 매우 높다. CFO는 그들을 모순된 상황에 붙잡아 둔다. 신사업탐험가는 투자를 정당화하기에 충분히 접근가능한 시장기회가 있다는 것을 반드시 증명해야 하는데, 이것이 언제일지 모르는 상황이다. 이 숫자는 그들이 알지도 못하는 사이에 CFO의 연간 사업계획에 매출목표로 들어가고 신사업탐험가는 계획 미달로 성과에 대한 압박을 받는다. 신사업은 비현실적이고 부적절한 목표에 대해 성과책임을 진다. 그들이 매출목표를 맞추지 못하게 되면서 실행역량에 대한 신뢰는 떨어지고, 신사업탐험가의 협력자들은 그들은 방어해 주기가 점점 어려워지며, 결국 CFO는 원하는 것을 얻는다.

이 의사결정들은 대개 신사업이 가장 취약할 때—투자가 증가하고 신사업탐험가가 스케일링을 준비하는 보육 후기—이루어진다. 그것은 여러분이 수년간 일한 결과가 나올 정점이거나 스케일링 경로를 따라 인수를 펀딩하기 위해 수백만 달러를 투자해야 할 때라는 것이다. 이때 신사업을 취소하는 자원낭비—잠재적인 미래 수익은 별도로 하고—는 엄청나다. 그러나 CFO는 연간 사업계획에 따라 의사결정을 내리기 때문에 이 자원낭비를 재무적인 신중함에 따른 행동으로 간주한다. 그것은 장기 성장을 희생하면서 단기 성과를 추구하는 편향을 노출한다.

대안은 기존 사업과 다른 방식으로 신사업에 자원을 배분하는 것이다. 신사업 초기단계에서 펀딩은 증거기반의 마일스톤(다음 절에서 상세하게 설명)을 달성하는 것에 따라 소규모로 나누어 진행해야 한다. 이것은 프로세스를 신사업탐험가가 실험에서 학습하는 것과 밀접하게 연결되도록 한다. 신사업이 성숙함에 따라 펀딩 사이클은 증거가 축적되면서 분기 마일스톤에서 수년에 걸친 투자로 길어진다. CFO들은 회사가 매년 매출의 일정 비율을 핵심사업을 넘어선 신사업을 탐험하는 데 할당해야 한다는 것을 받아들여야 한다. 그리고 각 신사업의 예산은 3년 정도의 이동계획기준으로 반영해서, 이는 보육과 스케일링에서 학습하는 내용에 잘 맞춰주어야 한다. 신사업탐험가는 여전히 마일스톤을 달성하는 책임을 지지만, 생존을 위해 계속 싸우는 대신에 신사업을 성공시키기 위해 어떻게 해야 하는지 학습하는 유연성을 가진다.

조직이 하향식으로 신사업 포트폴리오를 운영하고 있다면, 그것은 비교를 위한 기반을 만들 수 있다. 벤처캐피털이 하는 것처럼 가장 강한 신사업이 떠오를 것이고 진척이 안 되는 것은 펀딩이 증가하기 전에 제거될 것이다.

선행관리시스템

큰 조직들은 종종 피드백과 피드포워드([그림 8-2] 참조)의 차이를 이해하지 못해 고생한다. 피드백feedback은 사건 후에 정보를 모으고 결과에 따라서 반응하는 방법이다. 오븐을 쿠키를 굽는 온도로 설정하면, 온도센서가 가열소자를 조절해서 온도가 정해진 수준을 넘으면 전력을 줄여서 오븐을 식힌다. 이것이 **피드백 조절**이다. 쿠키를 먹으면 사람의 몸은 포도당을 감지하고, 인슐린을 분비하는 호르몬을 방출해서 혈관 내로 포도당의 흡수를 조절한다. 이것이 **피드포워드**feedforward 조절로, 몸은 문제가 발생하기를 기다리는 대신에 결과를 예상하는 정보에 기반해서 반응한다. 두 종류의 조절은 가치가 있지만, 대규모 성숙조직은 오류를 수정하는 피드백 루프에 갇혀버린다.[05]

그림 8-2 피드백/피드포워드 지표

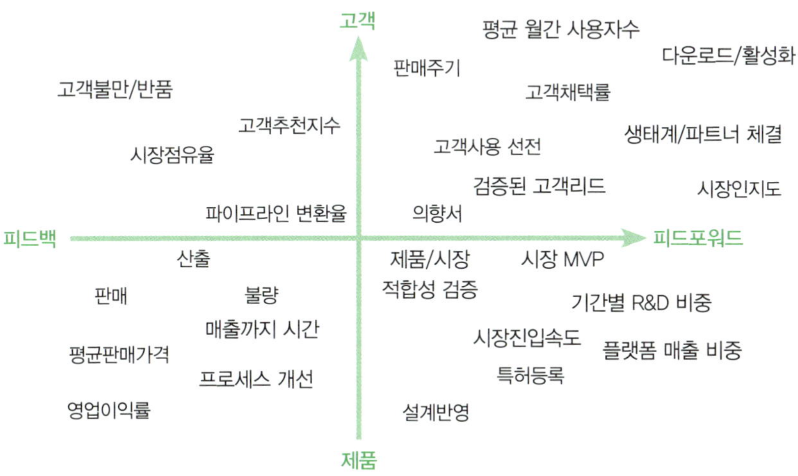

우리는 성공하면 할수록 미래를 향한 경로를 설정하기보다 과거에 기반해서 오류를 수정하는 것에 익숙해진다. 확립된 사업은 성과를 예측하는 방법을 안다. 사업이 목표를 달성하지 못하면 책임있는 관리자는 성과 저하를 야기한 오류를 찾아내서 없애야 한다. 또한 단위 수량, 출시까지 시간, 생산성, 재고회전 같은 핵심성과지표Key Performance Index: KPI를 측정한다. 이것은 예상 대비 성과를 측정하는 경영시스템에 입력된다. KPI 데이터는 관리자들에게 핵심문제를 빠르게 확인하고, 진단하고 수정할 수 있도록 사업 성과에 대한 인사이트를 준다. 이 성과최적화 루프는 사업이 성장하면서 강화되며 결과를 내도록 완벽하게 정렬된다. 이것이 차이를 감지해서 KPI가 달성이 안 될 경우 대응행동을 취하도록 도와주는 피드백 또는 오류통제시스템이다. 이것은 좋은 경영 관행이다. 단지 그것들은 불확실한 미래를 대상으로 관리하기에는 맞지 않을 뿐이다.

신사업탐험가는 선행지표인 피드포워드 측정기준에 기반해서 진척을 평가할 수 있는 사업이 필요하다. 모든 실험은 고객이 가치있게 여기는 것은 무엇인지, 얼마나 지불할 것인지에 대해 인사이트를 창출하는 새로운 데이터의 원천이다. 이것은 신사업이 야망을 향해 제대로 가고 있는지 말해 주는 지표에 기반해서 의사결정을 한다는 것을 의미한다. 초기단계에는 파일럿에 참여하려는 고객수 같은 마일스톤들이 있다. 이것들은 모두 측정가능한 정보들이다. 신사업이 진행됨에 따라 고객채택률, 고객관여, 레퍼런스가 되려는 고객수 등이 마일스톤이 된다. 진척을 측정하는 것을 학습하는 것은 회사에서 오래된 관리자에게는 매우 어려운 규칙 중 하나이다. 매출총이익, 고객당 평균매출, 연평균성장률 같은 절대적인 것은 거의 없다. 임원들은 신사업탐험가가 신사업이 기반하고 있는 가정에 대한 검증을 얼마나 잘 진척시키고 있는지 평가할 수 있어야 한다. 그것의 최선의 지표는 사업설계 가설 각각을 검증하는 것이다. 본딜리가 기존 컨설팅팀보다 빠르고 저렴하며 더 잘할 수 있다는 것을 보여주었을 때, 그는 픽셀을 스케일링하는 펀딩을 얻는 증거의 기준점을 넘었다. 보쉬 기업액셀러레이터 프로그램은 신사업모델의 성숙도를 평가하는 50여 개의 기준이 있다. 예를 들어, 솔루션은 타당한가, 신사업의 핵심지표 또는 선행지표가 있는가, 고객의 지불의사에 대한 증거가 있는가 등이다.

신사업이 스케일링할 준비가 되어 있다는 것을 확인해 주는 지표의 목록은 없다. 고위의사결정자가 신사업탐험가의 스토리를 따라가고 마일스톤이 무엇을 의미하는지 이해하는 일관성 있는 관여가 필요하다. 이것은 신사업탐험가가 가장 중요한 사원—경영자의 관심—을 세심하게 관리해야 한다는 것을 의미한다

경영자의 관심

신사업탐험가에게 가장 희소한 자원은 돈이 아니라 임원의 관심이다. 고위임원들은 신사업의 가장 열렬한 지지자이겠지만, 벤처투자자와 다르게 그들의 관심은 전략, 운영, 투자자, 인사 등 여러 이슈에 나뉘어 있다. 시간이 흐른 후에 신사업탐험가를 6주나 8주에 한 번씩 만나는 대신에 6개월에 한 번씩이 되고, 결국에는 경영

팀 의제 항목 중 단지 하나가 되어버린다. 최고기술책임자CTO 또는 최고전략책임자CSO가 15분 요약보고를 하고, 1년 정도 지나면 고위경영진은 스토리의 전개를 잊어버린다. 신사업탐험가가 경영진 의제에서 한 시간을 배정받아도 제조산출 보고와 중간관리자의 업무재평가에 대한 보고 사이에 끼어 압박받는다. 이런 어떤 시나리오도 신사업이 필요한 고품질의 논의나 감독에 도움이 되지 않는다.

아날로그디바이스Analog Devices에서는 CEO 빈스 로슈Vince Roche가 CFO 및 관련 사업부책임자와 같이 4~6주 간격으로 신사업 검토를 주도한다. 로슈는 또한 개인적으로 신사업탐험가를 만난다. 로슈는 개인적으로 그들과 관여하는 노력을 하고, 진척사항에 대해 배우며, 그들이 회사시스템을 잘 헤쳐나갈 수 있도록 코칭하는 것을 중요하게 여긴다. 이것은 이상적인 경우지만, 많은 사람들이 하고 있지는 못하다. 많은 회사의 신사업탐험가들은 고위경영자들을 계획 대비 성과가 아니라 실험과 학습을 논의하는 데 생산적으로 관여하도록 도와야 한다. 그것은 경영자들이 성과검토를 할 때 가질 수 있는 습관을 깨도록 완전히 별도의 환경에서 논의하도록 설계하는 것이다. 회의실에 빙 둘러 앉는 대신에 가설, 실험과 좋은 실패에 대해 이야기하기에 '안전한 공간'을 설계한다. 우리가 아는 한 신사업탐험가는 고위경영진을 관여시키는 특별한 장소를 설계했다. 그것은 성공과 실패에 대해 다양한 볼 것들과 철저한 솔직함으로 팀들이 보고하는 분기 스프린트 검토에 고위경영진을 초대하는 것이다. 경영진 멤버들은 서있거나 전시물을 둘러보면서 빈백bean bag 의자에 앉아서 논의한다. 그들은 틀에 박힌 핵심사업의 기업문화를 내려놓고 왔다는 것을 안다. 다른 회사에서는 임원들이 신사업팀에게 완전히 솔직한 피드백을 주지 못한다는 우려를 관리해야 했다. 그들은 신사업팀들의 동기를 잃게 하거나 낙담시킬까봐 가장 가치 있는 인사이트를 주는 것을 주저했다. 우리는 '어항' 형태의 피드백 시간을 만들었다. 임원들이 안쪽에 앉고 팀들이 바깥쪽에 둘러앉았다. 잠시 후 임원들은 큰 방에 있다는 것을 잊어버리고 솔직하고 공개적인 피드백을 주기 시작했다. 이것은 의사소통의 장애물을 해제하도록 도와, 펀딩을 지속적으로 받기 위해 팀이 풀어야 하는 이슈가 공개적으로 논의되었다. 다른 회사에서는 신사업탐험가들은 유명한 '3단계 성장3 horizon growth' 프레임워크를 반영하여 다른 장소에서 전통적인 사업회의와 완전히 구별되어 보이게 느낄 수 있는 시계horizons 검토회의를 개최했다. 이것은 고위리더들의 사고를 공헌이익과 매출 예상을 검토하는 것에서 실험으로부터 나오는 결과, 시장검증 증거, 그리고 다른 학습지향적 측정기준으로 전환하게 만들었다.

그렇지만 이런 안전한 장소들은 단순히 이야기를 나누는 곳을 넘어서야 한다. 왜냐하면 실행해야 할 사업이 있기 때문이다. 그들은 선행관리기준을 활용해 신사업탐험가에게 펀딩을 주는 권한이 필요하다. 일부 회사들은 신사업에 대해 투자심의회에서 증거기반 의사결정을 공식화한다. 프록터 & 갬블Procter & Gamble은 신사업 펀딩방법에 대한 의사결정을 위해 성장위원회를 설치했다. 이 위원회는 여러 기능의 임원과 사업부장 및 임원이 참여하는 소규모 그룹이다. 그들은 공동으로 대상사업의 와해적 혁신 포트폴리오에 대해 책임지며 팀이 학습한 것을 평가해 투자 의사결정을 내린다.

마일스톤은 매우 상세할 필요는 없었다. 그렇게 하는 것은 성과 측정을 과하게 하려는 핵심사업을 따라가려는 경향이 높아질 수 있다. 중요한 것은 그것들이 가설에 대해 무엇인가를 말해주는 성과와 연결되어 있다는 점이다. 기대되는 속도로 제품이 수용되는가? 두 측정기준이 판매방식 또는 제품 특장점 변경에 기대하는 대로 대응하는가? 인텔의 EGI에서는 초기단계 신사업을 매출 견인과 고객 견인의 단 두 가지 기준으로 측정했다. 그것들은 신사업의 마일스톤을 정하고, 이를 통해 포부가 큰 신사업탐험가가 제대로 가고 있는지에 대한 정보를 팀에게 알려주는 데 도움이 된다.

선행관리시스템은 임원들에게 여러 경험과 신사업의 전개에 풍부한 정보를 주면서 관심을 유지하게 하며 처음부터 명확한 분리구조를 설계할 수 있도록 한다. 우리는 그런 시스템에 다섯 가지 요소를 추천한다.

1. 선행지표: 신사업이 가정을 검증하는 데 제대로 진행하고 있는지를 알 수 있는 소수의 선행 측정기준이 있어야 한다. 이 기준은 일반적인 것이 아니며 신사업마다 다르다.
2. 흐름cadence: 모든 사람들이 언제, 어떻게 신사업의 성과가 평가될 것인지 합의된 주기가 필요하다.
3. 의사결정그룹: 신사업의 재무계획과 펀딩을 승인하고, 문제해결을 지원해 줄 조직적인 권한이 있는 소규모의 고위 의사결정자그룹이 필요하다.
4. 기업 관점: 신사업을 회사 전체의 장기적인 목표나 전략적 야망과 연결할 수 있는 사람이 의사결정그룹에 필요하다. 그들은 단기적인 재무 이해 상충이 없어야 한다(즉, 사업부책임자

나 CFO가 아니어야 한다).

5. 새로운 맥락: 회의는 핵심사업의 운영 루틴으로부터 인지적인 단절을 하는 데 도움을 주도록 경영회의와 같은 일반적인 시간이나 장소가 아닌 곳에서 열려야 한다.

이 시스템은 신사업탐험가에게 성과책임의 분위기를 설정하는 데 도움을 준다. 신사업탐험가는 적극적으로 신사업의 평판을 관리한다. 동료들이 성과에 대해 부드럽게 평가하는 것은 평판을 얻는 데 좀먹는 일이다. 압박을 받으면 핵심사업의 관리자들은 무모한 아이디어에 투자하는 것은 바보 같은 짓이며, 이러한 투자들이 아무 매출도 못 내고 있다는 관념을 쉽게 받아들일 것이다. 따라서 신사업탐험가는 성과에 대해 책임을 진다—그것은 간단한 것이 아니다—는 것을 보여줘야 한다는 특별한 의무를 지게 된다. 우리가 알고 있는 한 신사업팀은 격렬한 내부 피드백 시간을 가지고 성과, 영향, 개인 성향 갈등을 전체 팀에 그대로 드러낸다. 만약 팀멤버가 그만둔다면, 그것은 특히 그들이 기대에 부응할 수 없다는 것을 알기 때문이다. 그들은 실패와 열등한 성과를 명확히 구분한다. 학습에 기여하는 실패는 칭송받을 수 있다. 부주의하거나 품질이 낮은 작업의 결과나 학습에 기여하지 못하는 실패는 열등한 성과이다.

신사업탐험가의 고성과기준에 대한 헌신은 또한 적절한 보상과 인센티브시스템의 실례를 만드는 데 도움을 준다. 신사업을 론칭하는 것은 내부적으로 하든 회사 밖에서 하든 훌륭한 일이다. 우리는 이미 신사업의 성공이 설립자 창업자처럼 어떻게 신사업탐험가의 자기정체성으로 마무리되는지 이야기했다. 그러나 스타트업 벤처의 리더와는 다르게 개인적인 부를 얻을 길은 없다. 이것은 회사가 소유한 신사업이다. 본질적으로 다른 맥락에서 회사가 어떻게 위험, 보상, 성과 기대 사이에서 균형을 잡을 수 있을까? 이것이 신사업탐험가조직을 구축하는 다음 측면이다.

요약

구조적 분리는 혁신을 조직화하는 첫째 단계이지만, 절반의 해결책일 뿐이다. 탐험사업과 기존 사업은 완전히 다른 논리를 가지고 있다. 탐험사업은 실험, 위험감소, 유연성에 대한 것이다. 기존 사업은 확실성, 효율성, 위험회피에 대한 것이다. 다섯 가지 집중할 점이 있다.

첫째, 통합팀을 활용해 핵심사업의 요구와 동일한 자산을 활용하는 탐험사업 간의 경쟁을 균형 잡아라. 우리는 이런 팀들을 설계하는 여러 방법을 설명했다.

둘째, 재무, 인사 같은 본사 기능은 신사업에 반생산적인 요구를 할 수 있다(예, 보고흐름, 채용조건). 본사 기능들은 핵심사업시스템의 논리에 기반해 규칙을 부과하기보다 혁신을 지원하는 데 적응할 필요가 있다.

셋째, 단기 성과 압박이 탐험조직을 손상시키지 않도록 확실하게 하기 위해, 탐험조직에 필요한 자원을 재무 숫자가 아니라 마일스톤에 기반해서 제공해 주는 자원구조를 확립하라.

넷째, 핵심사업과 탐험조직의 성과를 평가하는 측정기준은 전혀 다르다. 핵심사업시스템은 성과를 피드백 측정기준(예, 예산과 차이, 매출성장, 마진)을 통해 평가한다. 탐험신사업은 야망을 향한 진척을 측정할 수 있는 선행기준(예, 신규고객 수용, 이탈률bounce rate)이 필요하다.

마지막으로 다섯째, 신사업탐험가는 희소한 자원인 모든 경영진의 관심을 관리해야 한다. 고위경영자는 투자 승인, 핵심사업과의 갈등관리, 신사업의 높은 수준의 야망 설정에 결정적이다. 그들의 관여는 신중한 설계가 필요하다.

9장_ 신사업탐험가의 위험과 보상

동기부여 난제

우리 고객 중 하나는 난제에 부닥쳤다. 그들은 회사의 인공지능 플랫폼을 활용하여 회사의 본래 시장이 아니었던 신사업을 구축하는 직원을 후원했다. 이것은 10~20년 안에 모회사 규모의 신사업을 만들 수도 있는 잠재적으로 와해적인 행동이었다. 이 사업이 벤처캐피털회사로부터 펀딩을 구한다면, 확장을 위한 풍부한 자본에 접근할 수도 있고, 신사업탐험가는 상당한 부를 얻을 수 있는 길로 갈 수도 있다. 그러나 회사가 이 신사업을 내부에 가지기를 원한다면 기존 사업예산 내에서 확장자금을 조달해야 하고, 신사업탐험가는 그렇게 많지 않은 보너스를 받아야 한다. 신사업을 회사 내부에 유지하는 것은 직원들에게는 신사업이 실패하더라도 여전히 급여를 받을 수 있는 안전망을 제공하지만, 신사업이 성장해서 직원들이 받을 수 있는 상방가능성upside은 모회사의 운영예산의 펀딩에 따라 제한된다. 그것은 두 가지 다른 세상의 이야기이다. 대기업에서 신사업탐험가로 일하면서 버는 것과 벤처캐피털이 후원하는 성공적인 스타트업에서 받는 잠재적인 보상의 차이는 깜짝 놀랄 정도이다. 크리스티안 커티즈Krisztian Kurtisz가 체리스크Cherrisk에서 얼마를 벌든, 창업자가 상장 후 주식을 매각해 8,700만 달러를 벌어들인 보험 스타트업 레모네이드Lemonade와 비교할 수 없다.

이것은 동기부여에 대한 명백한 난제를 보여주며 일부 회사가 신사업탐험가의 위험과 보상 간에 균형을 다시 생각해 보게 한다. 우리는 스타트업 같은 성과를 바라지만 스타트업 같은 보상은 주지 못한다. 이 보상과 위험의 격차가 대기업들이 혁신을 상용화하는 데 왜 어려움—직원은 스타트업의 야망과 절박함으로 행동해야 하는 동기부여 인센티브가 없다—을 겪는가에 대한 이유로 언급된다. 신사업탐험가는 스타트업 창업자이지만, 상장이나 다른 회사에 인수될 경우 보상 약속을 해서 직원들을 동기부여할 능력이 없다. 이것은 획기적인 성과를 가능하게 하는 가장 강력한 동기부여 중 하나이다.

이 분석에는 두 가지 큰 문제가 있다. 첫 번째 문제는 대부분의 스타트업의 스톡옵션이 많은 사람들이 믿듯이 그렇게 가치가 있지 않다는 것이다. 한 연구에서는 직원들의 보상에 활용되는 소위 스타트업 유니콘(즉, 10억 달러 이상으로 평가되는 회사)들의 가치평가로 보고된 것은 평균적으로 공정시장가치보다 48% 높다는 것이다.[01] 스타트업에서 벌 수 있다고 사람들이 생각하는 것과 대부분의 사람들이 경험한 것에는 현실적인 차이가 있다. 두 번째 문제는 금전적인 보상이 부족해 신사업탐험가가 어려움을 겪는다는 것을 확인해 주는 데이터는 없다는 것이다. 이 책에 나오는 거의 모든 성공적인 신사업탐험가들은 성공에 따라 상대적으로 크지 않은 금전적 보상을 받았다. 특별보상계획은 신사업의 성공 여부에 거의 영향을 미치지 않고 일부 왜곡되고 의도치 않은 부작용을 초래할 수 있다.

이 장에서 우리는 회사들이 신사업탐험가와 창업자 사이의 위험/보상 갭을 줄이려고 채택한 네 가지 전략을 설명할 것이다. 어떤 회사들은 벤처캐피털이 지원하는 창업자들의 동기부여 원동력을 복제하려고 시도한다. 이 접근방식의 핵심전제는 신사업탐험가들이 주로 부의 창출에 동기부여가 된다는 것이다. 우리는 증거들에 의하여 이는 사실이 아니라고 생각한다. 결과적으로 비록 이 전략들 일부는 장점이 있지만 대부분은 하지 말아야 할 것에 대한 주의사항들이다.

첫째는 창업자에게 금전적 수익을 주는 스타트업 형태의 보상체계를 따르는 **벤처모델**이다. 둘째는 벤처모델과 비슷한 목표를 회사 내에서 얻고자 하는 **가상주식**shadow stock을 활용하는 것이다. 세 번째 접근방법은 스타트업을 만드는 신사업탐험가의 노력을 보상하는 장기 인센티브나 보너스 계획을 만들어 기존 보상계획을 조정하는 것이다. 여기에는 모회사의 스톡옵션을 포함할 수 있다. 네 번째 접근방법은 보상방정식의 **위험** 측면에서 접근하는 것으로 스타트업 창업자의 더 많은 희생을 모사하여 보상을 조정하고 동시에 직원이 모회사로 돌아오는 것을 제한하는 것이다.

벤처모델

벤처모델은 신사업을 별도 회사로 분사하고, 인수해서 다시 회사로 가져오는 것—분사 후 인수라고 부르는 것—이다. 직원은 새로운 회사를 설립하기 위해 기존 회사에서 펀딩을 받아 떠난다. 그 대가로 기존 사업은 스타트업에 대해 우선매수권을 가진다. 시스코Cisco는 이 접근방법의 전형이다. 한 추산에 의하면 시스코는 단 네 명의 직원이 시작한 회사를 24억 달러에 인수했다.[02]

이 팀은 크레센도 커뮤니케이션Crescendo Communication을 이끈 같은 팀으로, 시스코는 라우터사업을 보완하기 위해 수익성 있는 '스위치' 기술을 인수했다. 이 실적을 바탕으로 시스코는 이어지는 20여 년간 '소프트웨어 정의 스위치software-defined switch' 회사인 인시에메Insieme 인수를 포함해 이 공식을 여러 번 반복했다. 시스코는 2012년 이 회사에 1억 달러를 투자했고 2년 뒤에 8억 6,300만 달러를 주고 인수했다. 인시에메 창업자들이 시스코에 다시 돌아왔을 때, 동료들은 억만장자들과 같이 일하고 있다는 것을 즉각 알았다(시스코가 분사 후 인수하는 업체에 과다하게 지불했다는 것도 거의 명확했다). 상황을 더 악화시킨 것은 네트워킹 소프트웨어와 시스코의 스위치를 결합하려는 인시에메의 접근방식은 시스코의 역사적인 하드웨어 중심모델을 그대로 따랐다는 것이다. 주 경쟁자인 VM웨어VMWare는 어느 하드웨어에서나 작동하는 순수한 소프트웨어 플랫폼으로 시스코를 시장에서 죽이고 있었다. 창업자가 퇴사한 지 얼마 되지 않아 시스코는 전략을 바꿨다. 질투와 권력투쟁은 2016년 추한 결별을 초래했다. 시스코의 새로운 CEO인척 로빈스Chuck Robbins는 인수한 사업이 속해 있는 네트워킹그룹의 재편을 발표했다. 인시에메 창업팀은 다음날 퇴사했다. 벤처모델은 유망하게 들리지만, 최소한 시스코의 경우에는 엄청난 긴장을 만들고 '내부 관점' 사고를 강화할 수도 있다. 시스코는 현명하게도 이 방식을 버렸다.

벤처모델은 위험이 높다. 한 연구에서 200개 회사 인수를 조사했다. 이를 통해 회사와 기존에 관계가 있는 인수된 회사가 다른 인수보다 작은 차이로 성과가 더 좋다는 것을 발견했다. 그러나 회사는 여전히 인수자산의 52%를 손실처리해야 했다.[03] 그것은 비용이 많이 들고 스타트업을 인수하는 것보다 성공확률이 더 좋다고 할 수 없으며, 직원들의 공정에 대한 기대를 저버린다. 우리의 충고는 그것을 하지 말라이다!

가상주식

가상주식shadow stock은 보너스의 가치를 신사업의 가치와 연결시켜 스타트업의 인센티브를 반영하는 것을 목표로 한다. 즉, 만약 여러분이 외부 평가로 10억 달러 이상 평가를 받는 신사업을 만든다면, 그 가치에서 합의된 비율을 받을 권리가 있다는 것이다. 이것은 인텔 EGI가 신사업탐험가에게 주는 보상을 신사업의 외부 가치와 연결시키기 위해 채용한 접근방법이다. 이것은 인텔이 실리콘밸리의 심장부에 있다는 것을 생각하면 어느 정도 적절하다. 보상에 핵심적인 것이 하나 빠지면 뛰어난 기술인재들을 끌어들이고 유지하기가 힘들다. 가상주식 접근방법은 신사업이 핵심사업에 충분히 매력적일 때 작동할 수 있다. 신사업이 10억 달러 가치가 합당하다면, 신사업탐험가가 1%의 지분을 가지면 1,000만 달러를 기대할 수 있다. 조건은 1,000만 달러 보너스를 주고 신사업을 인수하려는 사업책임자가 기존 사업에 있거나, 기회를 추진하기 위해 신사업을 설립하는 데 투자하려는 회사의 전략적 의사결정이 있는 경우이다.

이 점이 이 접근방법이 애매해지는 부분이다. 신사업은 이미 본사의 대차대조표에 있으므로 자본거래는 없다. 신사업을 받는 사업조직은 연간 운영비용예산에서 보너스를 지불할 준비가 되어 있어야 한다. 그것은 큰 문제는 아니다. 결국 유니콘을 인수하는 데 지불하는 비용에 비하면 작은 것이다. 말 그대로 동일한 가치의 외부 스타트업을 인수하는 비용의 1%이다. 그러나 외부 회사를 인수하는 것은 자본비용이다. 회사는 인수를 펀딩하기 위해 대차대조표상 자산—현금, 부채, 자본의 결합—을 사용한다. 회사가 이미 신사업을 소유하고 있으므로 인수는 없고 창업자에게 지불하기 위한 자본 지출은 없다. 신사업탐험가와 팀에 대한 어떤 지출이라도 연간 운영예산에서 나온다. 많은 회사들에서 운영지출은 자본시장의 주당 이익에 대한 기대를 만족시키기 위해 엄격하게 통제되고 있다. 사업부책임자는 기회가 지속가능한 매출흐름으로 잠재적으로 변환되고 그것이 단기 성과 인센티브를 받는 데 도움을 주는 일정에 맞춰진다는 것을 믿어야 한다. 매출은 여전히 불확실하며, 예를 들어 상장한 80%의 유니콘은 수익이 없다. 자본지출을 하는 것은 견딜만 하지만, 운영예산에서 지출하는 것은 단지 사업부의 수익성을 해칠 뿐이다.

가상주식은 증명되지 않은 접근방법이고, 와해적 신사업을 구축하려는 회사에게 어떤 이점이 있는지 불확실하다. 우리는 확신하고 싶지만, 아직 이 접근방법을 추천하지는 않는다.

장기 인센티브

많은 회사들이 전반적인 사업 성과와 연계해서 보너스를 지급하는 장기 인센티브 방안을 가지고 있다. 이 방안을 적합하게 사용하는 것은 스타트업 형식의 부를 만들려는 노력을 하지 않고도 신사업탐험가에게 매력적인 보상을 주는 효과적인 방법이다. 이 방안에서 신사업탐험가는 향후 5년에서 7년 정도 사이에 설정된 매출목표를 달성하면 보너스를 받는다. 그 방식으로 보너스 지급은 재무적인 성과와 직접적으로 연결되어 정당화하기 쉽다. 보상은 비록 상당하지만—핵심사업에서 관리자들이 받을 수 있는 것보다 종종 2, 3배 정도—그렇게 후하지는 않다. 문제는 지급 시점이다. 신사업의 초기에 매출목표를 너무 일찍 도입하면 신사업탐험가가 장기적인 성장을 희생하고 매출을 추구하는 것을 부추길 수 있다. 목표를 너무 늦게 도입하면 인센티브로 동기부여가 되지 않고 목적을 달성하지 못한다. 장기 인센티브를 매출목표와 연계하는 것은 신사업을 스케일링—고객을 추가 확보하는 것이 중요할 때—하는 데는 좋지만, 보육—학습이 중점일 때—하는 데는 좋지 않다.

유사한 다른 접근방법으로 신사업탐험가에게 신사업이 합의된 가치평가 목표를 달성했을 때 모회사의 스톡옵션을 주는 것이 있다. 스톡옵션의 비용처리는 복잡한 주제이다. 이 옵션은 사업부 관리자가 신성장사업을 위해 운영예산에서 현금을 찾아야 하는 방해요인을 피하게 해준다. 일부 회사는 마일스톤을 기준으로 보상을 한다. 신사업이 매출과 수익목표를 달성했을 때 스톡옵션과 현금보너스를 지급한다. 수익실현까지는 오래 걸릴 수 있으나 회사에 중요한 성과와의 연결은 더 강력하다. 그러나 이 방식도 마일스톤이 처음 기대했던 것보다 달성하기 쉬운 것으로 판명되는 경우에는 잠재적 위험이 있다. 한 회사는 마일스톤의 어려움에 대해 잘못 평가한 것이 명확한 성공적인 신사업 리더팀에 특별인센티브 계획을 취소하기로 결정했다. 시사점은 특별보상계획은 긴 시간 동안 신사업탐험가에게 지급이 안 되더라도, 매출 창출 같은 실제 성과와 연계를 하는 것은 확실하게 해야 한다는 것이다.

개인적 위험부담

창업자가 큰 부를 창출할 수 있는 기회는 상당한 개인적 위험이 따른다. 창업자는 수개월, 심지어는 수년간 보수 없이 일하며, 큰 빚을 지고, 종종 친구와 가족의 호의에 계속 의존한다. 이 금전적인 위험은 신사업탐험가가 급여, 복리후생, 그리고 초기 창업자가 아무것도 없이 해야 하는 많은 것에 비용을 받는 것에 비하면 상당히 크다. 신사업에 모회사로 돌아오지 못하는 일방향의 통로를 도입해서 약간의 위험을 반영할 수 있다. 구글의 전설적인 X팀은 이러한 규정이 있다. 팀은 아이디어를 추진할 6~12개월 펀딩을 받지만 실패하면 끝이다. 인텔의 EGI는 이 접근방식의 좀 완화된 버전을 사용한다. 팀멤버는 컨셉을 증명하는 데 6개월이 주어지지만, 그러고 나서 이전 자리로 돌아갈지 내부 스타트업에 들어갈 것인지를 결정해야 한다. 헝가리의 체리스크에 참여하고자 하는 UNIQA 직원들은 유사한 선택—원부서로 돌아갈 권리가 없이 스타트업에 참여—을 했다. 이 접근방식의 장점은 새로운 환경과의 경계를 관리하여 새로운 세계로 넘어간 사람들이 다르게 일하는 방식에 스스로 완전히 헌신해야 한다는 것이다. 이것은 아무런 성과 없이 창업자 '놀이'를 하려는 직원들을 차단하는 데 도움을 준다. 금전적인 부담을 지우는 회사들도 있다. 매력적인 장기 인센티브나 가상주식과 대응해서 15~20%의 급여를 삭감하는 회사들도 있다. 다른 회사들은 창업팀 멤버들에게 신사업 지분을 자기 돈으로 매입하도록 해서 위험감수를 요구한다.

경력위험은 신사업탐험가에게 큰 걱정이다. 어느 누구도 위험회피적인 조직에서 실패와 연관되기를 원하지 않고, 장기적인 아이디어에 연관되는 것조차도 관리자의 평가에 의문부호를 달기에 충분하다. 신사업탐험가를 모집해서 하향식 성장과제에서 나온 신사업을 이끌게 하는 것 역시 어려움이 있다. IBM에서 임원 중 한 명에게 EBO 하나를 맡도록 끌어들였는데, 그는 신사업을 맡는 조건으로 CEO가 그에게 '자신이 무엇을 잘못했는지' 말해줄 것을 요구했다. 그는 매출이 하나도 없는 사업을 맡는다는 것이 경력에 기회가 된다는 것을 믿을 수 없었다.

이 문제에 쉬운 해결책은 없다. 신사업탐험가는 신사업에 협력자로서 최고인사경영자를 끌어들이려고 시도할 수 있다. 그들은 그 자리에 대한 인식을 형성시켜 주고, '좋은 실패'(즉, 학습을 하는 것)가 회사에서 칭송받는 데 도움을 줄 수 있다. 한 회사는 실패를 논의하는 공개회의—그 회의는 관심을 끄는 제목에 적절한 부가 문구가 있다—를 개최한다. 아날로그디바이스Analog Devices에서 CEO 빈스 로슈Vince Roche는 신사업탐험가가 실패에서 학습한 것을 설명하는 메모를 작성하고, 그것을 회사 내에 회람해서 직원들이 학습하는 것을 받아들이도록 장려한다. 또한 실패한 과제에서 철수를 결정하는 신사업탐험가를 보상해 주는 일종의 '실패 보너스'를 지급하는 것도 의미가 있다. 이것은 회사가 신사업 포트폴리오를 공격적으로 가지치기하도록 해서 최고의 프로젝트만 스케일링이 되도록 한다. 우리가 알기로는 어떤 회사도 이러한 인센티브를 운영하고 있지 않지만 검토해 볼 만하다고 생각한다.

경력위험의 많은 부분은 실제보다는 인식에 관한 것이다. IBM에서 주저하던 신사업탐험가의 신사업은 1년 만에 취소되었다. 그것이 그가 큰 사업을 맡는 것에 방해되지 않았고, 그는 다음 CEO 선정 후보에 들었다. 짐 펙Jim Peck은 렉시스넥시스 위험관리 솔루션의 CEO가 되었으며 이후 두 개의 다른 회사를 이끌었다. 창업자들처럼 개인을 동기부여하는 것으로 고위경영자가 되는 길이 있다.

신사업탐험가 동기부여

신사업탐험가에게 창업자의 위험과 보상을 따라 하는 것이 중요하다는 믿음은 의문의 여지가 있다. 어떤 접근방식이 기존 기업 내에서 신사업을 성장시키는 데 원하는 성과를 얻는 최선인지 안내해 줄 실증적인 연구는 없다. 수십억 달러 사업을 구축한 신사업탐험가—IBM 라이프 사이언스Life Science의 캐롤 코박Carol Kovac, 렉시스넥시스 위험관리 솔루션의 짐 펙—들의 가장 인상적인 사례는 기존 보상체계 내에서 이루어졌다. 이 리더들은 회사생활을 뛰쳐나와 벤처 캐피털이 지원해 주는 스타트업을 추구하는 경력에 대한 의사결정을 더 일찍 할 수도 있었을 것이다. 그들은 어떤 이유—심리적, 재무적—에서인지 창업자는 아니었다. 개인적인 부의 창출에 초점을 맞추는 것은 잘못된 것일 수도 있다. 신사업탐험가는 성공할 수 있어야 하지만, 인생을 바꾸는 부를 창출할 수 있는 전망으로 인해 그들이 대체로 성공할 것인지는 불분명하다. 기존 기업의 많은 직원들은 큰 부가 아니라 단순히 무언가 창업자적인 것을 해볼 수 있는 기회 때문에 흥분되는 신사업에 끌리는 것일지도 모른다.

신사업탐험가는 장기적인 목표를 가지고 일하는 것을 동기부여하는 보상계획에서 혜택을 볼 수 있다. 실리콘밸리에서 기술기업이 마주치는 희소한 인재시장에서는 그 정도 규모의 보상에 대해 보다 관대해야 한다는 논쟁이 있을 수 있다. 그러나 이 보상에서 스타트업을 너무 유사하게 복제할 필요는 없다. 스타트업의 보상이 항상 주요 뉴스가 말하는 것처럼 매력적인 것은 아니고, 회사가 얻는 것이 투자가치가 있는지 명확하지 않다. 신사업탐험가는 창업자가 아니며, 그들은 다른 식으로 살아간다. 그들이 억만장자가 되는 방법을 고민하기보다 신사업을 구축한다는 공유된 성과를 달성하도록 도와주는 것에 집중하는 것이 더 가치가 있다. 신사업탐험가가 결과를 내는 데 잘못될 가능성이 있는 창업자 인센티브를 흉내내는 것보다 특정한 인센티브를 설계하지 않는 것이 낫다.

요약

성공적인 창업자는 종종 매우 큰 금전적인 수익으로 동기부여되고 보상받는다. 그러나 기존 회사에서는 무엇으로 신사업탐험가를 동기부여하고 어떻게 보상해야 하는가? 우리 경험은 성공적인 신사업탐험가는 인정받고 보상받지만, 그들의 동기부여는 실리콘밸리 창업자와 다르다는 것이다. 그들은 공정하게 대우받기를 원하지만 커다란 수익을 기대하지는 않는다.

신사업탐험가의 위험/보상 방정식을 풀어가는 데는 네 가지 방법이 있고 대부분은 비생산적이다.

첫째, 신사업을 자체 주식을 가진 별도 법인으로 분리하는 전통적인 스타트업 벤처모델을 활용하는 것이 가능하다. 성공한다면 그것은 다시 사들일 수 있다. 이것은 시스코에 커다란 문제를 야기했다.

두 번째 접근방법은 가설적인 시장가치에 기반해서 신사업의 성공을 측정하는 가상주식 같은 형태를 활용하는 것이다. 회사는 반드시 신사업을 다시 매입해서 신사업탐험가에게 매력적인 수익을 주어야 한다. 우리는 이 스타트업 논리를 적용하는 것이 먹힐지 기다리고 있지만 회의적이다.

세 번째 대안은 신사업탐험가가 특정한 마일스톤을 달성하면 보상을 제공하는 장기 인센티브프로그램—IBM에서 실행된 것처럼—을 활용하는 것이다.

창업자는 스타트업을 창업할 때 종종 개인적인 위험을 감수한다. 신사업탐험가는 상대적으로 안전한 상태에서 일한다. 회사는 신사업에 참여하는 것을 한 방향 입구—신사업이 실패하더라도 전 업무로 돌아가지 못함—로 만들어 일종의 개인적인 위험 부담을 흉내낼 수 있다. 다른 방법으로는 회사는 그들에게 급여 삭감이나 신사업에 자기 지분을 투자하라고 요구할 수도 있다.

보상은 중요하나, 우리의 경험에 의하면 신사업탐험가를 동기부여하는 것은 창업자와 동일한 것이 아니다. 따라서 보상은 다르다. 벤처캐피털 세계를 회사에 강요하는 방법은 실험하지 않는 것이 최선이다.

4부

Corporate Explorer

탐험 리더십

우리가 지금까지 논의한 대부분은 유형적인 것이다. 양손잡이형 조직에서 혁신규칙을 활용해 전략적 야망을 실현시키는 신사업탐험가이다. 그러나 왜 어떤 신사업탐험가는 성공하고 다른 신사업탐험가는 실패하는가를 설명하는 데 리더십의 무형적인 요인도 적어도 그만큼 중요하다.

이 섹션에서 우리는 리더십을 두 가지 방향—고위경영진과 신사업탐험가—에서 살펴볼 것이다(그림 IV). 첫째로 우리는 신사업을 구축하는 신사업탐험가의 노력을 의도하지 않게 약화시키는 핵심사업시스템에 내재한 침묵의 살인자를 살펴볼 것이다. 그리고 신사업탐험가가 혁신하는 과정에서 이중나선을 관리하면서 어떻게 변화에 능숙하게 대응할 수 있는지 살펴본다. 마지막으로 CEO와 고위경영진이 행동할 준비가 되어 있는가 하는 문제를 살펴보고, 그들의 지원을 받는 확률을 높이기 위해 신사업탐험가가 무엇을 할 수 있는지 알아본다.

[그림 Ⅳ] 탐험 리더십

침묵의 살인자
- 핵심사업시스템
- 전문적 정체성 유지
- 위험회피
- 단기 최적화

이중나선
- 미래 조직
- 스토리텔러
- 사회적 네트워크
- 내부 인재 또는 외부 인재
- 평판관리

행동 준비
- 경쟁하는 투자
- 양쪽 다/그리고 리더십
- 생산적 긴장
- 거울
- 용기
- 열정

10장_ 탐험을 죽이는 침묵의 살인자

2013년 당시 GE의 CEO였던 제프 이멜트Jeff Immelt는 100년 된 산업재기업을 소프트웨어회사로 재탄생시키는 임무를 가진 새로운 조직인 GE 디지털GE Digital을 이끌도록 빌 러Bill Ruh를 채용했다. 빌 러는 시스코에서 회사가 제품 중심에서 산업용 솔루션으로 전환하는 것을 선도하는 임원으로 있었다. 이멜트는 GE를 상위 10위 내에 드는 소프트웨어회사로 만드는 목표를 세웠다. 그는 디지털 기술을 태동하는 기회로 보고 앞서 나가고자 했다. GE가 움직이지 않는다면 이 디지털 기회는 여러 사업에 위협이 될 것이었다. GE는 역사적으로 발전소, 항공회사, 제조업체에 대형설비를 판매하는 제품회사였다. GE는 서비스계약과 때로는 설비 리스를 제공하고, 고객이 업그레이드하기 편하도록 해주는 종합 서비스회사로 발전했다. 새로운 디지털 역량은 고객을 더 생산적으로 만들어 주고 기계가 고장나기 전에 예측해서 불필요한 정지시간을 없애는 것을 도와주는 산업용 사물인터넷Industrial Internet of Things: IIoT 사업을 기대하게 했다.

GE 고객에게 잠재적인 혜택은 상당했다. 빠르게 움직이는 제조회사에게 기계고장에서 회복하는 것은 큰 비용이 들었다. 이것은 케빈 칼린Kevin Carlin이 수년 후에 목표로 했던 동일한 고객문제이다. 칼린처럼 GE는 대부분의 고객이 휴대형 기기를 들고 공장에 있는 중요한 모터의 상태 데이터를 모으는 수많은 인원에 의존하고 있다는 것을 알았다. 일부는 오류를 감지하기 위해 데이터를 분석했지만, 대부분은 언제 고장이 임박했는지 찾아내는 오래된 직원들의 감에 의존했다. GE의 비전은 칼린보다 훨씬 컸다. 그들은 기계 데이터를 취합해서 클라우드에 모으고, 데이터 분석기술을 활용해서 고객에게 언제 예방정비가 필요한지 알려주는 자동화된 프로세스를 목표로 했다.

빌 러는 GE가 숙달이 필요한 기계학습역량에 정통했고, 수년 만에 새로운 사업부문을 설립해서 운영했다. GE 디지털은 직원이 한 명도 없는 데서 5년 만에 수천 명으로 늘어났고, 그 분야 최초의 클라우드 기반 플랫폼인 GE 프레딕스Predix를 서비스의 중심부분으로 구축했다. 빌 러는 GE가 이런 종류 솔루션의 시장 창조자가 될 수 있고, 고객회사들에게 산업 생산을 최대화하기 위해 이 기술들을 사용하는 방법을 실제로 보여줌으로써 선도자의 이점을 얻을 수 있다고 믿었다. 경쟁이 매우 격심한 시장에서는 단 1%의 생산성 향상도 수익성을 상당히 개선할 수 있을 것이다. 빌 러와 그의 팀은 이 시장이 2022년까지 2,500억 달러 규모가 될 것이라고 예측했다.[01]

이멜트는 이 전략은 오퍼링만이 아니라 사업방식에서도 전환이 관계된다는 것을 깨달고 '린 애자일' 방법론에 상당한 투자를 승인했다. 그들은 디지털 스타트업이 어떻게 운영하는지 학습하는 데 예민했고, 학습한 것들을 적용해 새로운 소프트웨어 주도 GE 사업에 적합한 일하는 방식을 만들었다. 이멜트의 전설적인 선임자로 1980년대에 GE가 활기를 되찾게 한 잭 웰치Jack Welch는 품질과 효율성에 집중하는 것을 지원하기 위해 '식스시그마six sigma' 방법론의 채택을 선도했다. GE는 그 경험에 따라 이 기법들을 대기업 환경에 적합하게 하기 위해 린스타트업 운동의 저명한 저자와 사상가를 초청했다. 회사 전체에 걸쳐 이 신속한 실험접근방식을 GE 문화에 내재화하기 위한 노력의 일환으로 관리자들은 '패스트웍스Fast-Works'라는 방법론을 교육받았다.[02] 이 일하는 방식에 대한 변혁은 GE가 과감하게 소프트웨어 주도 사업모델로 변화하는 것을 지원했다. GE는 기계학습과 고도의 분석역량을 갖추는 데 40억 달러를 투자했다.[03] GE 디지털의 2015년 매출이 60억 달러라고 하는 공개결과는 놀라웠다. GE는 2020년까지 150억 달러로 성장하는 것을 내다보고 있었다.[04]

그런데 2018년 6월 빌 러의 상사인 CEO 제프 이멜트가 그만두었다. GE는 처음 만들어진 1907년부터 속해 있던 다우존스 산업평균지수Dow Jones Industrial Average: DJIA에서 빠졌다.[05] GE의 새로운 CEO가 오면서 빌 러의 디지털 조직은 예산이 1/4이나 삭감되었고 실리콘밸리에 있는 직원은 해고되었으며 나중에는 폐쇄되었다.[06] 빌 러의 스토리는 성숙하고 성공적인 회사가 새로운 사업모델을 탐험하는 것이 아니라 어떻게 기존 사업모델을 활용하려고 하는지를 보여준다. 핵심사업시스템은 아주 성공적으로 성과와 수익을 강요해서 신사업을 소리 없이 죽이는 살인자가 된다.

핵심사업시스템

빌 러는 모든 것이 좋은 조건이었다. 그는 세계에서 가장 저명한 회사의 확실한 비전이 있는 CEO로부터 지원을 받았다. 회사는 공개적으로 소프트웨어회사로의 미래를 목표로 했고, 이사회로부터 명시적인 지지를 받았다. 빌 러는 역사가 깊은 핵심 바깥에 신사업을 구축하라는 권한을 만장일치로 부여받았다. GE는 글로벌 혁신 분야의 방법을 열렬하게 채택했으며 린스타트업의 전도자가 되었다. 회사 전체 관리자들이 린스타트업 방법을 사용하도록 교육하는 데 수백만 달러를 투자했다. 임원들은 애자일 기업으로 회사 문화를 변혁시키는 것을 알리는 책을 출간했다. 그럼에도 소프트웨어 산업전략은 죽었고, CEO와 신사업탐험가 둘 다 회사를 그만두었다. 이멜트가 그만둔 데에는 다른 많은 요인이 있지만, 이 사례에는 대기업은 혁신하지 못한다는 오래된 격언을 확인시켜 주는 충분한 증거가 있다. 빌 러는 핵심사업시스템이라는 신사업탐험가의 가장 강력한 적수와 맞부딪혔다.

핵심사업시스템은 직원들에게 기대하는 행동표준뿐 아니라 사업 운영구조와 루틴, 스킬, 그리고 전문적인 역량으로 구성되어 있다. 사업이 성장하며 이 핵심사업시스템은 회사를 성공적으로 만들어 준 것을 점점 더 정교하게 조정한다. 분기사업검토, 핵심성과지표 보고 및 논의 형태, 제조 · 판매채널 · 연구개발 관리방법, 그리고 각 부서의 상대적 권력 등이다. 이러한 주제는 모든 관리자에게 공기나 물과 같다. 이것은 좋은 것이며 회사가 발전하고 성장하는 것을 돕는다. 그러나 신사업탐험가는 본질적으로 이 시스템에 도전하는 무엇인가 와해적인 것을 목표로 한다. 신사업탐험가는 이런 도전과제가 오는 것을 봐야 하고 어떻게 해야 할지 알아야 한다. 핵심사업시스템은 네 가지의 되풀이되는 도전과제, 즉 빌 러 같은 신사업탐험가를 소리 없이 죽이는 침묵의 살인자를 보여준다.

1. 핵심 전문역량이나 정체성을 지킨다.
2. 위험을 피하거나 최소화한다.
3. 단기 수익에 최적화한다.
4. 조화를 유지하고 편안함을 최대화한다.

우리는 빌 러와 다른 사례를 활용해 이 침묵의 살인자 각각을 설명할 것이다. 신사업탐험가는 그것들을 진단할 수 있어야 하며 조용히 허물어지지 않도록 조치를 취해야 한다. 침묵의 살인자는 신사업탐험가는 모순어법이라는 기존 격언을 확언하는 것처럼 보일 수도 있다. 용기를 잃지 마라. 다음 장들에서 우리는 신사업탐험가가 이 장애물을 극복하고 관리하기 위해 무엇을 할 수 있는지 논의할 것이다.

전문적 정체성 유지

2009년 우리는 디지털 광고의 현실에 적응하려고 분투하고 있는 매디슨Madison가에 있는 광고회사에 들어갔다. 수상실적에 빛나는 이 회사의 크리에이티브팀은 최근 여러 대형 고객을 잃었다. 그들은 작고 알려지지 않은 다른 광고대행사들이 유튜브와 다른 웹 채널을 통해 바이럴 캠페인을 하는 것을 두려움을 느끼며 보았다. 이에도 불구하고 한 고위임원은 "우리는 어떻게 디지털을 추가할지 배워야 합니다만, 아직 여전히 새로운 텔레비전 광고 한 번으로 수백만 가구에 전파하여 시선을 잡는 것으로 고객이 쇄도합니다"라고 이야기했다. 10년 후 그 시선들은 넷플릭스로 향했다. 페이스북과 구글 같은 디지털 채널에 쓰인 금액은 곧 텔레비전 광고에 지출할 금액을 줄일 것이다. 광고회사의 미래에 대한 시각은 텔레비전 광고 제작사라는 전문적 정체성으로 포장되어 있었다. 이 역학은 수십억 달러의 글로벌 광고회사인 하바스Havas에도 역시 작용했다.

2012년 하바스의 CEO인 데이비드 존스David Jones는 디지털 플랫폼을 활용해서 광고회사의 중심에 있는 크리에이티브 프로세스를 새롭게 만들 수 있는 기회를 보았다. 하바스는 크라우드소싱 인재회사인 빅터즈 앤드 스포일즈Victors & Spoils: V&S를 포함해 여러 디지털 회사를 사들였다. 전통적인 광고회사는 크리에이티브 인재의 실력을 중심으로 만들어져 있다. 성공 비법은 최고의 크리에이티브 디렉터를 채용하면 고객들이 따라온다는 것이었다. V&S는 이 모델을 거꾸로 뒤집어 텔레비전 광고 아이디어를 온라인 커뮤니티나 크라우드Crowd에서 구했다. 이 크라우드 기반 사업모델은 하바스의 전통적인 사업모델보다 수십 배 저렴했으며 잠재적으로 동등하거나 더 나은 결과를 제공했다. 존스는 이 혁명을 광고회사의 핵심으로 가져왔다. 그는 V&S의 CEO이자 신사업탐험가인 존 윈저John Winsor를 하바스의 최고혁신경영자로 임명했다.

V&S팀은 처음에는 환영받았지만, 곧 그들의 새로운 동료들이

같은 작업을 10분의 1 비용으로 해줄 수 있는 능력에 대해 깊게 멸시한다는 것을 알았다. 한 고위임원은 그것을 원숭이가 아무렇게나 키보드를 두드려서 〈햄릿〉을 쓸 수 있는 것에 비교했다. "…그게 될까? 어쩌다 될 수도 있겠지." 존스는 적대적인 반응을 촉발했다. V&S는 전통적인 광고회사의 전문적 정체성을 훼손했다. 전통적인 광고회사는 그 모델의 수월성을 옹호했으며 곧 디지털로 벼락같이 잘 된 회사를 죽여버렸다. 인수 2년 후, 윈저와 많은 직원들이 회사를 떠났고, 존스도 쫓겨났다. 하바스는 2017년 비방디Vivendi에 인수되고, V&S는 2018년 문을 닫았다. 그들은 디지털 혁명의 위협으로부터 오래된 광고 시대의 전문적 스킬을 보호했다. 신사업탐험가가 때로는 급진적인 산업 변화의 최전선에 서면서, 그들은 광고산업에서만이 아니라 산업 전반에 걸쳐 종종 이러한 역학에 맞부딪힌다.[07]

보호를 하려는 이 니즈는 하바스에서처럼 항상 노골적인 것은 아니다. 종종 그것은 여러 해 동안 한 가지 환경에서 운영된 것에 따른 무의식적인 습관이 나타난 것이다. 그것이 그렇게 많은 기존 회사들이 앞선 와해성 기술을 가지고 출발하지만 그 기술을 우위 요인으로 활용하는 데 실패하는 이유이다. 폴라로이드와 코닥은 사진산업을 한 세대 동안 선도했지만, 디지털 사진이 태동했을 때, 리더십을 지속된 성공으로 변환시킬 수 없었다. 폴라로이드는 브랜드는 살아남았지만 청산되었고, 코닥은 파산된 지 수년이 지나 살아났지만 훨씬 작고 고전하는 회사가 되었다. 묘하게도 두 회사 모두 디지털 사진의 선도자, 심지어는 발명자이다. 코닥은 최초의 디지털 카메라를 만들었고, 폴라로이드는 1990년대 중반에 메가픽셀 카메라를 시장에 최초로 선보인 회사다. 코닥은 디지털 사진분야로 진입하려고 결정했으나 허우적거렸다. 코닥의 관리자들은 필름과 은염 화학 역량 및 프로세스가 없는 사업모델을 이해하지 못했다. 조지 피셔George Fisher가 코닥 CEO로 1993년에 왔을 때, 회사는 소비자용과 산업용 응용분야의 사진필름시장을 선도하고 있었다.[08]

디지털 사진은 도래했지만, 아직 전문가 애플리케이션에서만 사용되었다. 피셔는 디지털로의 공격적인 이동에 착수했다. 코닥을 기존 기술에서처럼 신기술에서도 선도자로 만들려고 했다. 피셔는 관리자들에게 디지털을 상용화하는 새로운 과제를 주도하도록 했다. 그런데 코닥의 관리자들은 심오한 기술스킬을 오랜시간 동안 사진, 광학, 이미징에 적용한 화학엔지니어였다. 그들은 이 전문성을 디지털 영역으로 이전할 수 없었다. 피셔는 나중에 그가 '인지 관성'의 힘을 과소평가했고, 비록 화학엔지니어들이 변하려는 욕구가 있는 좋은 사람들이지만 새로운 행동방식으로 바꾸는 방법을 생각할 수는 없었다고 말했다. 한 산업에서 수십 년간의 업무로 만들어진 관행은 그들이 새로운 산업으로 옮겨가는 것을 어렵게 했다.

GE에서 빌 러에게는 디지털 전략을 의식적으로 지원하고 지적으로 이해하는 많은 관리자들이 있었다. 그런데 조지 피셔의 코닥 화학엔지니어들처럼 그들은 다른 가정들을 가지고 일하고 있었다. 그들은 GE의 전설적인 재무조직에서 성장하거나 산업분야 제조와 엔지니어링에서 경력을 쌓아왔다. 그들에게 GE의 100년 역사를 소프트웨어회사로 다시 써야 하는 개인적인 이해관계는 거의 없었다.

위험회피

우리는 미국 금융서비스회사와 새로운 기업탐험조직을 만드는 것을 도와 일할 때 CFO로부터 내밀히 만나기를 요청받았다. 이것은 이상한 것은 아니다. CFO는 어느 중요 성장 과제에서나 주요한 이해관계자다. 그런데 이 대화는 놀랍게도 논쟁거리가 되었다. CFO는 신사업투자에 대해서 회사가 위험회피적이라고 한 것에 대해 기분이 상했다. 우리는 과거 혁신프로젝트들에 대한 진단을 최근 완료해서 데이터와 평가에 대해 자신이 있었다. 일련의 유망한 과제들이 다음 단계로 진척되는 투자가 필요한 바로 그 시점에 중단되었다. CFO는 '균형 잡힌 시각'을 취했다고 주장했다. 그녀는 비록 각 과제별로 회사에 대한 잠재적인 하방 위험에 대해 따져야 했지만 항상 성장에 대해 투자할 기회를 보고 있었다. 그녀는 혁신에 대한 펀딩을 거절했다는 평가에 대해서는 논쟁하지 않았다. 그러나 그녀는 단지 이 투자들은 증명이 되지 않았고, 각 과제가 더 좋았다면 승인을 했을 거라고 느꼈다. 그녀는 CFO로서 직무를 수행했고, 혁신을 제안한 관리자들은 그렇지 못했다.

대부분의 CFO들과 임원들은 위험에 대해 균형 잡힌 시각을 가진다고 비슷한 주장을 한다. 이 신념은 임원들은 매력적인 이익이 있을지라도 위험에 거의 자신을 맡기지 않는다는 50년간의 인지심리학 연구에 의해 논박된다. 다른 사람들처럼 임원들도 잠재적인 수익을 가치 있게 여기기보다 손실을 훨씬 더 두려워한다. 대니얼 카너먼Daniel Kahneman은 이 특정한 점을 보여준 행동경제학 업적으로 노벨 경제학상을 받았다.[09] 한 실험은 이 점을 정확하게 보여준다. 1,000명 이상의 관리자들에게 1억 달러를 투자해서 3년간 수익을 얻을 가능성과 첫 해에 1억 달러를 잃을 가능성을 차감한 netting 가치를 평가하게 했다. 4억 달러의 수익을 얻을 가능성이 25%이면 투자위험은 영('0')이다(즉, 1억 달러를 돌려받는 것이다). 그러나 조사한 관리자들은 투자의 잠재적인 이익가능성이 큼에도 불구하고, 18%의 손실가능성만을 기꺼이 받아들였고 답변자의 9%만이 40%의 손실가능성을 받아들였다. 우리의 의사결정은 합리적이지 않고 손실에 대한 감정적 두려움에 심하게 영향받는다.

대부분의 관리자들은 이 손실회피가 얼마나 깊게 뿌리박고 있고, 미래에 대한 판단에 어떻게 영향을 미치는지 이해하지 못한다. 이 무지함으로 대기업에서 지속되는 특성인 위험회피가 만들어진다. 위험회피조직에 있는 관리자들은 의사결정에 맞닥쳐 안전한 대안을 선택해야 한다고 믿을 가능성이 높다. 누구를 채용하거나 승진시킬 것인가, 어떤 계약에 서명할 것인가 또는 어떤 공급자를 이용할 것인가에 관계없이, 결정은 과거 관행에 따라 일관되게 선택하는 것에 인지된 보상이 있다. 이런 식으로 위험회피는 기업문화의 표준적인 특징이 된다. 절차는 품질규정을 공식화하고 오류를 없애려는 사회적 압력이 있다.

인텔은 좋은 예이다. PC용 집적회로 제조사로서 인텔의 성공에 중요했던 것은 제조의 숙련이었다. 1980년대부터 30여 년 넘게 '틱, 톡' 접근방식은 인텔을 경쟁자보다 한두 단계 앞서게 했다. 모든 '틱' 사이클은 더 작고, 더 전력 효율적인 크기로 기능을 제공하기 위해 제조프로세스를 향상시키고, 성능향상을 제공하는 회로 설계를 출시한 다음 '톡'이 따라왔다. '틱, 톡'은 인텔의 핵심이 되었다.

2010년에 인텔이 모바일 컴퓨팅의 등장에 어떻게 대응할지 고전하고 있었을 때, 인텔은 제조책임자인 브라이언 크르자니크Brian Krzanich를 CEO로 임명했다. 그는 모바일과 빅데이터 시대에 인텔을 새롭게 만드는 책임을 맡았다. 크르자니크는 인텔의 제조운영 창조자의 신도였다. 이 접근방식의 엄격함과 일관성은 크르자니크의 효과적인 리더십과 동의어였고, 그는 제조 핵심부서장 중 한 명에게 인텔의 혁신조직을 맡도록 했다. 불행하게도 증명되지 않은 혁신은 예측가능한 결과를 낳지 못하고, 결과를 더 빨리 내라고 압박을 받을수록 혁신조직은 더 성공적이지 못하게 되었다(인텔은 크르자니크 후임 때 방향을 바꿨다). 이것은 대부분의 경우에 좋은 경영 실천 사례이다. 여러분은 안정적으로 실행하고 고객의 주문을 제때에 이행하려고 한다. 그런데 관리자들은 실수를 하지 말라고 배우며, 조직은 실패를 처벌한다는 것을 알고 있기 때문에 이런 위험에 처할 수 있는 상황을 피한다.

위험회피의 아이러니는 때로는 해결책이 치료제보다 더 나쁘다는 것이다. 관리자들은 혁신의 결과가 없는 것에 참을성이 없어지며 미래에 대해 돌이킬 수 없는 약속을 한다. 위험회피를 차단하는 최선의 방법을 생각한다는 것이 "대담하게 하자Go Big"이고 혁신에 대해 초기에 투자를 해서 조직이 되돌리지 못하도록 하는 것이다. 그들은 만족시키고자 하는 고객니즈나 그 니즈를 만족시키는 적절한 오퍼링을 개발할 수 있는지에 대한 증거도 없이 투자한다. 기업혁신에 대한 역사는 여러 실패 사례들로 가득 차 있다. 모질라는 애플의 iOS와 구글의 안드로이드를 따라잡겠다는 노력으로 파이어폭스 휴대전화 운영체제를 개발하는 데 4억 달러를 투자했다. 글로벌 기기시장에서 이 회사들의 지배력에도 불구하고, 모질라는 오픈소스 운영체제를 갖춘 보급형 전화기를 개발해 보려고 3년을 보냈다.[10] 화이자Pfizer는 당뇨치료를 위해 흡입가능한 획기적인 인슐린 제품에 10억 달러를 투자했지만, 의사들의 진료실에는 그 제품을 처방하기 위한 장비가 없다는 것을 알았다. 이러한 대규모 투자는 시장이 신제품이나 서비스를 원하는지, 그것을 가지기 위해 돈을 지불할 의사가 있는지를 학습하지 않고 이루어진다. "만들면 올 것이다"라는 접근방식은 아마도 엔지니어링 주도 회사에서 강할 것이지만, 어느 누구도 예외일 수는 없다.

회사에서 위험회피와 대규모 투자는 서로를 강화시켜 주는 쌍둥이 병리현상이다. GE가 프레딕스Predix에 40억 달러를 투자한 것은 2021년에도 아직 성숙되지 않은 산업용 사물인터넷시장에 시상보다 아주 빨리 움직였다는 점에서 "대담하게 하자Go Big"의 또 다른 사례일 것이다.

단기 최적화

위험회피는 회사에 깊게 뿌리박혀서 심지어 임박한 소멸에 직면해서도 현재의 사업모델을 지키는 것이 전략적 기본 선택이 된다. 그것이 유명한 영국 음반회사인 EMI의 이야기이다. 2005년부터 2010년 사이에 음반시장은 '물리적' 형태—음반, 테이프, CD—가 디지털 다운로드와 스트리밍으로 대체되면서 25% 이상 감소했다. 음반회사들도 많은 음악가들처럼 심하게 손해를 보았다. 그렇지만 음악 공연시장은 1999년부터 2009년 사이에 15억 달러에서 46억 달러로 인플레이션과 인구성장을 크게 넘어서며 세 배로 커졌다. 밴드에게 성공의 관건은 팬들을 모으는 음반계약 없이 어떻게 공연장을 채울 것인가였다. 이 도전을 해결한 한 유명 음악밴드가 오케이 고OK Go였다. 그들은 팬층을 만들기 위해 뮤직비디오—예를 들어, 노래를 부르며 런닝머신을 뛰는 영상—를 유튜브에 올려 활용하는 것을 선도했다. 그 영상은 입소문을 타고, 그들은 큰 운동장을 채울 수 있는 히트 밴드가 되었다. 오케이 고는 음반계약보다 공연 티켓판매에 기반한 와해적 사업모델을 채택해 팬층을 구축하는 새로운 방법을 만들었다.

같은 시기에 음반회사 EMI는 거의 파산 직전에 있었고 디지털과 공연을 기반으로 성장하는 매출흐름을 만드는 기회를 필사적으로 추구하고 있었다. 2008년 EMI는 밴드의 대중성과 새로운 연예산업세계로 들어가려는 회사의 욕구를 반영해 오케이 고와 음반계약을 체결했다. 그들은 "음악은 점점 정의하기 어려워지고 있으며 … 그것은 대상이라기보다는 점점 더 경험이 되고 있다"는 것을 보기 시작했고, 새로운 계약은 라이브 엔터테인먼트라는 새로운 세계로 들어가도록 해주었다. '오케이 고'는 음반계약, 유통계약, 그들을 매우 차별화시켜 준 영상 콘텐트에 대한 투자에서 이익을 얻었다. 그들은 기대하지 않았던 무언가도 얻었다. 온라인 콘텐트를 어떻게 활용해야 하는지에 대한 새로운 규칙들, 즉 웹에는 무료로 게시하지 않는 것이다. 다르게 이야기하면 블로그, 페이스북, 그리고 다른 소셜미디어에 자신들의 동영상을 게시할 수 있는 권리가 거부되었다. 그것은 그들의 사업모델의 근본적인 전제를 부정하는 것이었다. 결국, 오케이 고는 2010년 EMI에서 나왔다.

EMI의 역사상 이 시점에서 와해는 논란의 여지가 없었다. 오케이 고는 이 새로운 사업모델에 대해 학습할 수 있는 기회였지만, 회사는 그것을 파악할 수 없었다. 회사는 유료시청이라는 산업화 시대 지적재산권에 대한 태도를 적용해 밴드의 시장접근방식을 약화시켰다. EMI는 미래를 겨우 잡으려고 했지만, 새로운 세상에서 수익을 내는 방법이 기존 세상에서와 어떻게 다른지에 대해 이해할 수가 없었다. EMI는 진화하고 학습할 능력이 없었다. EMI가 새로운 밴드와 사업모델을 실험으로 받아들였다면, 아마도 그것을 성공하게 만든 것이 무엇인지 학습하고 복제하려고 했을 것이다. 대신에 그들은 잘 다듬어진 기존 사업모델에 기반해 전략적 의사결정을 내렸다.

EMI의 이야기는 비극적이고, 그들이 내린 의사결정은 너무 자멸적이어서 우습기조차 하다. 그러나 그것은 핵심사업을 방어하는 논리가 얼마나 강력할 수 있는지 보여준다. 운영사업의 관리자가 신사업탐험가의 활동을 어렵게 할 때 꼭 필연적으로 잘못된 의도를 가지고 있는 것은 아니다. 그들은 자신의 역할에 맞는 합리적인 선택을 하고 있다. 운영사업의 관리자들은 단기에서 중기에 대한 확실성을 가지고 있다. 그들은 고객이 어떻게 행동하고, 얼마나 돈을 지출하며, 무엇이 그것들을 변화시키는지 말해주는 역사적 데이터를 가지고 있다. 그들은 이 데이터를 활용해 무엇을 생산할지, 새로운 마케팅 캠페인이 얼마나 수요를 창출할지 등을 예측할 수 있다. 그들의 우선순위는 기대되는—상장회사는 놀랄 만한 것이 있으면 자본시장에서 불이익을 받으므로 예측가능성이 성장보다 더 중요하다—성과를 달성하는 것이다. 예측가능성의 논리는 신사업탐험가에게는 힘겨운 일이다. 그들은 기회를 발견하고, 학습해야 하며, 잠재적인 해결책을 시험해야 한다. 대부분의 성공적인 조직에서는 핵심사업이 지배적이므로 관리자가 어떻게 행동해야 하는지에 대한 기대를 정한다. 숫자를 달성하고, 문제를 해결하라, 망치지 마라.

최고의 신사업탐험가는 성과에 대해 강하게 요구하면서 이 기대를 만족시킨다. 그들은 "지난 분기에 우리 매출은 얼마나 올렸는가?"가 아니라 "우리는 무엇을 학습했는가?"를 물으며 성과를 측정한다. 신사업탐험가가 신사업을 위해 자원을 받을 때, 이 새로운 아이디어를 펀딩하기 위해 핵심사업으로부터 자원이 전환되었다는 즉각적인 함의가 있다. 적절하게 펀딩이 되었다면 우리가 할 수도 있었는데 하는 분노 또는 회의감—우리가 해보았는데 안 된다—이 있을 수 있다. 기회가 주어지면 10에 9번은 핵심사업 관리자는 신사업조직을 통제하려 하거나 그 일을 망치려고 할 것이다. 핵심사업 리더들이 이기적으로 또는 나쁜 의도를 가지고 행동한다고 결론 내리기 쉽지만 거의 그렇지 않다. 그들은 대개는 조직의 성과를 최대화하는 최선의 일을 하고 있다. 그 목표와 탐험조직 간에 자연스러운 긴장이 있을 뿐이다. 핵심사업은 단기 실적을 내는 데 집중을 하고, 탐험조직은 장기적인 가능성에 집중을 한다. 그들은 다른 논리를 따른다.

신사업은 '좋은 것' 같다는 것이 어떤 모습인지 모른다. 태동하는 시장에서 이기는 전략의 확실성은 없다. 그것이 성공적으로 보일지라도 기회에 비해서는 상대적으로 못 미칠 수 있다. 신사업은 오류를 수정하지 않고, 아주 많은 오류를 빨리 만들어 학습하고자 한다. 모든 작은 실험은 고객이 가치 있게 여기는 것 또는 얼마나 지불하고자 하는지에 대한 새로운 데이터를 준다. KPI는 비교할 과거 성과가 없으므로 의미가 없다. 신사업은 새로운 비전이나 야망을 향한 스스로의 진척을 측정한다. 이 **피드포워드 루프**는 고객문제를 얼마나 잘 이해하는지에 대한 측정기준을 활용한다. 그것은 고객 파일럿 완료수, 학습을 위해 시제품을 변경하는 속도 또는 신사업탐험가가 학습하고자 하는 것과 관련된 다른 요인에 대한 마일스톤을 정한다. 이것은 다른 종류의 통제방법이다. 그것은 학습 속도에 대한 것이며 사업이 너무 일찍 스케일링되지 않도록 확실히 한다.

관리자들은 오류를 없애기 위해 공식적으로 그리고 비공식적으로 학습한다. 그들은 품질, 비용, 물량을 통제하는 방법을 훈련받는다. 관리자들은 이러한 실천을 훈련받고 그것들을 회사가 목표하는 바를 달성하기 위해 적용하는 능력에 따라 승진한다. 회사가 피드백 측정을 신사업에 적용할 때 성과 기대가 미달됨에 따라 금방 좌절한다. 그 시점에서 신사업이 빨리 정리되거나 또는 단기 매출을 만들라고 내몰린다. GE 디지털이 이 경로를 밟았다. 대부분의 대기업처럼 핵심사업은 신사업이 학습하는 속도로 진전하는 것을 허용해 주는 참을성이 없다. 핵심사업은 신사업에게 기존 핵심사업에서 매출을 만들 많은 기회를 붙잡고 그것의 자산을 활용해 가능한 한 빨리 돈을 벌라고 밀어부친다.[11]

편안함 최대화

제프 이멜트는 빌 러에게 자신이 열정적으로 지지했던 디지털 전략을 이끌도록 했다. 이멜트는 또한 전 P&G CEO였던 라플리 A. G. Laffley에게 배웠던 '양손잡이형 경영'을 칭송했다.[12] 7장에서 논의한 것처럼 이 접근방식의 핵심은 신사업탐험가조직을 분리해서 빌 러 같은 관리자들이 핵심사업의 주요 자산에 접근할 수 있으면서도 분리된 자율적인 조직에서 급진적인 혁신을 자유롭게 추진하는 것이다. GE 디지털은 일부 이러한 특징이 있었다. 빌 러는 CEO에게 직접 보고했으며, 최고디지털임원그룹을 통해 디지털 전략을 가속화하는 자산에 접근하면서 사업조직에 직접적으로 연결되었다. 아직까지는 괜찮았다. 그러나 빌 러는 목표를 달성하기 위한 자신만의 자원이 거의 없었고, 그의 전략을 실행하려면 사업부 자원을 배치해야 했다. 최고디지털임원팀은 유용한 동맹군이었지만, 빌 러는 GE 디지털이 무엇이라도 하려면 여전히 사업부 책임자와 임원들에게서 지원을 받아야 했다. 그들은 고객접근과 자원을 통제했다. 이것은 이멜트가 핵심사업을 변혁하는 것과 프레딕스로 변혁적인 신사업을 만드는 것의 두 목표를 가진 '양극조직'이라고 부른 것이었다. 빌 러는 GE 디지털과 기존 사업조직 양쪽을 위해 동시에 일하는 팀에 의존했다. 그것은 프레딕스 신사업의 성공을 전적으로 핵심사업에 의존하게 하면서 양손잡이형의 첫 번째 규칙—탐험의 자율성—을 깼다. 어느 CEO가 경력을 결정짓는 변혁을 왜 이런 식으로 위험에 몰아넣으려 할까?

이멜트는 비록 새로운 전략에 깊이 전념했지만, 또한 성과를 유지하기 위해 기존 사업에도 의존했다. 이 조직들은 GE 디지털이 개발하는 데이터 주도 서비스를 가능하게 하는 기술의 태동을 잘 알아채고 있었고, 각 사업조직은 그것을 최대한 활용하는 데 관심이 있었다. 뛰어난 책임자들은 모두 새로운 기술이나 소비자행동 트렌드가 어떻게 성장기회를 만들지 알아보는 데 도움이 되는 프로젝트를 하고 있었다. 빌 러가 임명되었을 때, GE는 이미 기계성능을 모니터링하는 데이터와 분석기술의 애플리케이션을 탐색하는 팀들이 있었다. 비록 그것은 새로운 시장영역이었지만, 내부적으로는 이러한 프로젝트들과 과제들이 펀딩을 받으려고 경쟁하며 혼잡했다. 양손잡이형 조직의 논리를 적용하자면, 이멜트는 빌 러에게 이러한 모든 활동을 맡기고 충분한 독립성과 성공하기 위한 자원을 제공해야 했다. 그런데 그것은 그가 성과를 유지하기 위해 의지하고 있는 기존 사업책임자들에 반하는 것이었다. 이멜트는 긴장을 피했고, 기존 사업들이 지배하게 했다. 이 사업조직들은 GE 디지털에 대해 분리된 사업으로서의 정당성을 부정하고, 손익조직으로 하되, GE 디지털의 매출은 회사 전체의 소프트웨어 매출의 합으로 했다. 사업조직들은 프레딕스 플랫폼에서 발생하는 매출의 기여분을 산정하는 공식에 합의하기를 거부했다. 그 결정은 GE 디지털이 자체적인 정당성을 확보하는 것을 막고 그 상태로 놓아두었다. 이멜트의 '양극'조직은 경쟁하는 사업조직을 달래기 위한 타협이었다. 그것은 그에게 디지털 전략을 추진하는 지지를 얻게 하고 회사 내에 조화를 유지했다. 하지만 기존 사업에 의존하게 함으로써 그의 변혁전략을 바로 실패하게 했다.[13]

이멜트의 행동은 특별하거나 놀랍지 않다. 대부분의 사람은 자신이 구성원인 어떤 집단에서나 조화를 유지하는 행동을 취한다. 그것은 기본적인 진화생물학이다. 인간은 집단 안에서 보다 안전하고 성공적이다. 이것은 사람들이 어떻게 논쟁적인 이슈를 피하기 위해 대화를 짜맞추고, 단어를 선택하고, 감정을 건드릴 수 있는 사람을 달래기 위해 타협하는지 보면 드러난다.

변화 리더

우리는 이 장을 시작할 때 핵심사업시스템이 신사업탐험가의 가장 상대하기 힘든 적이라고 했다. 이런 네 가지 침묵의 살인자는 많은 큰 조직에 퍼져있고, 프로젝트를 하는 중에 그것들 대부분을 만나게 될 것이다. 어떤 것은 인간의 심리, 심지어는 진화생물학의 기본이어서 많은 조직에 영구적으로 존재하는 특성이다. 그런 명백하게 넘기 힘든 장애물을 신사업탐험가가 어떻게 극복할 수 있을까? 비록 이런 문화적 장벽이 넘기 힘들다 해도 그것들 또한 둔하고 느리게 움직인다. 거의 모든 경우에 혁신과 성장의 동기를 망칠 계획적이고 의도적인 욕구는 없다. 그들은 자신의 업무를 성공적으로 수행하는 것들을 한다고 생각하면서 습관적으로 행동한다. 신사업탐험가는 새로운 표준을 설정함으로써 성공한다. 그들은 조직 내에서 변화를 위한 움직임을 만들며, 기존의 전문적 정체성을 방어하는 것이 의미가 있거나 또는 단기 수익을 최적화하거나 편안함을 최대화하는 것이 관리자의 직무라는 것에 의문을 제기한다. 신사업탐험가의 일은 혁신가 이상이며 변화주도자이다. 성공은 혁신과 변화 둘 다 모두 훌륭하게 하는 데서 온다.

혁신과 변화의 이중나선을 관리하는 것은 창업자와 신사업탐험가 간에 핵심적인 차이가 있는 능력 중 하나다. 다음 장에서 우리는 신사업탐험가가 신사업에 대한 지원을 구축하고, 후원자를 만들며, 신사업 조직 내에 고유한 문화를 만드는 전략에 대해 설명한다. 우리는 비전과 목적을 알리고, 반대를 중화시키고, 사업부가 존경할 수 있는 진척을 보여주는 몇 가지 주요한 전술을 설명할 것이다. 이것들은 아이디어 창출, 보육, 스케일링만큼 중요하지만, 전통적인 혁신가가 아니라 변화 리더의 역량이다.

요약

이 장에서 우리는 고무적인 이야기에도 불구하고 신사업의 성공 가능성에 반하는 것들이 어떻게 쌓이고 있는지 논의했다. 주요한 장벽은 탐험이 아니라 활용에 맞춰진 핵심사업시스템이다. 우리는 다섯 가지 침묵의 살인자가 어떻게 GE 디지털의 빌 러 같은 신사업탐험가의 일을 방해하는지 설명했다.

핵심사업은 도전을 받았을 때 그것의 전문적 정체성과 사업의 토대를 이루는 가정을 보존하려고 한다. 이것은 핵심사업이 신사업의 활동을 잘못 이해하거나 오해하게 만든다.

수익이 나는 핵심사업은 잃을 것이 많고, 신사업 같은 불확실성에 노출되는 것을 최소화하고자 한다. 이것은 우리가 얻을 수 있는 것에 흥분할 때조차도 위험을 회피하는 것을 선호하게 한다.

단기에 최적화되어 집중하는 조직은 와해가 임박하고 변화해야 하는 것이 반박할 수 없을 때조차도 매일매일의 운영을 넘어서 보는 것을 어려워한다.

이 단기 관심을 지속하게 하는 구조 중 하나는 계획과 차이를 감지해서 실패를 수정하는 것에 집중하게 하는 측정시스템이다. 그것은 핵심사업이 성과기대를 맞추는 것과 탐험사업의 불확실성을 관리하는 것 사이의 긴장을 일으킨다.

리더들은 때로는 신사업탐험가를 도와주지만 팀 내 긴장을 높이는 결정을 하기보다 편안함을 최대화하는 것을 선호하며 이러한 갈등을 피하는 선택을 한다.

11장_ 이중나선: 신사업탐험가는 어떻게 혁신과 변화를 주도하는가

빌 러Bill Ruh의 운명은 조직의 정치와 타성이 어떻게 GE 디지털 같은 신사업을 약화시킬 수 있는가를 보여준다. 프레딕스Predix의 혁신가치가 무엇이었든 간에 빌 러의 신사업이 없어지는 데 기여한 것은 이 난제들이었다. GE에 일어난 것은 전혀 이상한 것이 아니다. 신사업탐험가는 이런 많은 압력에 맞닥치는 것을 예상해야 하고 그것들을 관리할 계획을 세워야 한다. 새로운 사내벤처는 투자를 핵심사업에 의존하고, 성공하려면 핵심사업의 자산에 접근해야 한다. 이러한 의존성을 관리하는 것은 성공의 전제조건이다. 신사업탐험가는 혁신가이자 변화의 리더이다. 한쪽의 성공은 다른 한쪽에 의존한다. 이것이 우리가 이중나선double helix이라고 부르는 이유이다. 변화 리더와 혁신 리더의 역할은 DNA 이중나선 분자처럼 단단히 엮어져 있다. 변화관리 없이 혁신에 집중하면, 신사업은 위험에 처할 것이다. 신사업탐험가는 사업기회를 어떻게 탐험할 것인지 계획이 필요하고, 또한 핵심사업과의 관계를 어떻게 관리할 것인지 또 다른 계획도 필요하다. 이 장은 변화 리더로서 계획에 집중하며, 전체에 걸쳐 어떻게 신사업탐험가가 두 역할을 동시에 관리하는지 강조하겠지만, 다음 세 가지는 혁신에 집중한다.

신사업탐험가는 세 가지 주요한 의존관계를 관리해야 한다. 기업은 투자자이다. 그들은 기대사항을 정의하고, 펀딩을 하고, 진척을 평가해야 한다. 창업자와 벤처투자자와의 관계와 달리 신사업을 펀딩해 주는 CEO와 CFO는 높은 불확실성에서 운영하는 사업의 성과를 어떻게 평가해야 하는지 상대적으로 거의 모를 수 있다. 신사업탐험가는 고위경영진에게 실험에서 나오는 데이터와 통찰력을 어떻게 맞춰볼지, 마일스톤 진척을 어떻게 관리할지 보여주는 선생이 되어야 한다. 그들은 신사업이 보는 기회와 왜 그들이 그것을 변환시키는 좋은 위치에 있는지를 잘 전달하는 명확한 이야기가 필요하다. 그들은 신사업의 배경에 있는 목적을 전달할 수 있는 기억할 만한 이야기를 개발하는 스토리텔러가 되어야 한다. 이 설득력 있는 이야기는 주요 이해관계자를 관여시키고, 기억하기 쉽고, 어느 신사업이나 시간이 지나면 하게 되는 피봇에 맞춰 변형가능할 정도로 광범위해야 한다. 또한 고위경영진이 정기검토회의 사이에도 그 이야기를 따라갈 수 있도록 일관성 있는 줄거리를 제공한다. 신사업탐험가는 또한 신사업에 대한 비공식적 이야기들이 긍정적이도록 확실히 평판을 관리해야 한다. 소문이나 가짜 사실들이 사업에 대한 확신을 약화시키는 것은 쉽다. 이것의 제일 핵심이 되는 것은 증거기반 의사결정의 롤모델인 신사업탐험가이다.

두 번째 의존관계는 신사업탐험가가 스케일링에 필요한 핵심사업 자산(고객, 기술 등)에 접근을 원하는 것이다. 신사업 주위에 내부 생태계를 개발하는 것은 신사업탐험가가 핵심자산에 성공적으로 접근할 수 있는 능력을 상당히 향상시킨다. 그들은 후원자, 협력자, 옹호자, 그리고 대리인을 모아서 핵심사업에 접근하고, 반대를 제압하고, 신사업에 대한 이해를 넓힐수 있도록 해야 한다. 그것은 만약 신사업탐험가가 조직 내에서 끌어들일 수 있는 깊은 사회적 자본의 원천을 가진 내부자라면 도움이 된다. 외부 채용인원은 팀 내에 조직통찰력과 개인적 인맥을 가진 리더들이 있다면 성공할 수 있다.

세 번째 의존관계는 반대 방향이다. 회사는 신사업탐험가가 개척자로서 시간이 지남에 따라 회사를 어떻게 변혁시킬 수 있는지에 의존한다. 신사업에 투자하는 경우 중 재무수익에 따르는 것은 단지 일부이다. 신사업에 투자하는 것은 또한 시장과 기술적 와해에 대해 학습하고, 새로운 사업모델을 시험하고, 태동하는 역량을 개발하는 방법이다. 신사업은 잠재적인 미래조직을 나타낸다. 그것은 상업화 가치제안을 시험하는 것 못지않게 오래된 사업모델의 가정을 깨뜨리는 새로운 업무 실행방법을 확립하는 것이다. 신사업탐험가는 그들이 깨뜨리는 금기사항을 알고 있어야 하며, 어떤 알레르기 반응에 대해서도 진취적으로 관리해야 한다. 우리는 이 마지막 의존관계가 다른 것에 대한 맥락을 설정하므로 먼저 설명하겠다.

미래조직

스타트업과 기존 기업에 대해 가장 인상적인 것 중 하나는 조직문화이다. 수년 전에 우리는 뉴욕의 기업 고객들을 위해 성공적인 실리콘밸리 스타트업 여러 곳을 방문하도록 주선했다. 박스닷컴Box.com에서 회사 COO인 댄 레빈Dan Levin이 커다란 미끄럼틀을 타고 응접공간 쪽으로 내려와 우리 고객 CEO들을 맞이했다. 이러한 유쾌한 순간이 느리고 신중한 기존 기업의 문화와 신생 스타트업의 문화 차이를 대표했다. 신사업탐험가는 기존의 일하는 방식을 확장한다. 그리고 종종 회사가 원하지 않거나 인정하지 않을 때도 회사 전체를 위한 새로운 가능성을 열어주면서, 조직 내로 활기를 들여오는 일을 맡고 있다. 체리스크Cherrisk는 단지 소비자보험 오퍼링이 아니며, 저원가의 고객지원 및 청구처리 인프라를 구축하고 있다. IBM 라이프 사이언스Life Science는 특정 산업 가치제안 전략의 개척자였다. 그것은 IBM이 누구를 채용할지, 어떻게 행동하는지, 심지어는 어떻게 옷을 입는지까지 문제삼았다. IBM 소머스Somers에 있는 건물에서 컴퓨터 서버Computer Server부문으로부터 라이프 사이언스 그룹으로 건너가는 것은 다른 세상으로 들어가는 것 같았다. 발라지 본딜리Balaji Bondili는 딜로이트의 전문서비스 사업모델에 도전했다. 실제로 픽셀Pixel은 전문서비스를 제공한다는 것이 무엇인지에 도전했다. 그것은 전통적인 컨설팅에 추가되는 것으로 시작했지만 혁명적인 것이 되었다.

미래조직모델을 수용하지 않는 것의 결과도 있다. GE 디지털은 제조업 고객용 솔루션을 개발하는 데 엔지니어링만큼 데이터에도 가치가 있다는 것을 회사에 가르치려고 시도했다. 그 교훈을 학습하는 데 느렸던 것 때문에 지금 GE는 잘 적응했던 다른 회사들에 비해 뒤처졌다. 만약에 전략을 변화시켰는데 전략 실행방법을 바꾸지 않는다면 모든 것이 느려지고 더 힘들어진다. 그리고 그들은 결국에는 바꾸려고 했던 애초의 전략에 그대로 머무르게 될 것이라는 것을 배웠다. 여러분은 신사업탐험가를 옆 사무실에 두고 기존에 항상 해오던 방식으로 실행하는 것을 기대할 수는 없을 것이다. 신사업은 항상 새로운 역량, 새로운 프로세스, 그리고 새로운 행동이 필요하다. 신사업은 조만간 핵심사업의 미래와 매우 관련이 있을 수 있는 일하는 방식의 보육자incubator이다.

지난 10년간 많은 신사업들은 회사들이 어떻게 디지털 제품관리 방식을 받아들일 것인가에 대해 가르쳤다. 고객행동 데이터가 어디에나 있음에 따라 회사들은 이 인사이트를 활용해 의사결정하는 방법을 학습해야 했다. 수년 전에 우리는 교재 출판사와 일을 했는데, 그 출판사는 개별 학생의 니즈에 따라 콘텐트를 제공하는 새로운 온라인 '적응학습' 제품을 만들고자 했다. 이것은 디지털 제품관리의 삼위일체, 즉 사용 실례use case, 실험, 그리고 데이터를 한번에 채용하는 것을 포함했다. 사용 실례는 고객이 자신의 언어로 정의하는 고객문제이다. 실험은 규율을 가지고 사용 실례를 만족하는 대안 솔루션을 평가하는 노력이다. 데이터는 온라인에서 제품에 관여할 때 고객행동에서 나오는 실증 증거이다. 제품이 기대한 대로 충분한 고객관여를 받는다고 데이터가 보여주면, 이것은 실험이 사용 실례를 만족시키고 있다는 증거이다.

출판사에게 이 접근방식은 전통적인 시장조사, 제품개발, 론칭의 업무흐름에서 근본적인 변화였다. 이제 제품 특장점은 고객행동에 원하는 영향을 주는지 결정하기 위해 고객집단을 상대로 실시간으로 시험되었으며(예, A/B 테스트), 반복적으로 개발되는 오퍼링도 마찬가지로 시험되었다. 이 실행방식의 전환은 새로운 적응학습 제품그룹에서 먼저 시작되었지만, 핵심사업에게 고객 선호를 학습하기 위해 어떻게 데이터를 가지고 일해야 하는지 가르쳐 주면서 곧 그곳을 넘어 퍼졌다. 그 회사는 디지털 시대의 언어와 운영원칙을 채택하는 것을 배웠으며, 적응학습 제품 같은 신사업을 통합하는 것뿐 아니라 디지털 네이티브 인재와 스타트업 인수를 통합하는 데 도움을 주었다. 신사업은 핵심사업에게 미래의 조직에 대해 가르쳐 주었다.

이 디지털 업무 실행방식은 사람들이 어떻게 행동해야 하는지도 재설정했는데, 그것은 문화 전환이었다. 사용 실례–실험–데이터 삼위일체에 기반해서 의사결정을 하는 것은 직감이나 회의실에서 큰 소리보다 증거를 가치 있게 여긴다는 것을 의미한다. 그것은 명백히 바람직해 보일 수 있지만, 강력한 위계나 전문가위원회를 통해 의사결정을 해온 조직에게는 기존에 일이 실행되었던 방식에 대한 도전이었다. 출판사의 신사업탐험가는 심지어 팀들이 증거가 없이도 앞으로 나가자고 했을 때 양보하면 안 된다는 것을 배워야 했다. 그는 새로운 행동들의 역할모델을 함으로써 문화를 재설정했다. 또한 책 출판업에서 팀들이 가지고 온 기존 의식을 변화시키기 위해서는 이 규칙들을 다소 엄격하게 적용해야 한다는 것을 학습했다. 신사업 내에서 이러한 전환에 대해 매우 명시적으로 하는 것이 중요하다. 새로운 업무 실행방식(예, 디지털 삼위일체), 새로운 행동표준(위계가 아니라 데이터에 기반한 의사결정), 새로운 역량(데이터 분석기술)이 필요하고, 그리고 리더십(증거를 사용하는 것을 지키는 것)이 있다.

IBM에서 EBO프로그램은 신사업을 운영하는 방법에 대한 교육 프로그램으로 시작했다. 우리는 이 접근방법을 다른 곳에서도 똑같이 했으며 그것이 신사업탐험가가 업무 실행방식, 문화, 그리고 리더십을 재설정하는 데 도움을 준다는 것을 발견했다. 또한 핵심사업에 있는 사람들을 교육에 포함시킴으로써 내부 생태계 내에 정렬시킬 수 있는 중요한 순간이다. 그것은 또한 신사업의 이야기—그것의 존재 근거를 제공하는 설득력 있는 이야기—를 보여주는 시연장이다.

스토리텔러Storyteller

2000년대 초반에 IBM이 급격히 범용화되는 PC시장에서 씽크패드Thinkpad 제품의 차별화전략을 실행하면서 회사 내에 이야기가 하나 돌기 시작했다. 한 고객이 어느 날 IBM 판매원에게 씽크패드가 IBM이 주장하는 것처럼 튼튼하다는 것을 증명해 보라고 했다는 것이다. IBM은 랩탑이 떨어지는 것을 내부 센서가 감지해 팽창하는 에어백을 최신 제품에 넣었다. 이것은 하드디스크 드라이브가 손상되는 것을 방지했고, 다른 특장점과 더불어 우발적인 손상을 예방하도록 도왔다. 판매원은 씽크패드를 여러 경쟁제품들과 같이 4피트 높이에서 회사 주차장 콘크리트로 떨어뜨리는 시험을 제안했다. 유쾌해진 고객은 동의했고 시험결과 IBM 제품만 켜지는 것을 보고 놀랐다. 다른 제품들은 고칠 수 없을 정도로 부서졌고, 튼튼한 IBM 제품을 사는 것이 델Dell이나 HP 제품보다 사용기간 동안 더 좋은 투자 대비 수익을 준다는 것이 검증되었다. 이 이야기는 IBM 전체에 빠르게 퍼졌고, 전략을 전달하고 그것이 효과적인 수 있다는 자신감을 팀에게 주었다.

이처럼 잘 전달된 이야기는 파워포인트 차트가 할 수 없는 방식으로 정보, 근거, 가치를 동시에 전달할 수 있다. 그것은 어떤 제품이 왜 고객에게 가치가 있는지의 상황—IBM 랩탑은 더 비싸지만, 저렴한 제품보다 오래가고, 수리가 적어 길게 보면 덜 비싸다—을 만들어 준다. 이런 의사소통방식은 추상적이거나 상상으로 보일 수 있는 비전에 실체가 필요한 신사업탐험가에게 특히 더 중요하다. 예를 들어, 한 신사업탐험가는 회사의 핵심사업을 넘어서는 접근방법을 활용해 당뇨병을 치료하는 혁신적인 의료기기를 개발하고 있었다. 그는 기기의 성공적인 첫 시험 적용을 당뇨로 고생하며 살다가 인생이 바뀐 남자의 이야기로 신중하게 설계해서 바꾸었다. 그 이야기는 임상시험결과에 대한 특정한 정보를 제공했지만, 또한 조직 내 사람들이 말하고 다른 사람에게 자부심을 가지고 다시 이야기하려고 하는 휴먼 스토리를 제공했다. 사람들에게 그들이 인간의 생명을 살리고 있는 것이 얼마나 훌륭하냐고 말하는 것은 그들을 대의명분에 결집시키는 것이었다.

좋은 이야기는 조합하기 매우 쉬운 몇 가지 주요한 요소를 가지고 있다. 구조, 메시지, 숨은 의미, 주인공, 그리고 설득력 있는 이미지 또는 기억하기 쉬운 유사성이 있다. 단순한 구조는 잘 작동

한다(비록 복잡한 아이디어를 전달하는 우화 같은 정교한 이야기 구조가 있지만).[01]

- 고객문제: 사라 카발류Sara Carvalho가 페루에서 긴 하이킹 후 온수를 원한 것 또는 당뇨병 환자가 일상적인 생활을 영위하고자 하는 것처럼 혁신이 해결하고자 하는 니즈를 생생하게 설명하는 실생활의 경험
- 고객 상황: 목표고객의 감정적인 반응뿐 아니라 온수를 만들기 위한 안정적 전기의 부족 또는 당뇨에 걸려 생활하는 어려움 같이 왜 이것이 그렇게 어려운 문제인지 보여주는 것
- 혁신 솔루션: 솔루션이 어떻게 이 불편함들을 해결하고 고객에게 감정적이거나 사업적 영향을 주는가.

숨은 뜻이 있는 이야기를 구성하는 것은 아주 명시적으로 하지 않으면서도 반대를 중화하는 데 도움이 된다. 예를 들어, 당뇨 이야기를 하는 신사업탐험가는 이미 헬스케어에 사용되는 광범위한 제품을 가지고 있는 회사 내에 있었다. 이 이야기의 의미는 신사업이 새로운 분야를 열 것이고, 핵심사업과 경쟁은 없을 것이라는 점이었다. 신사업탐험가는 동료들에게 가능성을 고무하는 한편, 중복에 대한 우려를 완화시키기 위해 겹치는 부분이 없다는 점을 강조했다. 생생한 이미지가 있는 이야기는 이해관계자들이 혁신의 효과를 가시화할 수 있게 해준다. 그것은 우리의 시각적 학습능력을 개입시켜 마음속에 주요한 메시지를 각인시킨다.

크리스티안 커티즈Krisztian Kurtisz의 체리스크 피치 스토리pitch story는 전통 보험산업을 이야기의 주인공으로 설정했다. 그는 보

험회사 매출의 얼마나 큰 비율이 고객에게 아무런 혜택을 주지 못하는 관료구조를 지탱하기 위해 쓰이는지 강조했다. 커티즈는 전통적인 사무실 건물과 체리스크에 필요한 두 명으로 된 팀의 이미지를 나란히 놓고 보여줬다. 대형 사무실 건물 그림은 체리스크에 필요한 크기를 아주 작게 보이게 했다. 사무실 건물과 비엔나 다뉴브 운하에 있는 UNIQA 타워의 유사성은 보는 사람에게 잊히지 않았다. 그가 전하려는 뜻은 명확했다. 체리스크 같은 사업모델은 아주 적은 것을 가지고 더 많은 것을 할 수 있다. 아날로그디바이스Analog Devices의 케빈 칼린Kevin Carlin은 신사업의 이야기를 가시화하는 것에서 한 발 더 나아갔다. 그는 차량 생산라인의 금속프레스 기계에 그의 조건기반모니터링 솔루션을 시험적용하는 고객의 짧은 영상을 만들었다. 그 기술은 두 패널이 닿으면서 철꺽 하는 소리를 감지하고, 괜찮은 철꺽 소리와 고장을 일으켜서 생산라인을 멈출 수 있는 소리를 구별할 수 있다.[02]

이야기는 듣는 사람을 관여시킬 정도로 충분히 상세해야 하고, 신사업이 피봇할 때 이해관계자에게 새로운 이야기를 다시 해야 할 필요가 없을 정도로 충분히 개괄적이어야 한다. 우리 고객 중 하나는 소기업에 중점을 둔 사이버 보안 신사업을 만들었다. 목표는 컨설팅, 소프트웨어, 훈련을 포함한 통합서비스를 제공하는 것이었다. 그러나 그들은 사이버 보안 훈련이 온라인 보안 취약성 때문에 혼란스러운 시장을 교육하는 것에 대해 어떻게 도울 수 있는지에 대한 이야기를 했다. 훈련 제품이 실패했을 때 그들은 펀딩을 잃었고, 같은 시장에서 새로운 가능성으로 피봇하게 해주는 이야기에 다시 의존할 수가 없었다. 창업 스토리텔링에 대한 한 관점은

"이야기가 구체적일수록 틀릴 가능성이 더 커진다"라는 것이다.[03] 특정한 약속에 가두는 대신에 창업자나 신사업탐험가는 제품 특장점과 기능을 이야기하지 않고 사람들을 가치제안에 연결시켜 주는 개괄적인 이야기를 개발해야 한다.

넷플릭스Netflix의 리드 헤이스팅스Reed Hastings는 회사 이름에서 암시하듯이 처음부터 가정용 온라인 스트리밍을 목표로 했음에도, DVD 우편 배송으로 시작했다.[04] 이 이름은 오락 콘텐트에 손쉬운 고객 접근이라는 컨셉을 가진 두 오퍼링을 깔끔하게 담았으며, 때가 되어 온라인으로 피봇하는 것을 관리하기가 쉬웠다.[05] 신사업탐험가는 완성된 사업제안이 아니라 비전을 가지고 시작한다. 커티즈가 그의 이야기에 체리스크가 처음에 누구를 고객으로, 어떤 오퍼링을, 어느 가격으로 제공한다는 것을 정확하게 설명한다면, 그것은 학습할 여지가 하나도 없게 된다. 그는 팀이 고객이 원하는 것을 학습하는 것에 맞춰 그 이야기를 변형할 수 있어야 한다.

스토리를 사용하는 큰 가치는 사람들이 조직 내에서 스토리를 다시 이야기하게 함으로써 급속히 퍼질 수 있는 잠재성이 있다는 것이다. 이것은 신사업탐험가가 행동할 필요가 없이 신사업의 목적을 전달해 준다. 이 접근방법은 회사 내 비공식조직이나 사회적 네트워크를 활용해 메시지를 전달할 수 있다. 사회적 네트워크는 단순히 조직 내에서 사람들 간에 관계를 설명하는 방법이다. 누가 누구에게 이야기하고, 무엇에 대해 이야기하고, 소문은 누가 시작하고, 누가 가장 영향력이 있고, 누가 의사결정 권위가 있는 사람에게 이야기를 하는가? IBM의 씽크패드 이야기가 정말 사실인지 누가 알겠는가? 수천 번 다시 이야기된다면, 메시지는 그것을 알 필요가 있는 사람에게 받아들여진다. 그것이 좋은 이야기의 가치이다.

사회적 네트워크 리더

신사업탐험가는 이해관계자를 알고 있고 설득력 있는 이야기가 있다. 그들은 이 자산을 활성화시켜 회사의 사회적 네트워크 또는 내부 생태계에 지지자를 구축해야 한다. 그들은 조직 내외부에서 신사업을 앞으로 움직이기 위해 **협력자**ally, **옹호자**advocate, **대리인**ambassador, **수호자**angel의 광범위한 연합이 필요하다([표 11-1] 참조).

협력자ally는 신사업탐험가의 니즈를 지원해 주는 사람이다. 가장 중요한 협력자는 사업 주요한 부분의 게이트키퍼로 예민한 기술 리더 또는 판매 리더일 수도 있는 핵심사업조직의 리더들이다. 회사의 가장 큰 사업의 책임자는 상당한 권력과 영향력을 행사한다. 그들은 미래를 위한 투자보다 수익 창출에 집중하는 혁신 이야기의 악역으로 종종 인식된다. 리더들이 자기 것으로 보는 핵심사업의 시장영역에 신사업이 침범한다면 명백한 긴장을 야기한다. 이것은 그들을 경쟁적이고 회의적으로 만들며, 심지어는 신사업의 존재 자체를 반대하게 할 수 있다. 자기영역이나 저장고silo를 방어하는 사업조직 리더들을 비합리적 또는 감정적이라고 해석하기 쉽다. 신사업탐험가는 그러한 반대가 합리적이라는 전제에서 출발할 필요가 있다. 그러고 나서야 그 리더들을 협력자로 만드는 접근

표 11-1 내부 생태계 참여자

생태계 내 역할	정의	목적	확보전략
협력자Ally	영향력과 권위를 가진 사람	신사업탐험가를 위해 문제를 해결하고 그들을 대신해 다른 고위 리더에게 옹호함	전략적 목적, 관심과 정렬. 탐험에 대해 친화적인 사람을 찾음
옹호자Advocate	동료 또는 관리자	다른 사람에게 신사업을 긍정적으로 이야기해 줌	비공식 모임, 개인적 네트워크
대리인Ambassador	동료 또는 관리자	어려움을 해결하기 위해 반대자와 연계함	개인적 네트워크, 탐험에 대해 친화적인 사람
수호자Angel	자원을 확보해 줄 수 있는 고위임원 후원자	신사업을 승인하고, 신사업탐험가에게 성과책임을 맡김	전략적 목표, 열망, 야망을 실현하는 방법. 성장 또는 투자위원회가 있다면, 이것은 용이할 것이나, 그런 경우는 거의 없음

방식을 설계할 수 있다. 핵심사업 관리자는 신사업의 논거에 동의할 수도 있다. 그들은 건전한 수익흐름을 내고 미래 성장대안을 만드는 것 둘 다 해야 하는 필요성을 이해한다. 그들은 또한 회사의 매출과 수익을 창출하는 목표를 가지고 있다. 신사업은 이 점에서 그들을 도울 수 있지만, 종종 신사업의 이익은 아주 먼 미래에 나오거나 너무 작아 중요하지 않다. 신사업을 반대하는 관리자들은 그들의 관점에서 보면 사업성과를 최적화하기 위해 합리적인 선택을 하고 있는 것이다. 두 아이디어를 동시에 유지하는 것은 어

렵다. 따라서 그들을 신사업에 주도적으로 관여시키고 업데이트를 제공하며 반복적으로 재관여시키는 것은 그런 만남이 얼마나 불편하든 간에 성공에 중요하다.

이를 위한 한 가지 전략은 신사업에 고위임원을 끌어들이는 것이다. 독일 뮌헨에 있는 아우디 사업혁신조직Audi Business Innovation: ABI은 고급자동차회사의 탐험사업조직이다. ABI의 신사업탐험가 베티나 베른하르트Bettina Bernhardt는 미국의 실버카Silvercar와 남부 독일의 BITS 같은 아우디의 혁신 모빌리티 오퍼링을 만들었다. 이 신사업들은 아우디가 우버 같은 승차공유서비스에 대응하는 대안을 만들어 주었다. 아우디는 ABI를 분리된 회사로 만들어 회사의 매우 엄격한 법률과 고용규칙 밖에서 자유롭게 운영하도록 했다. 조직의 분리된 소재지, 업무 실행방법, 정체성은 ABI가 빠르게 움직이는 데 도움이 되었다. 베른하르트는 아우디 고위경영진을 각 신사업조직의 이사회에 앉도록 했다. 그들은 신사업조직의 개발에 밀접하게 연결되었으며 주인의식을 가졌다. 이를 통해 베른하르트는 그녀의 아우디 고위동료를 신사업에 합류시킬 수 있었다.[06]

옹호자advocate는 조직의 다음 계층에 있다. 그들은 필요할 때 일이 되도록 도와주는 조직 전체에 걸쳐 있는 사람들이다. 캐롤 코박Carol Kovac은 이 관계를 IBM 라이프 사이언스 확장팀으로 공식화했다. 옹호자는 사업 친구들이었다. 일부는 그들의 상사들과 신사업을 도와도 된다는 합의를 했으며, 다른 사람들은 신사업이 성공하도록 시간 외로 일했다. 코박은 그들을 이용해 그녀의 팀이 IBM 핵심사업의 자산을 활용하는 상세한 구조를 만들었다. 그들은 자원의 활용을 계획하고, 라이프 사이언스 조직 프로젝트에서 일할 최고의 인재를 확보하고, 발생하는 모든 문제를 관리하는 것을 도와줄 수 있었다. 이것은 코박이 핵심사업과의 마찰을 최소화하고 고위 리더로부터 요구를 받았을 때 팀들의 실행계획을 미리 챙겨 볼 수 있도록 해주었다.

대리인ambassador은 협력자로 만들 수 없었던 핵심사업의 리더들에게 신사업의 일이 되게 도와주도록 만드는 친구들이다. 코박은 IBM에서 오랜 기간 일해서, 신사업의 진행을 어긋나게 할 이슈가 생길 가능성이 있다고 알고 있는 조직의 동료들과 비공식적인 만남을 만들 수 있었다. 그녀는 그들에게 무엇이 일어나고 있는지 설명해 주고, 회의에서 배경설명이 필요한 부분을 얘기해 달라고 부탁했다. 신사업탐험가는 나쁜 의도를 조장하는 소문을 없애기 위해 대리인이 필요하다. 잘 선택된 몇몇 사실들은 신사업의 활동 배경, 어리석게 보일 수 있는 방법의 배경에 대해 기존 조직과 공유할 수 있도록 지원해 준다.

수호자angel 또는 후원자sponsor는 신사업의 펀딩에 대해 조직적인 권한을 가지고 있다. 신사업탐험가는 두 가지 방식으로 시작한다. 일부—IBM의 캐롤 코박이나 딜로이트의 발라지 본딜리—는 기업혁신 또는 성장과제에 모집되었다. 다른 사람들—크리스티안 커티즈 같은—은 아이디어를 개발하고 조직적인 지원을 구한다. 이 두 가지는 다른 출발점이다. 코박과 본딜리는 신사업을 제안하기 위해 공개모집되었다. 아무것도 없는 상태에서 수호자를 구하는 것은 오래 걸리는 과정이다. 여러분은 고위 리더십에 있는 협력자의 도움을 구해 기반을 준비해야 한다. 크리스티안 커티즈는 먼저 그의 협력자 네트워크에서 지지를 얻은 다음에야 UNIQA 경영진에 발표할 수 있는 기회를 얻었다. 어느 경우에나 후원은 주어지는 것이 아니다. 신사업탐험가는 적절한 후원자를 구해서 수호자로 만들고 그들로부터 기대하는 것이 무엇인지 확실히 알아야 한다. 여러분에게 주어진 후원자가 여러분이 필요한 수백만 달러의 투자를 할 능력이 없을 수도 있으며, 여러 번의 예산주기 동안 이것이 유지되도록 도와주지 못할 수도 있다. 그것이 그들을 수호자라고 부르는 이유이다. 수호자는 여러분이 친교를 깊게 하고 의지할 수 있는 사람들이다.

핵심은 리더의 전략적 야망과 연결을 만드는 것이다. 그들이 지금은 할 수 없지만 가장 이루고자 하는 것은 무엇인가? 더 고위층의 리더를 모집하기 위해서는 신사업의 이야기에 이 연결이 생생하게 담겨 있어서 후원자의 열망을 채워주는 것으로 인식되어야 한다. 8장에서 혁신 또는 성장투자위원회에 대해 이야기했다. 이런 종류의 구조는 후원자를 구하는 일을 쉽게 만들어 준다. 그들은 그런 공식적인 책임이 있다. 그러나 후원자가 되는 것이 후원을 제공하는 것과 같은 것이라고 가정하는 것은 실수가 될 수 있다. 신사업탐험가는 여전히 그들의 적극적인 지원을 얻고 유지해야 한다.

수호자의 역할은 이름이 말하는 것처럼 벤처투자자가 되는 것과 유사해서 위험을 평가할 수 있고, 지침을 주며, 의사결정을 지원하는 것이다. 특히 초기에 그들의 지향성은 성과를 요구하기보다는 학습을 격려하는 것이다. CEO나 다른 고위인사가 성장과제를 시작할 때, 그들은 후원자와 핵심사업의 실행 경영자가 어떻게 다른지 이해하지 못할 수 있다. 그들은 역할과 거버넌스 방식을 정의해야 한다. 그리고 수개월 간격의 검토 회의가 아니라 고위 리더들이 참여하는 정기적인 흐름을 정해서 시간이 지남에 따라 이야기를 만들어 나가는 기회가 있어야 한다. 앞에서 언급한 의료기기 신사업탐험가는 한 걸음 더 나가 외부 시장 전문가들로 구성된 자문위원회를 구성했다. 이것은 그들에게 활동지침을 주는 경험이 풍부한 자문그룹에 접근하는 효과를 주었고, 고위 리더들에게는 다른 방식으로 관여하는 롤모델을 제공했다. 어떤 신사업탐험가들은 심지어 수호자그룹을 만들어, 지원이나 투자를 해주는 수호자 하나의 전략이나 업무가 바뀌더라도 나머지 수호자에 기댈 수 있도록 한다.

내부 인재 또는 외부 인재

양손잡이형 전략을 추진하고자 하는 많은 회사들이 신사업 임무를 주도할 임원들을 외부에서 채용한다. 현상을 와해하는 규칙 파괴자를 찾고 있다면 회사 밖으로 나가서, 더 나가서는 산업 밖으로 나가서 신사업탐험가를 찾는 것은 이해할 수 있는 일이다. 회사가 신사업탐험가의 역할에 외부 임원을 채용하는 것은 매우 일반적이다. 그들은 특정 시장에 접근하는 방법이나 회사가 부족한 사업 스킬을 갖춘 리더를 찾고 있다. 그들은 또한 내부 리더들은 신사업을 론칭할 기업가정신이 없다고 결론을 내릴 수도 있다. 그들은 높은 위험을 견디고 현상에 도전할 능력이 있는 누군가를 원한다. 불행하게도 외부 채용 인원들은 회사의 사회적 네트워크에 접근할 방법을 가지고 있지 않다.

수년 전에 우리는 26명의 다양한 회사 혁신관리자와 신사업 리더들을 인터뷰했다. 이 신사업탐험가그룹의 대부분은 회사 외부에서 채용되었다. 신사업탐험가들은 자신들이 회사가 진입하고자 하는 새로운 시장을 이해하고 기업가적 프로필을 가지고 있기 때문이라고 믿었다. 한 신용카드회사는 민간 벤처로서 식당체인을 설립한 마케팅 임원을 채용했다. 그들은 특히 많은 직원들이 참여할 수 있다면, 새로운 아이디어를 개발할 충분한 자원을 가지고 있었다. 그러나 신사업 제안이 구체적일수록 그들이 일으키는 반응은 적대적이었다. 결국, 기존 사업조직의 리더들은 자원에 접근하는 것을 거부하거나 경쟁적인 오퍼링을 공개적으로 개발하면서 신사업탐험가의 진행을 방해했다. 이 신사업탐험가들의 2/3는 3년 안에 자리를 그만두었다.[07]

신용카드회사 임원은 우리에게 그녀가 처음에는 어떻게 많은 주목을 받았는지 말했다. 모두 협조적으로 보였고, 아무도 그녀가 하는 것에 반대하지 않았다. 그 후 그녀가 도움을 요청하면서 모든 것이 변했다. 전에 친했던 동료들 누구도 증명되지 않은 신사업에 자원이 가는 것을 원하지 않았다. 그녀는 이것을 '아마존에 버터칼을 가지고 트레킹하는 것'이라고 말했다. 그녀의 팀은 '반란 동맹군'이 되었으며, 다르다는 것을 미덕으로 삼았지만, 그들이 필요한 관계에는 등을 돌렸다. 결국, 그녀는 실패했고 조직은 폐지되었으며 그녀는 회사를 떠났다. 어떤 신사업탐험가들은 이렇게 끝나도록 이미 '설정'되어 있었다. 어떤 기회에 우리는 대형 독일 금융기관을 도와 신사업그룹을 설립했다. 우리는 팀 리더를 어떻게 선정할 것인지 물었다. 인사책임자는 "우리는 혁신관리자를 외부에서 채용하기로 결정했다. 그렇게 하면 만약에 일이 잘 안 될 경우 우리는 아무것도 잃는 것이 없다"고 말했다. 외부에서 채용한 신사업탐험가는 소모품이다. 변화에 대해 진정으로 전념하지 않고 신사업 대안을 탐험한다.

회사 내에 사회적 네트워크가 없다는 것은 외부에서 채용된 이 사람들이 일이 되게 하는 데 고군분투한다는 의미이다. 외부 영입 인재들은 새로운 시장에 대한 통찰력을 가진 슈퍼스타이거나 회사가 없는 역량을 갖춘 전문가로 시작한다. 문제는 회사의 타성에 맞서 싸우기는 어렵다는 것이다. 외부 채용 신사업탐험가가 무언가 새로운 것을 하려고 하면, 그들은 생각지도 않은 규칙이나 관료주의에 사로잡힌다. 제품을 클라우드서비스에 연결하기 원하는가? IT 부서의 승인을 받았는가? 비정규 사업 파트너와 계약을 하고 싶은가? 우리는 제대로 된 계약을 하고 있지 않나. 새로운 사업모델을 실험하고 싶은가? 그것은 회사에 어떤 위험을 노출하는가? 이것들은 새로운 리더가 회사 외부에서 왔을 때 악화되는 경향이 있는 신사업 리더가 부닥치는 흔한 장벽이다. 외부 채용인원은 이런 종류의 문제들을 해결하는 데 불리하다. 20년 된 회사 베테랑이 도움이 필요할 때는 그들은 호의를 요청할 수 있고, 외부에서 온 사람은 모르는 자산을 활용할 수 있으며, 프로젝트를 중단시킬 수 있는 회의적인 이해관계자를 관리할 수 있다. 그들은 조직 내에 명성이 있고 어느 정도 신뢰가 있다. 그들은 실패와 학습내용을 설명할 시간을 얻을 수 있다. 내부 인원은 도와줄 친구가 있고, 외부 채용인원은 혼자다. 그들은 또한 경쟁적인 내부 환경에서 운영한다.

신사업탐험가를 내부에서 구하는 것은 비록 성공확률이 향상될지라도 성공을 보장하지는 않는다. 그것은 또한 회사가 진지하다는 신호를 줄 수 있다. 이것은 미래의 유망한 인재를 위한 자리가 아니다. 이러한 일은 복잡하고 다수의 이해관계가 걸려 있으므로 회사 내의 최고 리더를 필요로 한다. 우리 연구에 의하면 최고의 신사업탐험가는 내부 베테랑이다. 여기에는 일부 자기 선택이 작용할 가능성이 있다. 커티즈는 회사에 있었기 때문에 그의 사업을 UNIQA 내에서 구축하는 것을 선택했다. 그는 회사 공동체에 없어서는 안 될 존재였으며 그의 동료군에서 리더였다. 신사업탐험가는 '열정적인 탐험가'이지만, 그들은 또한 사회적 네트워크의 구성원이다. 이것은 그들이 조직 내에서 일을 완수하는 데 도움을 주며, 외부인은 이해하기 힘든 동기부여 원천, 문화, 공동체에 접속할 수 있게 도와준다. 그들은 회사의 역사, 전설, 언어를 공유한다. 여러분의 사명이 회사를 다시 새롭게 만드는 것이라면, 이것은 여러분이 변화를 거부하고자 하는 항체를 관리하도록 도와줄 것이다.

회사 외부에서 임명된 리더가 신사업탐험가로서 성공할 수 있는가? 물론 우리가 이야기하는 것은 실패의 확실성이 아니라 성공의 확률이다. 80년 이상 된 엔터테인먼트회사인 그룹 시스네로스 Grupo Cisneros의 빅터 콩Victor Kong은 회사를 미국 히스패닉을 위한 스페인어 텔레비전 드라마를 만드는 데서 미국과 라틴아메리카의 디지털 미디어 광고의 혁신자로 전환시킬 수 있었다.[08] 다른 성공적인 외부 리더는 캘리포니아에 기반을 둔 영국 이주자인 콜린 Colin으로 일본 기술회사에서 매출 1억 달러 사업을 만들었다. 콜린은 작은 경쟁회사 인수를 통해 회사에 들어왔다. 그는 처음에는 두 조직을 통합하는 책임을 맡은 임원으로, 그 다음은 북미사업전략 임원으로 회사 내에 사회적 네트워크를 구축하는 데 3년을 보냈다. 콜린은 회사의 넓은 인접영역에 커다란 기회가 있다고 믿었다. 그는 미국에서 이런 대안들을 탐험하는 혁신역량을 론칭하는 실례를 조심스럽게 만들었다. 콜린의 접근방법은 모두 관계에 관한 것이었고 자신을 회사의 고위 리더십 공동체에 통합하는 것이었다. 그의 접근방식은 신사업을 인접영역에서 성장시키기 위해 지원이 필요했을 때 결실을 맺었다. 그가 통합과정에서 밀접하게 일한 도쿄 본사에 있는 한 동료가 CEO로 임명되었다. 비록 상대적으로 새로 들어온 사람이지만, 그는 신사업을 다음 단계로 올리는 데 필요한 사회적 자본을 가지고 있었다.

외부에서 채용된 신사업탐험가도 그들을 지원해 줄 내부자를 구해서 그들의 강점과 약점을 균형 잡히게 할 수 있다. 이것은 외부에서 온 리더는 고객과 투자자에 관여하고, 내부자는 운영에 관여하는 식으로 많은 성공적인 스타트업을 이끄는 역동적인 2인조의 한 버전이다. 애플의 스티브 잡스와 팀 쿡, 구글의 세르게이 브린Sergey Brin과 래리 페이지Larry Page, 야후의 제리 양Jerry Yang과 데이비드 필로David Filo를 생각해 보라.[09] 고위팀을 내부자와 외부자 간에 균형 있게 구성하는 것이 효과적일 수 있지만, 신사업탐험가는 강한 사회적 자본을 가진 사람을 채용하도록 실사를 확실히 해야 한다.

평판관리

이 책을 위해 연구를 하면서, 우리는 여러 회사의 신사업탐험가들과 토론회를 가졌다. 우리는 그들에게 새로운 신사업탐험가에게 어떤 조언을 주겠냐고 물어보았다. 압도적인 대답은 신사업탐험가는 신사업의 평판을 매우 주의 깊게 관리해야 한다는 것이었다. 그들은 모두 시간이 지난 후에도 그들이 하고 있는 것에 대해 긍정적인 시각을 유지하는 도전에 비하면 신사업의 초기 비전을 납득시키는 것은 상대적으로 쉽다는 것을 알았다. CEO 또는 CFO가 신사업의 접근방식을 검증하는 데 시간이 필요하다는 것을 이해한다고 아무리 이야기하더라도 현실은 받아들이기 힘들다. 매출까지의 시간은 핵심사업보다는 훨씬 오래 걸리고, 종종 매우 예측 불가능하다. CEO와 CFO는 원인과 결과로써 사업의 성과를 평가하는 데 익숙해져 있다. x(마케팅 증가, 가격할인)라는 행동을 하면, 성과는 y(매출, 손익 영향)일 것이다. 성과 데이터는 추세선을 보여주어 한 분기에 미달한 것이 장기적인 문제인지 아니면 일시적인 하락인지 해석하는 데 도움이 된다.

이와는 대조적으로 신사업탐험가는 가설이 검증되었는지 반박되었는지에 대한 데이터를 보여줄 수는 있으나 추세선은 없으며 시장과 솔루션이 태동하는 단계라 원인과 결과를 구별하기 훨씬 힘들다. 예를 들어, 우리가 일한 한 기술회사는 획기적인 분석서비스사업에 일련의 고객 파일럿을 확보했다. 이것은 CEO에게는 이것을 계약과 매출로 전환할 수 있다는 것을 암시하는 것이었다. 신사업탐험가는 하나의 기술컨셉 검증을 넘어 장기적인 수용을 확보하기 위해서 필요한 것이 무엇인지 아직 학습하고 있는 중이라는 것을 설명해야 한다. 그들은 파일럿이 매출로 이어질지 아닐지 모른다.

신사업탐험가는 CEO와 CFO가 이런 다른 종류의 데이터를 믿도록 가르쳐야 한다. 그것 때문에 그들이 증거기반 의사결정의 효과적인 롤모델이라는 점이 중요하다. 그들은 신사업에서 실험이 기회에 대해 알려주는 것, 아직 모르는 것, 그리고 다음에 시험해야 하는 것이 무엇인지 솔직하게 설명해야 한다. 만약 그들이 데이터를 가지고 '게임'을 하고 있는 것처럼 인식되면, 실험자로서 그들의 신뢰성이 약화될 위험이 있다. 그들은 숫자에 '광gloss'을 내어 일들이 실제보다 긍정적으로 보이게 할 수 있는 핵심사업 관리자보다 포장할 수 있는 여지가 작다. 신사업탐험가는 너무 많은 불확실성을 다루고 있어 틀릴 가능성이 매우 높으며, 신뢰를 잃어버린 결과는 신사업에 치명적일 수 있다. 그들은 나쁜 소식은 작은 것일지라도 잘 관리해야 한다. 빨리 전달된 나쁜 소식은 다른 사람들이 오해하기 쉽다. 그것은 상황 설명과 함께 전달하는 것이 좋다.

신사업의 평판을 유지하는 작은 이야기들을 만드는 것 또한 도움이 된다. 이것은 고객확보 또는 파일럿 계약 같은, 즉 신사업이 고객문제를 해결했다는 증거, 마일스톤 달성일 수 있다. 후원자가 고객가치가 어떻게 창출되고 회사가 어떻게 가치를 포착할 수 있는지 더 많이 이해할수록, 그들은 학습과정에 더 편안해진다. 앞에서 설명했듯이 어떤 신사업탐험가들은 신사업개발에 고객이 의견을 낼 수 있는 외부 자문위원회를 설치한다. 이 자문위원회에 고위 리더를 관여시키는 것은 신사업의 효과에 대한 일화적인 증거

anecdotal evidence를 보여주며 비전에 대한 몰입을 강화하는 데 도움이 된다.

신사업의 라이프사이클은 큰 통찰력(아이디어 창출)으로 시작해서, 바라건대 매출을 창출하는 사업(스케일링)으로 절정에 달한다. 이것은 낙관과 흥분의 두 순간이다. 대담한 새로운 아이디어에는 자석같이 끌어당기는 것이 있다. 사람들은 거의 스케일링에 성공한 사업만큼 거기에 참여하고자 주위에 몰려든다. 이 양끝 사이에는 아이디어를 창출하고, 새로운 사업모델을 개발하고 검증해서 보육하고, 스케일링하는 투자를 하고, 그리고 완성시키는 어려운 긴 과정의 일들이 있다. 작은 이야기들을 꾸준하게 하는 것은 진행이 되고 있다는 증거를 제공하여 신사업의 장기적인 야망이 회사 직원들 마음속에서 신선하게 느껴질 수 있게 한다. 그것은 신사업이 아이디어 창출에서 보육, 그리고 계속해서 스케일링으로 가면서 사회적 네트워크에서 지원이 지속되게 한다.

요약

이 장은 신사업탐험가가 혁신적인 사업을 개발하는 일과 핵심사업시스템에서 발생하는 저항하는 힘을 관리하는 것을 어떻게 결합하는가라는 질문에 답을 했다.

신사업은 회사가 미래조직은 어떤 모습일지, 어떤 역량, 사업모델, 그리고 일하는 방식이 필요한지에 대해 깨닫게 한다. 신사업탐험가는 신사업 후원자들과 의사소통의 최전선에서 그 연결을 유지해야 한다.

한 가지 방법은 신사업이 추구하고 있는 기회와 구축하고 있는 역량에 대해 설득력 있는 이야기를 하는 것이다. 신사업탐험가는 스토리텔러가 되어 조직 전체에 걸쳐 사람들이 기억할 만한 에피소드를 만들어야 한다.

그 이야기는 침묵의 살인자를 중화시키고 핵심사업으로부터 지원을 지속가능하게 하는 후원자의 네트워크인 내부 생태계에 에너지를 공급하는 데 도움이 된다.

이 네트워크는 여러분이 일이 되게 하는 강한 사회적 자본을 가진 내부 베테랑이면 구축하기 쉽다. 외부 채용인원도 성공할 수 있지만, 이 네트워크를 구축하는 데 더 많은 노력을 기울여야 한다.

신사업탐험가의 평판은 특히 귀중하다. 핵심사업시스템은 항상 그들에게 '무모한 탐험가'라는 딱지를 붙이려고 한다. 핵심은 정보의 흐름을 관리하여 나쁜 소식이 해로운 소문의 일부가 아니라, 항상 상황 설명과 함께 전달되도록 하는 것이다.

12장 _ 행동 준비: 리더십과 신사업의 스케일링

톰 보아스버그Tom Boasberg는 덴버 공립학교의 교육감으로서 학교에서 학습성취가 떨어지는 문제를 해결하기 위해 전통적인 접근방법을 넘어서기를 원했다. 덴버는 많은 미국 도시들처럼, 오랜 기간 동안 교육지구 간에 인종과 사회경제적 차이가 있었다. 성과를 개선해 보려는 노력은 결과가 뒤섞여 나왔다. 학생들이 더 좋은 교육을 받도록 돕는 방법을 찾기 위해 고심하던 보아스버그는 양손잡이형 접근방법을 채택했다. 조직의 한 파트는 학교 총책임자인 수잔나 코르도바Susana Cordova가 이끌며 전통적인 교육모델을 추구했다. 학생들로 가득 찬 교실에서 선생이 이야기하면, 학생들은 듣고, 질문에 대답하고, 노트를 하고, 배운 것을 보강하기 위해 숙제를 했다. 그리고 그는 새로운 교수방법을 시험하는 실험을 개발하는 별도의 그룹을 만들었다. 신사업탐험가는 알리사 화이트헤드-버스트Alyssa Whitehead-Bust로 덴버 학교의 최고혁신책임자이며 학교를 재발명하는 임무가 있는 '이매지내리움Imaginarium'의 리더였다.[01]

이것은 학교가 한편으로는 근본적으로 다른 교수 및 학습방법(당시에는 혼합 및 개인화 학습)을 개발하면서 다른 한편으로는 현재 교수 및 학습방법을 개선하는 것을 둘 다 지원하면서, 가르친다는 것을 재발명하려는 대담한 노력이었다. 이 새로운 교수모델은 학생들이 자신의 학습을 관리할 수 있는 자유를 더 주었다. 그들은 '플립 수업' 같은 기법을 실험했다. 이것은 학생들이 전통적인 교육자료를 온라인으로 시청하고, 교사가 도와줄 수 있는 교실에서 숙제를 하는 것이었다. 이매지내리움은 새로운 학습모델을 실험하려는 의식적인 시도였다. 그것은 학교를 전통적인 교수규범에서 자유롭게 하고, 교사를 '무대에 있는 박식한 사람'이라기보다 퍼실리테이터로서 위치를 잡았다.

이매지내리움은 기대할 만한 결과를 냈지만, 논란이 많았다. 교사들은 전통적인 전문적 정체성을 잃을까 우려했다. 그들은 지금 보아스버그와 화이트헤드-버스트가 뒤집으려고 하는 모델 한 가지를 수행하도록 훈련받았다. 또한 학부모들도 자녀들이 교수법 실험에 이용되는 것이 불편했다. 학부모들은 자녀들에게 더 좋은 결과를 원했지만, 증명되지 않은 이매지내리움의 접근방법에 의심을 나타냈다. 결국, 덴버 공립학교 비전 2020에 호응이 있었지만, 보아스버그의 리더십팀이 이 새로운 교수방법을 언제 스케일링할 것인가에 대해서는 호응이 뒤섞였다.

보아스버그의 혁신은 기로에 섰고, 그는 새로운 이매지내리움 모델을 어디까지 더 가져갈지 결정해야 했다. 그의 팀은 교육에 대한 새로운 접근방법의 컨셉을 만들어 냈다. 교육위원회와 시, 주 기관으로부터 펀딩을 받았으며, 이제 스케일링할 시간이었다. 그가 학부모, 교사, 그리고 확장 리더십팀을 새로운 방법에 끌어들이고, 혁신이 덴버의 교육성과를 어떻게 변혁시킬 수 있는지 보여줄 수 있을까? 보아스버그가 6개월 안식휴가를 간 것은 이 순간이었다. 그는 코르도바가 그를 임시로 대행하게 했다. 보아스버그가 돌아왔을 때, 이매지내리움은 실질적으로 없어졌다.[02] 시로부터 예산 삭감과 고통스런 교사들의 파업에 직면한 코르도바는 예산을 삭감했고 1년 뒤에 문을 닫았다. 그녀는 핵심사업의 논리를 적용했고 전통적인 방법을 옹호했다. 데이터가 새롭고 분산된 교수방법이 학생들의 성취를 향상시킨다고 보여주었음에도, 이 실험이 살아남기는 어려웠다. 이매지내리움을 스케일링하는 결정을 해야 하는 시간이 왔을 때 보아스버그와 그의 팀은 물러섰다. 핵심사업이 탐험을 물리쳤다.

경쟁하는 공약들Competing Commitments

보아스버그는 이매지내리움 전략을 최초로 만들었지만 진행하는 것이 곤란해졌을 때 바로 앞의 싸움을 피했다. 그는 이해관계가 커졌을 때 혁신에 전념할 준비가 되지 않았다. 혁신 여정의 이 지점에서 머뭇거리는 사람은 보아스버그 혼자가 아니다. 비슷한 이야기가 큰 조직이나 작은 조직, 민간이나 공공, 영리조직이나 비영리조직 관계없이 리더들에 의해 다른 모습으로 되풀이된다. 와해를 주도하게 해주는 새로운 기술이나 사업모델에 전념할 기회를 맞아서 리더들은 종종 안전한 길을 선택한다. 신사업을 스케일링할 자원을 투자하는 대신에, 그들은 공개적으로 신사업의 성공에 전념하기보다 혁신(그리고 혁신가)의 실패를 한탄하며 철수한다.

혁신은 시작할 때는 설레고 안전하지만, 현재에 관한 무엇인가를 희생하는 결정을 내리는 것을 의미할 때는 어렵다. 아이디어 창출은 리더들에게는 긍정적인 결과만을 준다. 직원들은 그들의 상상력을 펼치며 새로운 아이디어를 창출하는 거의 중독에 가까운 경험을 즐긴다. 결과는 대개 현재 이미 하고 있는 점진적인 개선이다. 때로 굉장한 아이디어가 나타나고 보육단계로 이동한다. 보육은 더 많은 자원이 필요하고 노력을 하면 무엇인가 좋은 것이 나올 것 같은 약간의 기대가 있다. 그런데 보육은 보통 수준의 자원이 필요하고 핵심사업에서 안전하게 떨어진 거리에서 할 수 있으므로 결과는 상대적으로 낮다. 스케일링은 이해관계가 커지는 때이다.

포부가 큰 신사업탐험가에게 회사가 혁신에 뒷걸음치고, 증명되지 않은 신사업이나 과제에 자원을 투입하는 위험을 지지 않으려 하는 것은 사기가 꺽이는 일이다. 그것은 단기 중점, 위험회피, 자본시장의 평가에 대한 우려에 대한 우리의 가정을 확인해 준다. 그러나 보아스버그를 포함한 대부분의 리더는 신사업의 성공에 깊게 몰두하고 있다. 그들의 난제는 대개 그들을 이기는 또 다른 경쟁하는 몰두가 있다는 것이다. 이것은 그들의 현재 사업 또는 조직의 성과를 지속가능하게 하는 것에 대한 몰두이다. 신사업에 대한 몰두의 크기가 커지며 이 경쟁은 격화된다. 혁신이 맞붙어 싸우는 이 경쟁에서 이기는 것은 항상 어렵다. 왜냐하면 혁신은 아무리 잘 보육될지라도 미래에 대한 보장이 아니라 잠재력의 표시이기 때문이다. 관리자들은 장기적인 기회를 실현하거나 새로운 참여자에 의해 와해되는 가능성을 피하는 것보다 임박한 단기 성과를 달성하는 위험성을 더 높은 우선순위로 본다.

이것이 우리가 신사업을 스케일링하는 의사결정을 할 때 버둥거리는 이유이다. 우리는 경쟁하는 두 가지 몰두가 있다. 하나는 안정성에 대한 것이고, 다른 하나는 혁신에 대한 것이다.[03] 신사업에 전념하는 리더는 성과위기에 강요당하지 않지만, 인간 심리나 조직문화의 힘에 맞서 싸운다. 우리는 손실을 피하고 위험을 최소화하고 싶어한다.

어떻게 행동할 수 있는 준비를 할 수 있을까? 우리의 추천은 신사업탐험가가 "우리가 안정성 **또는** 혁신을 취해야 하는가?"라는 질문을 "어떻게 우리는 안정성 **그리고** 혁신을 모두 가질 수 있을까?"로 바꾸도록 열심히 노력해야 한다는 것이다. 경쟁 몰두에 대해 **양쪽 다/그리고 리더십 도전**으로 프레임을 재설정하는 것은 언어적 기교가 아니다. 그것은 혁신을 지지한다고 주장하지만, 실제로는 현상을 유지하려는 타협을 하지 않고도 양 공약을 달성할 수 있는 새로운 방법을 열어준다. 이렇게 프레임을 재설정하려면 양 공약을 만족시키는 것이 왜 어렵고, 그것이 핵심사업에는 무엇을 의미하는지에 대해 솔직하고 개방적인 대화를 할 수 있는 고위 리더십팀이 필요하다. 이것은 고위팀 내에서 **생산적인 긴장**을 유지하는 능력에 의존한다. 거기에서는 곤란한 이슈를 객관적으로 다루는 것이 가능하다. 신사업탐험가는 CEO와 고위팀에게 건설적인 긴장을 제기하는 **거울이 되어 주는** 어떤 기법을 개발할 필요가 있을 것이다. 이것은 간단하지 않지만, 고위 리더십이 어떻게 몰두를 지속가능하게 할 것인지 만들도록 개입하고 도와주는 강력한 방법이다.

경쟁하는 몰두에 대해 프레임을 양쪽 다/그리고 문제로 재설정하는 것은 여러분을 행동으로 이끌 것이다. 우리는 여전히 행동에 맡기는 용기를 가진 리더가 필요하다. 이것은 신사업탐험가의 성공에 충분조건이 아니지만 필요조건이다. 엄격한 데이터 주도 방법에 중점을 두는 것에 비추어 볼 때 성공이 리더의 성향에 달려 있다는 것은 좌절감을 주는 것처럼 보인다. 그러나 리더십이 중요하다는 것이 드러난다. 누군가 기회를 보육에서 스케일링으로 옮기는 의사결정을 내릴 준비가 되어 있어야 한다.

양쪽 다/그리고 리더십

핵심과 탐험 사이에서 경쟁하는 몰두를 관리하는 핵심적인 첫 단계는 긴장이 존재하는 것을 인정하는 것이다. 핵심과 탐험 사이의 긴장을 투명하게 보여주는 것은 이슈를 논의하고 해결할 수 있게 한다. 신사업은 초기에는 좋지 않은 것처럼 보일 수 있다. 기대는 높고, 새로운 실험들이 가져올 가능성에 대한 야망과 흥분이 있다. 그러나 긴장이 부정되는 것이 길어질수록 더 다루기 힘들어진다. 대안은 양 몰두 사이에 타협하는 방법을 찾아 '얼렁뚱땅 넘어가는 것'이다. 그것은 기본적으로 핵심사업에 몰두하는 것이 이긴다는 뜻이다. 양쪽 다/그리고 문제로 프레임을 재설정하는 것은 다른 대안들을 열어준다([표 12-1] 참조). 우리는 이것을 실제 사례를 가지고 설명하겠다.[04]

표 12-1 양쪽 다/그리고 리더십

구분	둘 중 하나/또는	양쪽 다/그리고
기회	우리는 현재 사업을 지속하는 것과 성장하는 것 중 선택을 해야 한다.	우리는 불확실성에의 노출을 관리하기 위해 실험을 해서 둘 다 할 수 있다.
기술 자원	우리는 전문가의 가용성에 제한받는다.	우리는 하이브리드팀 모델을 채용하고 핵심과 탐험 모두에 도움이 될 새로운 전문가를 훈련할 수 있다.
시장진출역량	우리의 현 판매팀이 시장진출 업무를 맡아야 한다.	우리는 판매조직을 고객그룹별로 세분화하고 같은 경영진이 통합을 할 수 있다.
고객	우리는 자원이 새로운 영역으로 나누어지면 고객을 잃을 수 있다.	우리의 현 고객은 경쟁력을 유지하는 것을 우리에게서 찾으므로 우리의 혁신에서 혜택을 얻는다.

안나Anna는 B2B 기술회사의 창업자 CEO이다.[05] 그녀의 회사는 지난 10년간 급격히 성장해서 지금은 매출이 10억 달러 이상이 되었다. 회사는 솔루션을 초기부터 채택해서 급속한 성장에 힘을 더해 준 충성스런 고객들이 있다. 이제 안나는 특히 회사가 상장한 후에 성장 속도를 지속하는 것에 대해 우려한다. 시장이 성숙하면서 많은 새로운 기회가 태동한다. 그럼에도 기술 변화 속도는 매우 빨라서 새로운 진입자가 나타나 시장을 위협한다. 이러한 기회를 개발하려면 핵심사업을 담당하고 있는 동일한 기술기반을 활용해야 하고, 그것은 기존 고객 업무에서 핵심 소프트웨어 엔지니어를 빼내는 위태로운 일이다. 안나는 새로운 시장에 대응하면, 핵심기

술 및 판매 자원을 자신에게 그렇게 잘해준 고객기반으로부터 딴데로 돌리게 될 것을 두려워했다.

안나는 새로운 시장을 위한 솔루션을 구축하는 신사업을 설립하면서 시장진출역량은 기존 판매조직에서 제공하는 것으로 경쟁 몰두를 해결했다. 이 방식으로 판매팀은 현 고객이 신시장에 진입하는 것으로부터 아무런 부정적인 영향을 받지 않도록 보장할 수 있다고 그녀는 생각했다. 고객에 대한 몰두는 새로운 성장엔진에 대한 몰두를 약화시켰다. 이 타협전략은 양쪽 몰두를 모두 감소시킨다. 그것은 신사업이 성공하는 것을 어렵게 하고 여전히 시간, 자원 그리고 핵심사업의 관심을 소진한다.

안나는 핵심에 대한 몰두를 탐험보다 우선하는 둘 중 하나/또는 문제해결전략을 채택했다. 안나는 문제를 새로운 시장에서 혁신을 추구하거나 또는 현 고객의 니즈를 확실히 충족하는 것으로 프레임을 설정했다. 문제해결전략의 대안은 이것을 양쪽 다/그리고 질문으로 프레임을 재설정하는 것이다. 우리는 그녀와 새로운 시장을 대응하는 문제를 양쪽 다/그리고 전략으로 프레임을 재설정하는 일을 했다. 이 접근방법에는 다섯 가지 단계가 있다.

1. 문제의 구성요소를 분리한다.
2. 둘 중 하나/또는 선택을 양쪽 다/그리고 문제로 프레임을 재설정한다.
3. 6, 7, 8장에 설명한 기법을 이용해 자산을 재조합한다.
4. 5장에서 설명한 보육방법을 이용해 양 몰두 간에 균형을 잡는 법을 학습한다.
5. 전략적 야망이 제공하는 상위 수준의 목적으로 재연결한다.

첫 단계는 문제의 구성요소를 분리하는 것이다. 여기에서 구성요소는 매우 불확실한 새로운 시장영역, 한정된 기술 자원, 시장진출역량, 그리고 고객이었다. 그것들 각각은 충족해야 할 독특한 니즈가 있다.

이 프레임 재설정 연습은 이 사례의 경우 자산을 새로운 방식을 재조합함으로써 다른 잠재적인 해결책을 가능하게 했다. 예를 들어, 하이브리드팀 접근방법(8장)은 소프트웨어 엔지니어링팀의 책임범위를 넓혔고, 수습사원을 추가 자원으로 투입해 핵심사업 오퍼링을 가치 있게 만든 비법을 복제하는 것을 학습하도록 했다. 이것은 신사업을 위한 처리능력을 만들었고, 여전히 성장하고 있는 기존 사업을 스케일링하는 노력을 지속가능하게 했다.

또 다른 해결책은 대답은 불완전하므로 자원을 어떻게 최고로 전념해야 하는지 학습해야 한다는 것을 받아들이는 것이다. 사업실험은 증거의 경중에 따라 어떻게 행동할지 기존에 결정한 것을 업데이트할 수 있게 해준다. 사업 실험에서 도출된 학습결과와 데이터에 따라 여러분이 할 수 있는 의사결정의 종류를 알 수 있다, 그것은 돌이킬 수 없는 몰두인가 또는 불완전한 몰두인가? 아마존에서는 일방통행 문(몰두하면 돌아가는 길은 없다)과 양방향 문(몰두하고 학습하고 결정할 수 있다) 간에 차이를 정의한다. 이것은 암묵적으로 최소한 문제는 답을 알 수 있는 것(의사결정할 수 있는 충분한 데이터가 있다)과 복잡한 것(원인과 결과가 명확하지 않은 것)의 두 종류가 있다는 것을 인정한다.[06]

안나는 사업을 학습하면서 돌아오는 문을 오랫동안 열어두기로 결정했다. 그녀는 새로운 시장기회를 탐험하는 실험 주도 접근방식을 취했고, 그녀가 점진적으로 편안한 범위를 넘어서 몰두하는 것을 가능하게 했다.

마지막으로 안나는 회사의 전략적 야망과 그녀의 상위 수준 몰두, 즉 고객의 경쟁력을 향상시키는 혁신을 재연결했다. 이것은 탐험에 투자하는 것과 안나가 민감하게 유지하려고 하는 고객니즈를 연결했다. 그녀가 시장 리더십을 유지하지 못하면 현 고객이 사업관계를 저버릴 것이라는 점을 인정하는 것은 그녀가 성장을 지속하는 것과 혁신을 개발하는 몰두를 둘 다 지속하도록 동기부여를 해주었다.

양쪽 다/그리고 문제해결은 신사업탐험가가 리더 또는 리더십팀의 사고를 유연하게 하는 데 사용할 수 있는 강력한 논리적 사고도구이다. 그것은 리더십팀이 탐험과 현 사업을 지속가능하게 하는 것 양쪽에 대해 몰두하고 있다는 것을 인정하게 한다. 그러나 양쪽 다/그리고 문제해결은 기꺼이 공개적으로 이러한 이슈를 다루고, 둘 사이의 생산적 긴장과 함께 살아가려고 하는 고위 리더들에 달려있다.

생산적 긴장

자본 배분은 어느 사업에서나 가장 중요하고 논쟁을 불러일으키는 부분이다. 그러나 이 논의를 공개적으로 하는 것은 드물다. 중압감이 커지면서 사업조직은 심지어 전략적 야망을 희생하더라도 그들의 영역을 방어한다. 모든 사업조직 리더들은 그들의 성장계획을 달성하는 데 도움이 되도록 자기들의 자원 몫이 최대가 되기를 원한다. 비록 신사업에 약속된 자원이 회사 전체 연구개발투자에서는 작을지라도, 그것이 상징하는 힘은 매우 강력하다. 그것은 '정규'시스템 바깥의 활동이다.

연간 사업계획을 달성하기 위해 애쓰며 강한 압박을 받는 사업조직 리더들은 이 투자들을 의심의 눈초리로 바라본다. 그들이 신사업탐험가를 펀딩하는 의사결정에 참여했을 때조차 그렇다. 대담한 전략적 야망과 선언문에 동의했을 당시에는 그 결과로 생기는 일은 거의 없었다. 그것은 논리적이고 하는 것이 맞는 것으로 들렸다. 신사업탐험가가 더 큰 자원투입을 요청하는 시점이 다가옴에 따라 그 의사결정은 더 영향을 미친다. 사업 리더들이 처음에는 좋은 팀 멤버라는 명분으로 참았을 의문들이 상당한 재무 의사결정을 내려야 할 때에는 보다 심각해진다. 한때 지지자들이 신사업을 지원해야 할지에 대해 중립적이 되고, 중립적이었던 사람들은 공개적으로 또는 은연중에 반대자가 된다. 신사업탐험가는 고위팀과 이 우려에 대해 이야기하는 것이 필요하다. 우려가 다루어지지 않고 지나가면, 결과는 최고로 좋아보았자 안정성과 탐험 사이에서 경쟁하는 투자 간에 타협일 뿐이다. 그것은 신사업에게는 패배이다.

신사업탐험가는 고위 그룹 내에 **생산적 긴장**을 조성해서 신사업을 스케일링하기 위해 투자할 것인지에 대해 실제적이고 공개적인 대화가 되도록 할 필요가 있다([그림 12-1] 참조). 만약 그룹 내 긴장이 너무 낮으면 모든 사람들이 정중하고 심각한 이슈가 논의되지 않는다. 이것은 감정적인 반응이 나올 수 있는 높은 이해관계에

그림 12-1 생산적 긴장영역

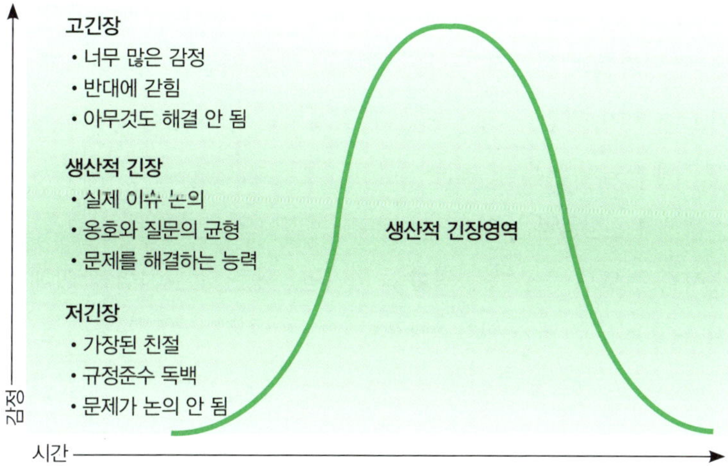

자료: Todd Holzman

대한 사람들의 전형적인 반응이다. 그것은 앞에서 언급한 편안함을 최대화하는 접근방식이다. 이것을 가족 내 역학에서 알아보는 것은 쉽다. 휴일에 친척들과 모여서 오래가는 논쟁을 불붙이고 싶지 않다면 특정한 주제는 이야기하지 않아야 하는 것을 안다. 고위팀도 다르지 않다. '논의할 수 없는' 해결되지 않은 이슈들이 있다. 팀멤버가 참여하고, 예의 바른 질문들이 오가고, 핵심적인 것은 아무것도 논의되지 않는다. 우려에 대해 아무런 논의가 없는 저긴장 대화는 신사업탐험가에게는 경종을 울려야 한다. 그것은 이슈는 회의 밖에서 해결될 것이라는 것을 의미한다. 아마 CEO나 다른 힘 있는 후원자가 성공할 수도 있지만, 성과에 영향을 주기는 점점 힘들어진다. 대안은 감정 분출과 팀멤버 간에 화를 많이 내는 고긴장 대화이다. 이것은 신사업에 투자하는 것에 대해 팀이 가지고 있는 우려를 무시하는 것보다는 낫다. 최소한 긴장이 공개적으로 나온다. 불행하게도 긴장이 이렇게 높을 때는 문제를 해결하기 힘들다. 사람들의 논리적 능력은 막히고, 다른 사람을 이해하려고 하기보다 자기 관점을 방어하는 데 갇혀버린다. 고긴장에서는 아무것도 해결되지 않는다.

생산적 긴장영역은 이슈의 결과가 논의되므로 대화가 감정을 상승시킬 정도로 충분한 솔직함이 있지만, 서로 다른 사람을 이해하지 못할 정도로 많지 않을 때이다.

거울

신사업탐험가는 고위팀을 어떻게 생산적 긴장영역에 있게 할 수 있는가? 그들은 대부분 고위팀 구성원이 아니므로 높은 이해관계 논의를 만들기 위해 개입하는 것은 어렵지만 불가능하지는 않다. 어떤 CEO들은 사업조직 리더들이 우려하는 이슈를 알고 지정해서, 그것을 해결하기 위해 공개적인 대화를 촉진시킬 수 있다. 이렇게 된다고 해도, 고위팀 스스로 상황을 평가하게 하는 것이 여전히 유용하다. 고위팀은 강한 의견을 가지고 그에 맞춰 행동하고 성공해서, 대개의 경우 자신들이 옳다고 믿는 사람들이 대부분이다. 그것은 결론을 너무 강하게 옹호하기보다 그들 스스로 결론에 도달하도록 돕는 것이 현명하다는 의미이다. 이렇게 하는 한 가지 방법은 상황을 거울에 비춰보는 자기진단을 활용해서 어떻게 이해하는지 질문을 하는 것이다. 요령 있게 진행되면 이것은 팀이 이슈를

테이블에 올려놓고 해결할 수 있는 생산적 긴장영역으로 들어가게 해준다.

고위팀이 혁신에 대한 몰두를 자기진단하도록 신사업탐험가가 거울을 비추어 주는 방법은 네 가지가 있다. 첫 번째는 신사업을 성장시키려는 회사의 핵심성공요인을 평가하는 프레임워크를 이용하는 것이다. 이것은 신사업을 스케일링하려는 회사의 준비를 스스로 점검하게 자극할 수 있다. 우리가 함께 일한 한 신사업탐험가는 우리 동료이자 공저자 중 한 명인 브루스 해럴드Bruce Harreld가 저술한 기사에 있는 프레임워크를 활용했다. 그는 팀에게 브루스의 하버드 비즈니스 리뷰 기사 "성장과제를 침몰시키는 6가지 방법"을 주고 읽게 했다.[07] 그리고 그는 발표를 시작하며 브루스의 조언(두 개 기준 추가)에 비추어 미흡부터 우수에 0점부터 10점까지 점수를 주어 자신들을 평가해 보라고 했다. 자기평가는 신사업을 지원하는 데 있어 주요한 차이에 대한 대화를 활발하게 만들었다. 팀은 신사업을 스케일링하는 데 핵심사업의 자원을 충분히 활용하도록 하지 않았을 뿐 아니라, 신사업의 진행을 평가하는 선행지표에 충분히 관여하지 않았다는 것을 인정했다. 신사업탐험가는 두 이슈에 대해 특정한 약속을 받았고 이는 중요한 조치로 이어졌다.

두 번째 접근방법은 신사업의 상태를 평가하기 위해 외부 인사를 활용하고 고위팀을 진행 논의에 관여시키는 것이다. 우리는 회사들로부터 이러한 역할을 수행해 달라고 자주 요청받았다. 우리의 불편부당함과 다른 곳의 성공사례에 대한 지식은 리더십팀에서 솔직한 대화를 촉발시키는 데 도움이 되었다. 우리는 또한 때때로

리더들이 자신들의 상황에 대해 유추해 보고 학습하는 데 도움을 주도록 경영대학원 사례를 활용한다. 혁신과 성장전략에 대해 지식이 있는 어떤 컨설턴트나 퍼실리테이터라도 유사한 기능을 수행할 수 있다. 그들이 충분한 위엄이 있다면 고위팀이 대화의 방향을 바꾸는 것을 도울 수 있다.

세 번째 접근방법은 8장에서 설명한 투자 의사결정그룹을 이 심각한 논의의 장으로 활용하는 것이다. 그것을 일반적인 회사 환경과는 다른 별도의 환경으로 설계한다면, 이것 또한 개방된 대화를 촉진할 수도 있다. 보다 비공식적인 환경에서 회의를 하면 사람들이 다른 사람의 말을 오래 경청하고 깊은 대화를 자극해 다른 상황에서는 들으려 하지 않을 정보에 대해 개방적으로 만들어 준다.

네 번째 접근방법은 신사업탐험가가 급진적인 투명함의 롤모델이 되어 고위팀이 채택하도록 격려하는 것이다. 그것은 여러분이 데이터를 이야기하고 제시하는 데 엄청나게 규율이 있어야 한다는 것을 의미한다. 자신의 관점을 옹호하고 논쟁을 이기려고 하는 전통적인 회사 관리자와 다르게, 여러분은 여러분이 학습한 것, 가설이 확인된 것, 반박된 것, 그리고 해결해야 하는 주된 위험에 대해 투명하다. 이런 식으로 사람들을 대화에 참여시키면, 시간이 지나며 여러분의 모든 상호작용의 분위기를 형성할 것이다. "답을 알아야 한다"라는 압박이 매우 강한 회사 환경에서 이런 치열함으로 하는 것은 쉬운 일이 아니다. 그것은 신사업탐험가가 보여줄 수 있는 리더십 역량 중 하나로 조직이 **행동하기 위한 준비**를 갖추는 것이다. 이 역량과 설명한 기법은 스케일링을 위한 투자결정이 필요할 때만이 아니라 신사업의 생애 전체에 걸쳐 잘 활용될 수 있다.

이것은 건설적인 대화를 촉진하는 개방적 분위기를 만든다. 그렇다 하더라도 대화만으로는 여러분이 행동하게 하지는 않는다. 아는 것은 행동하는 것과 같은 것이 아니다. 개별 리더가 가져와야 할 추가적인 요소가 하나 더 있는데, 용기이다.

용기

2013년에 BTBritish Telecom의 당시 CEO였던 개빈 패터슨Gavin Patterson은 20억 달러 투자를 공약했다. 그는 영국 프리미어리그 축구 텔레비전 방송권 입찰에 참여하기로 결정했다. 이것은 위성 텔레비전 업체인 스카이티비Sky TV와 경쟁을 격상시킨 대담한 움직임이었다. 스카이티비는 1990년대 영국 방송시장을 와해했다. 스카이티비는 일부 사람에게는 그것이 '반드시 있어야 하는' 텔레비전으로 기꺼이 지불할 의향이 있다는 것을 알고, 튼튼한 재정을 이용해 프리미엄 스포츠 채널에 가입자를 끌어들였다. 이제 스카이티비는 전화와 방송으로 다각화했다. 패터슨의 경쟁자는 그의 핵심사업을 공격했고, 그는 대응이 필요했다. 그는 프리미어 축구 방송권을 BT가 방송사가 되도록 하는 대담한 카운터펀치로 보았다.

패터슨의 도전과제는 그가 프리미어 축구 방송권을 따내더라도 그의 팀에게는 스포츠 생방송 채널을 만들 수 있는 시간이 1년밖에 없다는 것이었다. BT는 수년에 걸쳐 텔레비전사업에 들어가는 것을 계획해 왔다. 패터슨이 CEO로 승진하기 전에, 그는 2007년에 BT 비전 수립을 주도했다. 이것은 BT의 광대역 인터넷망에 셋탑

박스를 연결해서 텔레비전 방송채널을 제공할 수 있게 했다. 그것은 당시 영국에서 최초였다. 그들은 BT티비를 분리된 양손잡이형 조직으로 보유했고, 회사는 엔터테인먼트산업에 참여했다. 그것은 텔레비전 시청자에 대해 학습할 수 있는 기회였다. 그러나 그들은 BBC 같은 방송사로부터 콘텐트를 공급받아 제공했고, 실제 방송사가 되는 것은 또 다른 수준의 몰두였다.[08] 패터슨은 시장과 스포츠가 어떻게 텔레비전 시청을 몰아가는지 이해했지만, 다음 단계로 나가기 위해서는 여전히 용기가 필요했다. "그 결정을 내렸을 때, 나는 정말로 무엇이 관련될지 몰랐다. 나는 기회와 내 팀을 믿었다. 나는 생각한 것보다 더 어렵고 복잡하다는 것을 학습했다. 내가 알았다면 다시 똑같은 결정을 내렸을지 확실하지 않다."[09] 패터슨이 기꺼이 투자하려는 마음은 그 신생사업을 최고 수준의 사업으로 도약하게 했다. BT는 이제 음성통화와 광대역 가입자뿐 아니라 텔레비전 시청자에서도 스카이티비와 맞붙어 경쟁하고 있다.

이 책이 끝나가는데도 이 책에서 신사업탐험가의 운명이 개빈 패터슨 같은 용기 있는 CEO의 개별 리더십 한 가지에 달려있다고 말하는 것은 실망스러울 것이다. 그렇지 않다. 우리는 신사업탐험가가 그들을 지원할 사회적 네트워크를 구축하고, 신사업 아이디어를 창출, 보육, 스케일링하는 혁신에 대해 엄격한 증거기반의 접근방법을 실행함으로써 회사 내에서 변화를 주도하는 데 집중해야 한다고 주장했다. 그리고 그들에게 핵심사업 자산에 접근하고 행동할 수 있는 적절한 자율성을 주는 조직구조가 있다고 주장했다. 이 방법들과 규칙들은 모두 여러분이 몰두할 준비를 하는 데 불가결하다. 이 몰두를 양쪽 다/그리고로 프레임을 설정하고, 급진적인 투명성을 기반으로 생산적인 긴장을 유지하고, 어떻게 거울이 될 것인지 학습하는 것이 결정적이다.

그러나 어느 시점에는 누군가 실행해야 한다. 패터슨처럼 그들은 의무를 개시하고 나아가야 하며, 불확실성이 남아 있을 때라도 신사업을 스케일링하도록 해야 한다. 정보가 불확실성을 줄여주지만 없애지는 않는다. 여러분은 성공가능성을 향상시킬 수 있지만, 태동하는 시장으로 확장하는 것은 기존 시장보다 항상 더 큰 단기적 위험을 수반한다.

신사업탐험가는 실행할 용기가 있는 누군가에 의존한다. 짐 펙Jim Peck은 렉시스넥시스 CEO 앤디 프로제스Andy Prozes가 있었다. 딜로이트의 발라지 본딜리Balaji Bondili는 매트 데이비드Matt David에 의존했다. UNIQA의 크리스티안 커티즈Krisztian Kurtisz는 안드레아스 브랜드스테터Andreas Brandstetter와 볼프강 킨들Wolfgang Kindl이 있었다. NEC의 혁신가에게는 타카유키 모리타Takayuki Morita가 있다. 이 모든 리더들은 언제 일방향 문을 들어가야 하는지 알았다. 그렇다고 용기만으로는 충분하지 않다. 하바스Havas, GE, 모질라 그리고 다른 많은 회사들은 실행할 용기가 있는 리더가 있었다. 그러나 그들은 너무 일찍 움직여서 세 가지 혁신규칙을 적용하지 못하고, 신사업을 핵심사업으로부터 분리하면서도 자산에 접근할 수 있는 자율성을 주지 못했다. 용기는 필요하지만 성공의 충분조건은 아니다.

열정

우리는 기존 회사 내에서 신사업을 구축하는 방법에 대해 어떻게 나갈 것인지 구체적인 청사진을 제공했다. 우리는 포부가 큰 신사업탐험가들은 이 접근방법을 복제할 것이고, 적절한 구조, 자원, 인센티브, 그리고 큰 야심이 허락된다면 그들이 성공할 것을 확신한다. 남은 요소는 전념하겠다는 리더의 용기와 기회를 끝까지 철저히 실행하는 것이다. 신사업탐험가는 열정, 즉 매출 측면뿐만 아니라 회사의 미래 개발을 위한 보육자로서 신사업이 창출할 가능성에 대한 열정으로 이 용기를 불러일으킬 수 있다. 신사업탐험가가 주도할 신사업—UNIQA의 크리스티안 커티즈, 딜로이트의 발라지 본딜리, 렉시스넥시스의 짐 펙—은 단순한 투자수익률ROI 계산으로 평가되어서는 안 된다. 그들은 각 신사업에서 개발한 역량으로부터 미래 대안을 만들었다. 신사업탐험가는 증거에 따라 객관적이고 개방적이지만, 여전히 가능성에 대한 열정을 가질 수 있다.

이러한 열정을 CEO와 고위팀 및 조직과 심지어 주주의 전면에 유지하는 것은 탐험을 선호하는 쪽으로 균형을 기울게 한다. 고대 그리스 철학자 헤라클레이토스는 "같은 강물에 발을 두 번 담글 수는 없다"—여러분이 돌아갈 때 강물은 이미 흘러갔다—라고 가르쳤다. 용기 있는 리더는 재무수익이 얼마일지 확신하기 때문이 아니라, 발을 내딛음으로써 학습하고 물이 다음에 어디로 흐를지 형성되는 것을 도울 수 있기 때문에 미지의 세계로 발을 내딛는 사람이다.

우리는 기존 회사들이 어떻게 자산을 활용해 스타트업에 비해 혁신우위를 만드는지 보여준다고 약속하면서 시작했다. 우리는 회사들이 어떻게 그들의 시장에서 와해를 주도하는 대담하고, 감정적이고, 설득력 있는 전략적 야망을 설정하고 성공했는지 보여주었다. 그들은 혁신을 '예술형태'의 범주에서 단순히 직감이 아니라, 비록 과학적 엄격함은 없어도, 증거와 이해에 의해 추진되는 무언가로 이동시키는 규칙을 적용했다. 우리의 신사업탐험가들—크리스티안 커티즈, 사라 카발류, 캐롤 코박, 짐 펙, 발라지 본딜리, 케빈 칼린, 그리고 다른 많은 사람들—은 탐험사업시스템이 높은 불확실성을 관리하는 데 적합한 하나의 가능성이라는 것을 증명했다. 그들은 또한 핵심조직의 침묵의 살인자를 이겨내며, 혁신만이 아니라 변화의 리더로서 스킬을 보여주었다.

신사업탐험가가 되는 것은 안전하거나 편한 회사 경력이 아니다. 그것을 받아들이는 사람들은 많은 사람들 속에서 돋보이고, 규칙을 깨뜨리고, 일반적인 회사 경력사다리를 거부한다. 그런데 회사 경력경로가 덜 구조화된 요즘의 불확실한 세상에서는 승진의 확실성은 보장되지 않는다. 불확실성을 관리하고 조직을 동원할 수 있는 신사업탐험가의 능력은 점점 더 많이 요구되고 있다. 역설적이게도 '헤라클레이토스의 강'에 발을 담그는 것이 회사와 신사업탐험가에게 똑같이 미래를 보장하는 최선의 길이다.

요약

이 장에서는 신사업을 구축하는 마지막 성공요소—리더들의 행동 준비—에 대해 논의했다. 지금까지 설명한 모든 요인들—신사업탐험가, 혁신의 3규칙, 양손잡이형 조직—은 여러분이 성공할 수 있는 위치에 자리잡게 할 것이다. 마지막 장애물은 신사업을 스케일링하기 위해 재무적, 전략적으로 그리고 조직적으로 몰두하는 것이다.

CEO에게는 경쟁하는 공약들이 있다. 그들은 단기 재무실적을 지속가능하게 해야 하고 신사업을 성장시켜야 한다. 둘 중 하나/또는—핵심 또는 탐험—으로 프레임이 설정되면 혁신을 지원하는 데 연관된 모든 리스크가 눈에 띄게 된다. 이것은 CEO가 미래에 대한 투자를 머뭇거리게 만들 수 있다.

신사업탐험가는 CEO에 영향을 주어 행동하려는 준비상태를 만드는 것을 도와야 한다. 그들은 핵심사업과 탐험사업 간의 경쟁을 둘 중 하나/또는이 아니라 양쪽 다/그리고고의 리더십 선택으로 프레임을 재설정하여 할 수 있다. 선택의 배경에 있는 논리를 재검토하는 것은 고려되지 않았던 새로운 대안을 찾는 데 도움이 된다.

그것은 또한 생산적인 긴장을 가지고, 신사업에 투자를 계속하는 것에 반대하는 이유를 공개적으로 논의하는, 권위 있는 대화를 하는 고위팀이 필요하다. 때로는 고위팀 각자가 투자를 다시 핵심사업으로 되돌리는 이해관계를 가질 수도 있다. 신사업탐험가는 고긴장상태일 때 고위팀에게 거울을 비추어서 도와주는 스킬이 필요하다. 이것은 그들의 동기부여 유인에 대해 자기평가를 할 수 있도록 해준다.

마지막으로 이 의사결정들은 행동하려는 결정을 하는 리더가 필요하다. 그들은 미지의 세계로 도약해 무언가 굉장한 것을 만들려는 용기가 필요하다.

부록

Corporate Explorer

부록 1 신사업탐험가 프레임워크

침묵의 살인자
- 핵심사업시스템
- 전문적 정체성 유지
- 위험회피
- 단기 최적화

이중나선
- 미래 조직
- 스토리텔러
- 사회적 네트워크
- 내부 인재 또는 외부 인재
- 평판관리

행동 준비
- 경쟁하는 투자
- 양쪽 다/그리고 리더십
- 생산적 긴장
- 거울
- 용기
- 열정

혁신우위
- 불리함 극복

신사업탐험가
- 탐험가의 통찰력
- 목적지향
- 투자자의 지원
- 불확실성 관리

전략적 야망
- 감정, 논리, 열망
- 탐험 허가
- 사회적 집단
- 사냥구역

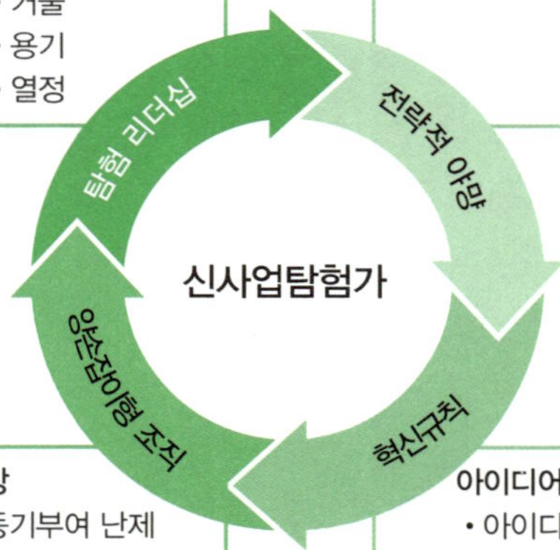

탐험조직
- 구조 대안
- 집중
- 상향식
- 하향식
- 구조설계

탐험시스템
- 통합팀
- 판매팀
- 본사
- 자원
- 선행관리
- 경영자의 관심

보상
- 동기부여 난제
- 벤처모델
- 가상주식
- 장기 인센티브
- 개인적 위험
- 신사업탐험가 동기부여

아이디어 창출
- 아이디어 중독/해결책 함정
- 고객발견
- 고가치 고객문제
- 아이디어 창출

보육
- 사업실험
- 가설
- 시험
- 학습
- 반복
- 결정

스케일링
- 고객, 역량, 능력
- 자산 결합
- 스케일링 경로
- 촉발점

부록 2 사례 회사 소개

많은 기업들이 사내벤처링/신사업개발의 탐험활동을 하고 있으며, 본서에서는 저자들이 관여했거나 외부에 공개된 글로벌 기업들의 사례를 설명하고 있다. IBM의 EBO 같은 사례는 많이 알려져 있으나, 그 외 회사의 사례는 일반 독자에게는 익숙하지 않을 수 있다. 본서에서 설명한 주요한 사례 회사, 신사업 및 인물은 아래와 같다. 상세 사례 회사 자료는 주기를 참고하기 바란다.

회사	탐험 신사업/ 전사 프로그램	신사업탐험가/ CEO	사례 내용	본서 위치
IBM* 정보서비스	Emerging Business Opportunity (EBO), Life Science(생명과학 IT)	Carrol Kovac, Bruce Harreld (EBO 책임자)	전사 신사업프로그램, 본서 전체 사례	1, 2, 6, 8, 10장
UNIQA* 유럽보험회사	Cherrisk(구독형 디지털보험)	Krisztian Kurtisz, Andreas Brandstetter (CEO)	신사업탐험가	2장
Analog Devices* 산업용 반도체	CbM(조건기반 모니터링)	Kevin Carlin, Vince Roche (CEO)	전사 혁신 추진, 고객발견	2, 4장
Nvidia 반도체		Jensen Huang (CEO)	전략적 야망	1, 3장

회사	탐험 신사업/ 전사 프로그램	신사업탐험가/ CEO	사례 내용	본서 위치
LexisNexis* 정보서비스	Risk Solution(빅 데이터 위험관리 솔루션)	Jim Peck	스케일링 자원 구축	3, 6장
British Telecom 통신	BT TV(방송통신 융합)	Ben Verwaayen (CEO), Gavin Patterson (CEO)	전략적 야망, 리더십 행동	3, 12장
Bosch 부품	Bosch Accelerator Program	Sara Carvalho	전사 혁신프로그램, 아이디어 창출	4, 7장
NEC 전자	NEC X, Business Innovation Unit		전사 혁신프로그램, 아이디어 창출	4장
Godrej 인도 가전회사	ChotuKool(보급형 열전냉각 냉장고)	Gopalan Sunderranman	솔루션 함정 실패사례	4장
Mozilla 소프트웨어	Firefox 휴대전화		솔루션 함정 실패사례	4장
Deloitte* 글로벌 컨설팅	Pixel(전문가/컨설턴트 크라우드소싱)	Balaji Bondili, Matt David(CEO)	가설 시험 학습	5장
Best Buy 전자제품 소매 유통	Digital Health(가정의료 서비스)	Asheesh Sakensa, Hubert Joly(CEO)	스케일링 자원 구축	6장
AXA 보험	Healthcare(의료 서비스)		스케일링 자원 구축	6장
Microsoft 소프트웨어	Office365(서비스형 소프트웨어)	Qi Lu	양손잡이형 조직 운영	7장
RBI 잡지	디지털 정보서비스	Mark Kelsey	양손잡이형 사업개발	7장

회사	탐험 신사업/ 전사 프로그램	신사업탐험가/ CEO	사례 내용	본서 위치
Intel 반도체	Emerging Growth Initiative (EGI)	Sagi Ben Moshe, Brian Krzanich (CEO)	전사 신사업 개발 프로그램	7장
Walmart 소매유통	Store 8 Intelligent Retail Lab	Lori Flees	전사 신사업 개발 프로그램	7장
Daimler 모빌리티	Lab 1886		전사 신사업 개발 프로그램	7장
USA Today 미디어	Online News		양손잡이형 사업시스템	8장
SAP 정보서비스	Business ByDesign (중소기업 서비스형 소프트웨어)		양손잡이형 사업시스템 실패사례	8장
Cisco IT			보상 실패사례	9장
GE* 산업재	GE Digital(Predix) (산업용 사물인터넷)	Bill Ruh, Jeff Immelt(CEO)	변화관리 실패사례	10장
Havas 광고회사	Digital Ad(크라우드소싱 광고 제작)	John Winsor, David Jones (CEO)	기존 조직 저항, 실패사례	10장
EMI 음반	OK Go		변화관리 실패사례	10장
Audi 모빌리티	Audi Business Innovation(ABI)	Bettina Bernhardt	전사 탐험 추진	11장
Denver Public School 공공	Imaginarium(교육혁신프로그램)	Tom Boasberg, Alyssa Whitehead –Bust	리더십 행동 실패사례	12장

* 주요 설명 사례 회사

주석(Notes)

[1장]

01 Charles O'Reilly & Michael Tushman, *리드 앤 디스럽트: 혁신기업의 딜레마를 해결하는 법*, 조미라 옮김, 처음북스, 2020.

02 Tom Kelley & David Kelley, *유쾌한 크리에이티브*, 박종성 옮김, 청림출판, 2014.

03 Robert A. Burgelman, *전략은 운명이다: 기업의 미래는 어떻게 결정되는가*, 이주형 옮김, 스마트비즈니스, 2008.

04 Steve Blank & Bob Dorf, *기업 창업가 매뉴얼: 창업가를 위한 린 스타트업과 신규 비즈니스 성공 전략*, 김일영 · 박찬 · 김태형 옮김, 에이콘출판, 2014.

05 O'Reilly & Tushman, *리드 앤 디스럽트*. IBM은 CEO 교체에 따라 2010년 이 프로그램을 중단했고 10여 년간 혁신에 동일한 수준의 중점을 유지하는 데 애로를 겪었다.

06 *Ibid.*

07 Michael Beer and Russell Eisenstat, "The Silent Killers of Strategy Implementation and Learning," *MIT Sloan Management Review* 41, no. 4 (2000).

[2장]

01 Amy Wilkinson, 크리에이터 코드: 세상에서 가장 창조적인 기업가들의 6가지 생각 도구, 김고명 옮김, 비즈니스북스, 2015.

02 Shikhar Ghosh, quoted in Carmen Nobel, "Why Companies Fail and How Their Founders Can Bounce Back," Harvard Business School Working Knowledge, March 7, 2011.

03 *Global Startup Ecosystem Report,* Startup Genome Project, May 9, 2019; Phil Santoro, "Why Startups Fail: Lessons from 150 Founders," February 8, 2021, Wilbur Labs.

04 Alexis C. Madrigal, "Moondoggle: The Forgotten Opposition to the Apollo Program," *The Atlantic, September* 12, 2012.

[3장]

01 Nathan Furr and Andrew Shipilov, "How Does Digital Transformation Happen?" The Mastercard Case (A) and (B), INSEAD, 2018, 2020.

02 Ajay Banga 인터뷰, *Singju Post*, December 7, 2015. NEC 2030 Vision, www.nec.com

03 Michael Tushman, David Kiron, and Adam M. Kleinbaum, "BT Plc: The Broadband Revolution," Harvard Business School Case, 407-001, September 2006 (revised October 2007).

04 전략선언문 예시는 www.changelogic.com/manifesto 참조

[4장]

01 Ann-Christine Duhaime, "Our Brains Love New Stuff, and It's Killing the Planet," *Harvard Business Review*, March 17, 2017.

02 Daniel Kahneman, *생각에 관한 생각*, 이창신 옮김, 김영사, 2018.

03 Charles Arthur, "Mozilla Still Has Three Big Problems - and Now It Needs a New CEO," *The Guardian*, April 4, 2014, https://www.theguardian.com/technology/2014/apr/04/mozilla-still-hasthree-big-problems-and-now-it-needs-a-new-ceo (accessed May 19, 2020).

04 Charles Dhanaraj, Balasubrahmanyam Suram, and Prasad Vemuri, "Godrej Chotukool: A Cooling Solution for Mass Markets," *Harvard Business Review*, November 15, 2011.

05 Alan Klement, *When Coffee and Kale Compete* (CreateSpace Independent Publishing Platform, 2018).

06 Kahneman. *생각에 관한 생각*.

07 Vanessa Ceia, "Corporate Explorers to Watch in 2021: Sara Carvalho, Bosch Innovation Consulting," Change Logic, April 1, 2021, https://changelogic.com/blog/corporate-explorer-sara-carvalho (accessed July 20, 2021).

08 Jonathan Alan Silver and John Charles Thompson Jr., "Understanding Customer Needs: A Systematic Approach to the 'Voice of the Customer'" (master's thesis, MIT, 1991).

09 Lance Bettencourt and Anthony Ulwick, "The Customer-Centered Innovation Map," *Harvard Business Review*, May 2008.

10 고객가치맵 접근방법에 대해 가르쳐 준 조지 글래킨(George Glackin)에게 감사드린다.

11 Bettencourt and Ulwick, "Customer-Centered Innovation Map."

12 C. K. Prahalad and Gary Hamel, "The Core Competence of the Corporation," *Harvard Business Review* 68, no. 3(1990): 79 – 91.

13 Ulrike Schaede, Vanessa Ceia, and Charles O'Reilly, "NEC Corporation 2020: Innovating for the Future," Stanford Business School Case OB-106, January 26, 2021.

[5장]

01 Michael Tushman, John Winsor, and Kerry Herman, "Deloitte's Pixel(A): Consulting with Open Talent," Harvard Business School Case.

02 Steve Blank and Bob Dorf, *기업 창업가 매뉴얼: 창업가를 위한 린 스타트업과 신규 비즈니스 성공 전략*, 김일영 · 박찬 · 김태형 옮김, 에이콘출판, 2014; Eric Ries, 린 스타트업: 지속적 혁신을 실현하는 창업의 과학, 이창수 · 송우일 옮김, 인사이트, 2012.

03 David Kelley & Tom Kelley, 유쾌한 크리에이티브, 박종성 옮김, 청림출판, 2014.

04 자료 출처 불명 – 이 사례를 처음 앤디(Andy)와 공유해 준 분에게 양해드린다.

05 Ron Adner, *혁신은 천 개의 가닥으로 이어져 있다: 내 실행이 의미를 지니려면 누구와 무엇을 해야 하는가*, 김태훈 옮김, 생각연구소, 2012.

06 *Ibid.*

07 Daniel Kahneman. *생각에 관한 생각*, 이창신 옮김, 김영사, 2018.

[6장]

01 Michael J. Mauboussin and Dan Callahan, "Public to Private Equity in the United States: A Long-Term Look," Morgan Stanley, August 4, 2020.

02 Alan Lewis and Dan McKone, "So Many M&A Deals Fail Because Companies Overlook This Simple Strategy," *Harvard Business Review*, May 10, 2016, https://hbr.org/2016/05/so-many-ma-dealsfail-because-companies-overlook-this-simple-strategy.

03 Yaakov Weber, Shlomo Tarba, and Christina Öberg, "M&A Paradox," in *Comprehensive Guide to Mergers and Acquisitions* (FT Press, 2013), 3-12.

04 Lewis and McKone, "So Many M&A Deals Fail," accessed February 11, 2019.

05 Charles C. O'Reilly III, J. Bruce Harreld, and Michael L. Tushman, "Organizational Ambidexterity: IBM and Emerging Business Opportunities," *California Management Review*, July 1, 2009.

06 Jerome Buvat et al., *Digital Talent Gap*, Capgemini Digital Transformation Institute, June-July 2017.

07 *BCC Report, Elder Care and Assistive Devices*, BCC Publishing, January 2021.

08 Daphne Howland, "Best Buy Goes on the Offensive with New Growth Strategy," *Retail Dive*, September 17, 2017, https://www.retaildive .com/news/best-buy-goes-on-the-offensive-with-new-growthstrategy/505322/ (accessed May 11, 2020).

[7장]

01 다른 건물에는 더 자율적인 마이크로소프트 팀즈(Microsoft Teams) 조직이 차세대 생산성 제품을 개발하고 있었다.

02 Charles O'Reilly & Michael Tushman, *리드 앤 디스럽트: 혁신기업의 딜레마를 해결하는 법*, 조미라 옮김, 처음북스, 2020.

03 *Ibid.*

04 Sheila Melvin and Charles O'Reilly, "The Intel Incubation Program: Disruption Inside," Stanford University case, October 2020.

05 Charles O'Reilly, "AGC Inc. in 2019," Stanford University Graduate School of Business.

06 Hieu Nguyen and Amy Wilkinson, "Walmart: Driving Innovation at Scale," Stanford University Graduate School of Business.

07 Sarah Perez, "Walmart Shuts Down Its Experiment Personal Shopping Service, Jet Black," *Tech Crunch*, February 13, 2020, https://techcrunch.com/2020/02/13/walmart-shuts-down-its-experimental-personal-shopping-service-jet-black/.

08 Nathan Furr and Andrew Shipilov, "How Does Digital Transformation Happen?" INSEAD case 02/2018-6348.

[8장]

01 크런치베이스(Crunchbase)에 의하면 미국의 벤처캐피털 펀딩은 2021년 1월에 최고 기록을 세웠다: https://news.crunchbase.com/news/january-2021-vc-funding-report-record/.

02 Charles O'Reilly & Michael Tushman, *리드 앤 디스럽트: 혁신기업의 딜레마를 해결하는 법*, 조미라 옮김, 처음북스, 2020.

03 *Ibid.*

04 *Ibid.*

05 Peter Robertson, *Always Change a Winning Team* (Marshall Cavendish Business, 2005). 열망을 가지고 있는 신사업탐험가의 필독서이다.

[9장]

01 Will Gornall and A. Strebulaev, "Squaring Venture Capital valuations with Reality," *Journal of Financial Economics* 135, no. 1 (January 2020): 120 – 143.

02 Mitch Wagner, "Cisco's 'Spin In' Innovation Team Spins Out," Light Reading, June 7, 2016, https://www.lightreading.com/carrier-sdn/sdntechnology/ciscos-spin-in-innovation-team-spins-out/d/d-id/723891 (accessed February 11, 2019).

03 Elham Asgari and Richard Hunt, "The Curious Case of Corporate Spin-ins," *Frontiers of Entrepreneurship Research* 35, no. 13 (2015).

[10장]

01 Karim R. Kakhani, Marco Iansiti, and Kerry Herman, "GE and the Industrial Internet," Harvard Business School, Case Study, 2014.

02 Brad Power, "How GE Applies Lean Startup Practices," *Harvard Business Review*, April 23, 2014; Ashley Kindergan, "Digital Magic: How Eric Ries Brought The Startup Way to GE," October 31, 2017 GE, www.ge.com/news/reports/digital-magic-eric-ries-brought-startupway-ge (accessed August 15, 2020).

03 Jeffrey R. Immelt, "How I Remade GE," *Harvard Business Review*, October 2017.

04 J. Stewart Black, "Digitization of an Industrial Giant," INSEAD case study, September 2017.

05 Steve Lohr, "GE Makes a Sharp 'Pivot' on Digital," *New York Times*, April 19, 2018.

06 Geoff Colvin, "What the Hell Happened at GE?," *Fortune*, June 1, 2018.

07 Karim R. Lakhani and Michael L. Tushman, "Havas: Change Faster," Harvard Business School Multimedia/Video Case 615-702, September 2014.

08 Giovanni Gavetti, "Kodak: Interview with Dr. George Fisher, Video," Harvard Business School, October 1, 2005.

09 Daniel Kahneman, *생각에 관한 생각*, 이창신 옮김, 김영사, 2018.

10 Dan Seifert, "Mozilla Has Killed the Firefox Phone," *The Verge*, December 8, 2015.

11 "GE Reduces Future Investment in Predix," Sentient Science Blog, http://blog.sentientscience.com/blog/ge-reduces-future-investmentin-predix-digitalization-solution-what-went-wrong (accessed July 23, 2018).

12 Interview with P&G and GE CEOs Lafley and Immelt, CNN, December 11, 2006.

13 Michael L. Tushman, GE Case, forthcoming, Harvard Business School, Case Study; see also Lohr, "GE Makes a Sharp Pivot."

[11장]

01 David Snowden, "The Art and Science of Story," *Business Information Review*, 17, no. 3 (September 2000).

02 다음 자료를 추천한다. Jeff Dyer, Nathan Furr, and Mike Hendron, "Overcoming the Innovator's Paradox," *MIT Sloan Management Review*, July 20, 2020. 이 자료는 창업자가 고위험도의 가치제안을 사람들이 이해하기 쉽게 전달하는 여러 방법에 대해 설명한다.

03 Rory McDonald and Robert Bremner, "When It's Time to Pivot, What's Your Story?" *Harvard Business Review*, September 2020.

04 Charles O'Reilly & Michael Tushman, *리드 앤 디스럽트: 혁신기업의 딜레마를 해결하는 법*, 조미라 옮김, 처음북스, 2020.

05 McDonald and Bremner, "When It's Time."

06 Sebastian Klein and Ben Hughes, *The Loop Approach* (Campus, 2020).

07 Andrew Binns and Michael L. Tushman, "Getting Started with Ambidexterity," in *Advancing Organizational Theory in a Complex World* (Routledge, 2016).

08 Andrew Binns, J. Bruce Harreld, Charles A. O'Reilly, and Michael L. Tushman, "The Art of Strategic Renewal," *MIT Sloan Management Review*,

Winter 2014.

09 David Thomson, 블루프린트 컴퍼니, AT커니 코리아 옮김, 인텔리전스, 2007.

[12장]

01 Michael Tushman, Colin Maclay, and Kerry Herman, "Denver Public Schools 2015: Innovation and Performance?" Harvard Business School Case PEL-076, 2016.

02 Meg Wingerter, "Imaginarium Never Got a Chance to Make Change for DPS Students, Some Former Leaders Say," *Denver Post*, August 12, 2019, https://www.denverpost.com/2019/08/12/imaginarium-denverpublic-schools-achievement-gap/

03 Robert Kegan and Lisa Laskow Lahey, "The Real Reason People Won't Change," *Harvard Business Review*, November 2001.

04 Wendy K. Smith, Marianne W. Lewis, and Michael L. Tushman, "'Both/And' Leadership," *Harvard Business Review*, June 2016.

05 이것은 실제 상황이며 회사 이름은 비밀유지를 위해 가명을 사용했다.

06 David Snowden and Mary Boone, "A Leader's Framework for Decision Making," *Harvard Business Review*, November 2007.

07 Donald L. Laurie and J. Bruce Harreld, "Six Ways to Sink a Growth Initiative," *Harvard Business Review*, July 2013.

08 Michael L. Tushman, David Kiron, and Adam Kleinbaum, "BT Plc: The Broadband Revolution (A)," Harvard Business School, Case 407-001, September 2006 (revised October 2007).

09 저자와의 인터뷰, September 2017.

| 찾아보기 |

| 저자 소개 |

앤드루 빈스 Andrew J. M. Binns

앤디 빈스는 보스턴에 있는 전략자문회사인 체인지 로직Change Logic의 공동창업자이다. 그는 중대한 사업변화를 주도하는 CEO, 이사회, 고위팀들과 함께 일한다. 그의 목표는 조직들이 잠재력을 발산해 혁신으로 세계를 열광시키도록 도와주는 것이다. 앤디는 맥킨지와 IBM, 체인지 로직에서 외부, 내부 컨설턴트로 25년 경험이 있다. 앤디는 IBM에서 Emerging Business Opportunity 프로그램에 깊이 관여했으며, IBM 부회장으로부터 상을 받았다.

앤디는 회사와 경영대학원에 자주 초청연사와 강사로 선다. 찰스 오라일리 교수와 공동저술한 "혁신의 3규칙Three Disciplines of Innovation"은 〈*California Management Review*〉의 2020년 최우수논문으로 선정되었다. 그는 또한 〈*Harvard Business Review*〉에 실린 "양손잡이형 CEOAmbidextrouse CEO", 〈*MIT Sloan Management Review*〉에 실린 "전략적 쇄신의 기술The Art of Strategic Renewal"과 "양손잡이형 조직으로 시작하라Getting Started with Ambidexterity" 챕터를 공동저술했다. 그는 드러커경영대학원 미래조직센터의 Executive Fellow이며 Fast Company Executive Board의 멤버이다. 앤디는 서섹스대학교, 뉴욕대학교, 시카고 로욜라대학교 퀸랜경영대학원을 나왔다. 그는 정치경제학, 마케팅, 조직개발 학위를 가지고 있다.

찰스 오라일리 Charles A. O'Reilly, III

찰스 오라일리는 스탠퍼드경영대학원 Frank E. Buck 경영학 교수이며 체인지 로직의 공동창업자이다. 그는 '변화와 조직쇄신Leading Change and Organizational Renewal' 프로그램 공동책임자이다. 찰스의 연구분야는 조직문화, 인적자원관리, 그리고 기업변화혁신 영향을 포함한다. 그의 현재 연구는 리더십, 조직문화, 고위경영진의 혁신과 변화에 대한 영향, 인적자원관리를 포함한다. 찰스는 주요 기업들이 많이 찾는 자문가이자 연사이다.

찰스는 마이클 투시먼과 2021년 스탠퍼드대학 출판사에서 발간한 〈*Lead and Disrupt: How to Solve the Innovator's Dilemma*〉를 저술했다. 그의 이전 책은 마이클 투시먼과 공저한 〈*Winning Through Innovation: A Practical Guide to Leading Organizational Change and Renewal*〉(하버드경영대학원 출판사, 2000)과 J. Pfeffer와 공저한 〈*Hidden Value: How Great Companies Achieve Extraordinary Results with Ordinary People*〉(하버드경영대학원 출판사, 2000)을 포함한다. 그는 많은 논문을 저술했으며 〈*California Management Review*〉 최우수논문상을 3번 수상했다. 찰스는 미국경영학회 우수학자상과 조직행동분과 평생업적상을 수상했다.

마이클 투시먼 Michael L. Tushman

마이클 투시먼은 하버드경영대학원의 Baker재단 교수, Paul R. Lawrence, 1942 MBA 졸업생 석좌교수, Charles(Tex) Thornton 고위경영자과정 책임교수이다. 그는 또한 체인지 로직 공동창업자이다. 그는 활발한 경영컨설턴트이자 교육자이며, 전 세계 CEO 및 고위팀과 일한다.

고위경영자과정 외에도 그는 '변화와 조직쇄신' 프로그램 공동책임자이며 하버드경영대학원의 리더십개발프로그램(PLD)의 책임교수였다. 또한 하버드 최초의 학제간 온라인 고위프로그램인 하버드 경영분석학프로그램Harvard Business Analytics Program에서도 가르친다.

마이크는 미국경영학회의 경영학에 기여한 우수학자 업적상Academy of Management's Career Achievement Award for Distinguished Scholarly Contributions to Management을 받았다. 그의 저작은 찰스 오라일리와 공저한 〈*Lead and Disrupt*〉와 〈*Winning through Innovation*〉, 〈*Navigating Change: How CEOs, Top Teams, and Boards Steer Transformation*〉(D. Hambrick and D. Nadler 공저, 1998), 〈*Competing by Design: A Blueprint for Organizational Architectures*〉(D. Nadler 공저, 1998), 그리고 〈*Managing Strategic Innovation: A Collection of Readings*〉(P. Anderson 공저, 2004)를 포함한다. 마이크는 전 콜롬비아대학교 경영대학원 교수였으며, 매사추세츠공과대학과 인시아드INSEAD 방문교수이다.

마이크는 노스이스턴대학교(전기전자공학 학사), 코넬대학교(석사), 그리고 MIT 슬로안Sloan 경영대학원(박사) 학위를 가지고 있다. 그는 제네바대학교에서 명예박사학위를 받았다. 그는 많은 박사학생을 지도했으며 미국경영학회 특별회원으로 선출되었다.

| 역자 소개 |

변남석

역자 변남석은 현재 사내기업가정신과 신사업전략연구소에서 전략적 사고 파트너로 기업의 전략기획, 신사업개발, 사내벤처링에 대한 자문, 강의, 비즈니스코칭 및 번역, 연구활동을 하고 있다. LG전자에서 30년간 신제품개발, 신사업개발, 기술전략, 전략기획 업무를 사업부에서 본사, 실무부터 임원까지 경험했다. 어플라이언스사업본부에서 내부신사업개발 및 외부업체와의 협력을 담당했으며 본사 전략부문에서 중장기전략수립, 신사업 기획 및 육성 업무를 수행하며, 30여 개 프로젝트 이상 신사업 관련 경험을 쌓았다. 에어컨&에너지솔루션사업본부와 B2B부문의 전략담당 임원으로 성장전략 및 솔루션/서비스신사업개발, M&A 등을 수행하며 사업모델전환을 추진했다.

서강대학교 기술경영전문대학원에서 초빙교수로 '사내기업가정신과 신사업개발', '디지털혁신과 신사업개발' 등을 강의했으며 재직학생의 산학프로젝트 지도 및 커리어코칭을 맡았다.

약력_ 현, 사내기업가정신과 신사업전략연구소 파트너
전, 서강대학교 기술경영전문대학원 초빙교수
LG전자 에어컨&에너지솔루션사업본부/B2B부문 전략담당 상무
LG전자 본사 전략부문 사업기획/경영전략그룹장
서울과학종합대학원대학교 경영학 박사과정 수료
MIT 슬로안경영대학원 기술경영학 석사
서울대학교 항공공학과 학사

번역서_〈어느 시장에서 사업을 할 것인가〉, 변남석 외 공역, 도서출판 청람, 2021.

연락처_사내기업가정신과 신사업전략연구소
http://www.ce-nbd.com
info@ce-nbd.com

신사업탐험가

2022년 8월 15일 1판 1쇄 인쇄
2022년 8월 20일 1판 1쇄 발행

저 자 | Andrew Binns · Charles O'Reilly · Michael Tushman
역 자 | 변남석
발행인 | 이수영
발행처 | 도서출판 청람
서울시 마포구 독막로 288(대흥동, 세양상가 109호)
전 화 | 02)3272-2601(대)~2
팩 스 | 02)3272-2603
이메일 | crbooks@daum.net
홈페이지 | http://www.crbooks.co.kr
등 록 | 2000년 8월 26일 제6-0509호

ISBN 978-89-5972-890-9 93320 [정가 22,000원]